GÜTERSLOHER
VERLAGSHAUS

Michael Opoczynski

AUSSORTIERT und ABKASSIERT

Altwerden in Deutschland

Gütersloher Verlagshaus

**»In Deutschland ist das Altwerden
im Prinzip erlaubt,
aber es wird nicht so gern gesehen.«**

Dieter Hildebrandt

INHALT

7. FINANZEN

8. WOHNEN

9. ALTES ALTER

10. ZUM SCHLUSS EIN ANFANG

VORWORT

Warum beschäftige ich mich mit dem Alter und den Alten? Was ist der Anlass, dieses Buch zu schreiben? Na, in aller Deutlichkeit: weil ich jetzt selbst dazugehöre. Auch ich bin alt. Es ist sogar amtlich, denn ich wurde in Rente geschickt. Geschickt! Nicht gebeten.

Da gab es mit den Kolleginnen und Kollegen eine Abschiedsfeier mit netten Worten, dann ab durch die Mitte und raus, raus aus dem Arbeitsleben. Das war ein Eingriff in mein selbstbestimmtes Leben. Zuhause lag der amtliche Brief: »Hier ist Ihr Rentenbescheid.« Mit dem Zusatz: »Hier ist Ihr Rentnerausweis.« Viel Glück damit! Damit kann ich dann tagsüber durchs Museum tappen. Zum Vorzugspreis. Ich kann mir im Restaurant den Seniorenteller bestellen, als hätte ich auf den gewartet. Ich wurde also amtlich zum Auslaufmodell erklärt, und zwar gegen meinen Willen.

Ja, das war er, der Anlass, um kritisch auf das Leben der Rentner (oder ab sofort: von uns Rentnern) zu schauen. Wo stehen wir Alten? Was ist mit den Senioren? Ist der Umgang mit den alten Frauen und Männern in unserem Land sinnvoll, angemessen und menschlich?

Dieser Tag des Eintritts in eine für mich neue Welt kam zwar nicht überraschend, war aber dennoch eindrucksvoll, in seiner kühlen Folgerichtigkeit von mir nicht erwartet. Besonders erfreulich war das alles jedenfalls nicht.

Von einem Tag auf den anderen bekam ich Geld und musste dafür nichts mehr leisten. Das mag anderen als Luxusproblem erscheinen. Es stimmt auch: Viele erhalten deutlich weniger Rente als ich. Ich weiß auch, dass es viele Menschen gibt, die sogar im arbeitsfähigen Alter kein Geld haben, weil sie keinen

Job bekommen. Sie werden auch nie mehr einen Job haben. Das sagt ihnen keiner, aber sie werden bis zum Ende auf der kleinen Flamme namens Hartz IV gekocht. Und in anderen Ländern geht es noch härter zu. Da gibt es für die Alten keine Grundversorgung, kein Hartz IV, nichts gibt es. Da arbeiten noch die 80-Jährigen, weil sie sonst verhungern müssten. Weiß ich ja alles. Tröstet mich aber nicht.

So richtig hart geht es bei uns im Land nicht zu. Aber trotzdem steht es schlimm genug um die Alten. Warum regt das keinen auf? Ich habe mich umgeschaut und Horden wütender Alter erwartet. Die nur darauf warten, loszumarschieren und ihrer Empörung Luft zu machen. Da war aber niemand.

Ich fand stattdessen die stillen Alten, die die Ungerechtigkeiten nicht sehen oder nicht sehen wollen. Die den verordneten Abschied ins Rentnerdasein einfach so hinnehmen, in Würde mit ihrer knappen Rente leben, dabei zufrieden, manchmal sogar glücklich sind. Sie wirken im Wortsinne wie aus der Zeit gefallen. Das Leben geht über sie hinweg, und sie beschweren sich nicht – bis zum Ende.

Wirklich schlecht steht es um die armen und pflegebedürftigen Alten. Zu denen kommen der Pflegedienst und das Essen auf Rädern. Das sind dann schon ihre Höhepunkte des Tages. Sie vereinsamen, weil sie sich nichts leisten können und weil sie niemanden haben, der mit ihnen spricht oder der ihnen zuhört. Doch auch hier: Beschwerde? Fehlanzeige!

Alle miteinander sind Objekte meiner Neugier. Ich schaue hin, wenn ich auf sie treffe. Ich blicke als Journalist auf die verschiedenen Lebensentwürfe. Außerdem interessiert mich, wie die anderen, die Jüngeren, auf die Alten reagieren. Wie die Gesellschaft mit ihnen umgeht. Was gut ist im Umgang mit uns Alten und was nicht. Wo Alter ausgenutzt wird oder wo alte Menschen schlecht behandelt werden.

Bei der Recherche zu diesem Buch bin ich auf viele Missstände gestoßen. Auf Fallen, die sich öffnen und in die man häufig hineintappt. Gerade für Menschen, die vielleicht nicht mehr ganz so fit und schnell sind, denen man aber zutrauen kann, dass sie ihr Leben und ihre Alltagsgeschäfte weiterhin selbst regeln. Sie sind voll geschäftsfähig. Wer es aber darauf anlegt, der kann sie hinters Licht führen.

Umso schlimmer, dass man diese Defizite ganz kalt ausnutzt. Und je älter die Alten werden, umso hilfloser sind sie den Abzockern ausgeliefert. In einer Gesellschaft, in der Konkurrenz und Ausbeutung zum Prinzip der Arbeitswelt geworden sind, werden hilflose Alte mit ihrem Geld zum leichten Ziel. Finanzberater – selbst oftmals unter Druck – nehmen sie aufs Korn und machen die Armen noch ärmer. Von kriminellen Machenschaften kann hier tatsächlich gesprochen werden.

Besondere Missstände fand ich im Gesundheitswesen. In der Krankheit sind wir alle hilfsbedürftig. Die ohnehin Alten, Schwachen und Pflegebedürftigen noch stärker. Vor allem diese sind Opfer eines Systems, das aus der Not dieser Menschen auch noch Gewinn ziehen will.

»Alte?« Ich habe mir beim Schreiben angewöhnt, alles Alte auch als »alt« zu benennen. Ganz kühl und sachlich. Je öfter mir die Umschreibungen für die Alten begegneten, umso weniger konnte ich sie aushalten. Ich empfinde den »Silver Ager« als einen schlechten Witz. Und das »Anti-Aging« ist für mich eine Erfindung von Marketing-Menschen, die mit der Angst vor der Falte ihr Geschäft machen. Es geht im Folgenden um das Alter, um alte Frauen und Männer, ganz klar: um uns Alte.

EINLEITUNG

Na klar, sagt der Verband, der für die deutschen Versicherungen spricht, na klar müssen Versicherungen für Ältere auch teurer sein. Die Alten seien doch auch ein größeres Risiko. Sonst müssten bei einem Einheitstarif die Jüngeren für die Älteren mitzahlen. Das wäre doch nicht gerecht.

Oh, Du willst doch nicht wirklich alt sein, sagt die Industrie. Wir haben da etwas für Dich. Du musst nur kaufen. Sonst siehst Du doch – alt aus.

Nein, sagen die Kreditinstitute, für Sie ist es sicherlich besser, keinen Kredit mehr aufzunehmen. Wir geben nichts. Wir trauen Ihnen nicht. Gut so, glauben Sie uns.

Herzlich willkommen, sagen die Banker. Wir wissen schon, liebe alte Kunden, wie wir mit Euren Spargroschen Geld machen. Ihr seid alt und wisst es nicht. Wir schon. Lasst uns nur machen!

Also, sagen die Altersforscher, es gibt doch immer mehr wache und gesunde Alte, die nicht verkümmern, sondern die aktiv ihr Leben gestalten. Bis ins hohe Alter. Ganz anders als früher und vor allem: viel besser als früher. Altern macht Spaß!

Na bitte, sagen die regierenden Politiker. Wir kümmern uns um Euch. Rente ab 63 – juhuu! Wir bieten bessere Ausstiegsmöglichkeiten aus der Arbeit. Wer lange genug gearbeitet hat, soll aufhören können. Macht Euch mal keine Sorgen um die Finanzierung. Und vor allem: Wenn Ihr dann in Rente seid, lasst uns schön in Ruhe. Und tschüss!

Alle gemeinsam wollen sie uns sagen, dass Altern in Deutschland doch gar kein Problem sei. Da sei halt dieser sogenannte demografische Wandel. Aber was soll's?! Alle sind lieb zu uns. Alle wollen unser Bestes. Ist das wirklich so? Meine Recherchen und Erfahrungen zeigen ein anderes Bild. Ein Bild, das mich erschüttert.

Wenn ich das schon höre: demografischer Wandel! Ein Begriff, der inzwischen einfach so dahingesagt wird. Demografie! Das Wort fehlt auf kaum einem einschlägigen Kongress, in keiner Rede. So wie »Klimaerwärmung« oder »Stadtverschönerung«. Es ist ein inflationärer Begriff geworden: demografischer Wandel! Dieser Wandel ist schuld, wenn etwas nicht so läuft, wie es sollte. Wenn die Rentner mehr Rente fordern und die Jungen niedrigere Rentenbeiträge. Wenn Ärzte vor der Menge der zu erwartenden Alten warnen und Pflegedienste sich überfordert zeigen.

Ich sage es mal so (und unter Vermeidung von »demografischer Wandel«): Weil es von Jahr zu Jahr mehr Alte und weniger Junge geben wird, müssen wir uns auf eine andere Welt einstellen. Das kann man als positive Herausforderung sehen, wie die Trendforscher. Darüber kann man sich Sorgen machen (das tun die professionellen Sorgenmacher zur Genüge). Darüber kann man streiten (wie die Politiker untereinander). Darüber kann man forschen (wie die Wissenschaft). Dazu kann man Vorschläge machen, ganz praktische, wie mit den Veränderungen umzugehen sei.

Lassen Sie mich bitte die Ausgangslage beschreiben: Ich bin auf der Seite der Alten, persönlich ja auch schon alt, deswegen aber nicht parteiisch oder befangen. Wie viele sind wir eigentlich, die Alten von heute? Wie geht's uns denn so? Was tut man mit uns, was tut man uns an und schließlich: Was tun wir uns selbst an?

Zwei Entwicklungen erleben wir mit großer Wucht:

Erstens die Folgen einer zunehmenden Zahl von Menschen im Rentenalter. Zweitens die Anteilsverschiebungen zwischen den Hauptaltersgruppen der Bevölkerung zugunsten der alten Menschen. Wir erleben, wie mehr als eine Million Menschen zu uns flüchtet. Deutschland als Ort der Hoffnung. Darunter sind viele junge Menschen. Die meisten von ihnen werden hier bleiben, hier künftig leben und arbeiten. Ändern sich dadurch die Vorhersagen der Demografen? »So einfach ist das nicht«, sagt Norbert Schneider, der Direktor des Bundesinstituts für Bevölkerungsforschung. »Natürlich wird unser Land weiterhin älter.« Denn unabhängig von der aktuellen Entwicklung: In 25 Jahren werde die Hälfte der männlichen Bevölkerung über 50 Jahre alt sein. Doch fügt er (anders als manche Untergangspropheten) hinzu, das müsse kein Problem sein, denn die Alten von morgen könne man nicht gleichsetzen mit den Alten von gestern. Deutschland werde älter, aber auch klüger, städtischer und multikultureller.

Besondere Herausforderungen entstehen für die sozialen Sicherungssysteme. Wenn es immer mehr Rentner gibt und weniger Beitragszahler, dann wird offensichtlich, wo das Problem entsteht. Und wenn dann wir Rentner auch noch länger leben, also länger als alle ihre Vorgängergenerationen ihre Rentenzahlung erwarten – dann wird es sehr schwer. Ohne Veränderung des Systems kann das nicht funktionieren. Aber niemand will das System verändern.

Die Angst vor der Republik der Rentner

Dieses Land wird alt. Wir Alten bilden eine wachsende Gruppe. Zusammengehalten durch das gemeinsame Alter. Der Expräsident des ifo-Instituts, Hans-Werner Sinn, warnte vor einer Machtübernahme. Vor »unserer« Machtübernahme. Er unkte: »Durch die Kombination besonders vieler Alter mit besonders wenigen Jungen entsteht ein fast unlösbarer, aber jetzt schon genauestens vorhersehbarer Generationenkonflikt.« Er ist nicht der Einzige, der diese These vertritt. Immer wieder kann man lesen, eine alte Mehrheit würde quasi im Durchmarsch die Renten erhöhen, das Land zur Rentnerrepublik umgestalten, sobald die alte Mehrheit installiert sei. Als würde es dann eine Alten-Regierung geben, die nur noch Alten-Politik macht und die Jungen zur ungeliebten Minderheit erklärt. Ein Alten-Putsch sozusagen. Das ist schon allein in sich nicht logisch, denn warum sollten Alte sich auf einen Konflikt mit den Jungen einlassen, wo doch die Jungen für das Geld sorgen sollen? Es wäre ziemlich unvernünftig. Die These verkennt auch die funktionierenden familiären Strukturen und den sozialen Zusammenhalt.

Die Arbeitswelt von heute führt zur Altersarmut von morgen

Zum Alter lässt sich manches Negative feststellen. Aktuell gehört die Altersarmut als Massenphänomen nicht dazu. Noch nicht. Ja, es gibt arme Alte. Ich kenne Menschen in den hohen Siebzigern, die aus der gesetzlichen Rente etwa 500 Euro beziehen und die kein Vermögen haben, um ihre Lage zu verbessern und den Lebensabend zu genießen. Darunter ist eine Frau, die zum Amt gehen könnte, um den Antrag auf Grundsicherung zu stellen. Sie tut es nicht. Sie will es nicht. Sie will noch nicht einmal, dass ich ihren Namen nenne. So ist das – aber das gilt für eine eher kleine Gruppe. In der Mehrheit kommen die Rentner ganz gut über die Runden – jedenfalls heute noch.

Aber morgen oder übermorgen? Wer sich in der gegenwärtigen Arbeitswelt umsieht, kann ohne Mühe vorhersagen, was morgen sein wird. Bei zunehmenden Werkverträgen, Niedriglöhnern und Soloselbstständigen kommt irgendwann nicht mehr genug in die Rentenkassen. Die Regierungen der vergangenen Jahre haben es den Unternehmen leicht gemacht, variable Beschäftigungsverhältnisse zu etablieren. Inzwischen sehen wir die Folgen: viele Jobs, weniger ordentlich bezahlte Dauerarbeitsverhältnisse. Jene lebenslang gut bezahlten Arbeitsplätze von früher sind zum Auslaufmodell geworden.

Zugleich wurde und wird immer wieder an der Altersversorgung herumgeschraubt. Bislang konnten Rentner mit »ihrer« Rente vom Staat einigermaßen auskommen. Das wird in Zukunft nicht mehr so sein. Die Leistung der gesetzlichen Rente sinkt kontinuierlich, steuerlich begünstigt wird die private Vorsorge. Es riestert und rürupt überall. Walter Riester ist mir vor Jahren begegnet, und eine seiner Feststellungen war, er sei stolz, dass sein Name bekannter sei als der von Bismarck – aber bei dem gehe es ja letztlich nur um einen Hering. Schön für Walter Riester.

Leider ersetzt die aus den privaten Vorsorgemodellen erzielbare Zusatzrente in Zukunft kaum die Verluste bei der gesetzlichen Rente. Zumal viele Menschen überhaupt keine Verträge abschließen. Sie wollen nicht oder sie können nicht. Es reicht dafür einfach nicht, wenn sie sogar in Vollzeitjobs gerade einmal genug verdienen, um im Hier und Jetzt über die Runden zu kommen.

Darüber hinaus leben wir seit Jahrzehnten mit einem Sockel hoher Langzeitarbeitslosigkeit. Es gilt in der öffentlichen Wahrnehmung als Erfolg, wenn die Zahl der Arbeitslosen unter die Dreimillionengrenze sinkt. Das wird politisch bejubelt. Nur: Bei einer Million meist älterer Frauen und Männer, die seit mehr als zwei Jahren arbeitslos sind, geht die Chance auf eine Rückkehr in die Arbeit gegen Null. Sie beziehen Hartz IV. Sie leben damit irgendwie. Aber was wird sein, wenn sie ins Rentenalter kommen? Langzeitarbeitslose zahlen keine Rentenbeiträge. Der Staat zahlt sie auch nicht, jedenfalls seit 2011 nicht mehr. Da ist nichts. Und da wird nichts sein, wenn sie 60 oder 65 oder 67 Jahre alt sein werden. Nichts, außer einer traurigen Grundsicherung. Da wird es viele arme Alte geben.

Musste es dazu kommen? War das unabwendbar? Nein, es ist das Ergebnis politischen Handelns. Es ginge auch anders. Beispiel Niederlande. Dort ist es, wie auch bei uns, angesagt, die staatliche Altersversorgung durch private Vorsorge zu ergänzen. Aber anders als bei uns ist es den Arbeitnehmern dort nicht freigestellt, privat vorzusorgen. Sie müssen an vorsorgenden Berufssystemen teilnehmen. Das niederländische Modell mag manchem hart erscheinen. Aber für die große Mehrzahl der Arbeitnehmer bestehen dort gute Aussichten, auch in Zukunft und gerade im Alter eine auskömmliche Altersversorgung zu erhalten. Anders als bei uns.

Keiner will hören, dass wir länger arbeiten müssen

Unsere Politik hat möglicherweise darauf gesetzt, dass die Lebensarbeitszeit weiterhin verlängert werden könnte. Politiker unterschiedlicher Parteien sind in nichtöffentlichen Gesprächen einheitlich der Meinung, dass man auf diese Weise das Rentensystem stabilisieren und Altersarmut verhindern könne. Laut und öffentlich sagen sie dazu nichts. Die Wähler wollen das angeblich nicht hören. Die Gewerkschaften leben vom Versprechen einer kurzen Lebensarbeitszeit, dafür kämpfen sie. Also wird die Wahrheit verschwiegen. Längeres Arbeiten wird so lange schlecht gemacht, bis die Mehrheit das auch so sieht. Die Menschen wollen nicht verstehen, dass längeres Arbeiten für die Sicherung ihrer Zukunft notwendig ist. Sie haben zu viele politische Versprechungen erlebt. Ihnen wurden zu oft Reformen angekündigt, die von ihnen als Einschränkung erlebt wurden. Mittlerweile ist der Begriff »Reform« vergiftet. Wer eine Rentenreform verspricht, muss mit Widerstand rechnen. Bis heute kann jeder Gewerkschafter laute Zustimmung erreichen, wenn er gegen die Rente mit 67 polemisiert.

Das haben die Politiker verstanden. Inzwischen erwecken sie mit der Einführung der regierungsamtlichen Rente ab 63 den Eindruck, das mit der längeren Lebensarbeitszeit nicht so ernst gemeint zu haben. Sie haben die Mütterrente erfunden, für die nie eingezahlt wurde. Zusätzliche Lasten für das Rentensystem!

Die Politiker der regierenden Parteien sprechen nicht mehr davon, dass eigentlich alle länger arbeiten müssten, um irgendwann angemessene Renten zu bekommen. Sie sind zwar dieser Meinung. Aber sie vertreten die Position nicht öffentlich. Und das ist sogar verständlich: Politiker, die heute regieren, werden das Problem morgen nicht auszubaden haben. Die kommende Altersarmut wird nicht ihre sein, und sie werden nicht zur Verantwortung gezogen werden. Weil sie Rentner sein werden – allerdings keine armen.

In der Vergangenheit – seit Beginn der 70er Jahre – war die frühe Verrentung ausdrücklich gewollt. Sie wurde gefördert. Für die Unternehmen ergab sich so die Möglichkeit, ohne innerbetriebliche Auseinandersetzungen die Belegschaften zu verjüngen. Es gab noch große Staatskonzerne (Bundesbahn, Bundespost), die Tausende von Arbeitnehmern mit guter Absicherung auf die Straße schickten. Ich kenne ehemalige Telekommitarbeiter, die mit knapp über 40 Jahren in Rente gingen und gleich anschließend gut bezahlte Zweitjobs fanden. Das galt bei diesen Arbeitnehmern als eine Art Lottogewinn: So früh gut versorgt zu sein, das klang vielversprechend. Die Wirklichkeit empfanden dann viele als enttäuschend. Die einen, meist die guten Mitarbeiter, suchten sich sofort neue Jobs bei der Konkurrenz und verdienten dann doppelt. Die anderen fühlten sich nach anfänglicher Euphorie recht bald aussortiert, überflüssig und missachtet.

In den 90er Jahren drehte sich der Wind. Das frühe Verrenten wurde erschwert oder abgeschafft. Da wurden Einbußen bei der Rente zur schmerzhaften Folge eines frühen Ausstiegs. Jetzt wurde von den Arbeitnehmern erwartet, dass sie durchmachen. Zumindest bis zum amtlichen Ende der Regelarbeitszeit. Da ging es dann nicht mehr um den freiwilligen frühen Ausstieg vollkommen arbeitstauglicher Arbeitnehmer. Sondern »abgeschaffte« Männer und Frauen (aus den Berufen mit körperlich anstrengender Arbeit) sahen sich einem ungewohnten Druck ausgesetzt. Natürlich war der vorzeitige Ausstieg weiterhin möglich – aber nicht mehr zu den Konditionen der Vergangenheit.

Auf der einen Seite steht die Erwartung der Sozialversicherung, länger zu arbeiten. Auf der anderen Seite der Arbeitsmarkt. Die Beschäftigungschancen Älterer haben sich nicht verbessert. Die Rentenjahrgänge 1940 bis 1950 gehen etwas später in Rente als die Älteren. Auch, weil die Möglichkeiten der Frühverrentung erschwert wurden. Gering qualifizierte Arbeitnehmer werden jedoch weiterhin vor Erreichen der Altersgrenze in die Arbeitslosigkeit geschickt. Daran hat sich nichts geändert. Und das ist gleichbedeutend mit einem Urteil, künftig das Alter in Armut zu erleben.

Heute liegt die Armutsquote der 55- bis 75-Jährigen bei 6,4 Prozent; sie haben weniger als 672 Euro im Monat zur Verfügung. Die vorhersehbaren Folgen der Rentenpolitik deuten darauf hin, dass sich dieser Anteil vergrößern wird. Alte Armut wird zunehmen. Wenn die USA mit ihrer liberalen Sozialpolitik auch insofern ein negatives Vorbild sein sollten: dort liegt der Prozentsatz der Armen an den 55- bis 75-Jährigen bereits bei 22 Prozent. Wer dort durch die Großstädte fährt, dem fallen die Obdachlosen auf. Es sind mehr als früher, und besonders viele von ihnen sind Alte. Keine guten Aussichten für unser Land, keine guten Aussichten für unsere künftigen Alten.

Werden alte Menschen schief angesehen? Macht man sich hinter ihrem Rücken über sie lustig? Oder werden sie schlecht behandelt – schlechter als Junge? Wenn man es direkt anspricht, erntet man Unverständnis. Nein, niemals!

Natürlich gibt es Diskriminierungen. Zum Teil werden seit Jahrzehnten diese Kämpfe ausgefochten, voller Härte und Einsatz. Mit Niederlagen und Erfolgen. Dabei geht es aber vor allem um die Rechte der Frauen. Es geht um rassistische Herabsetzungen. Und wie man ihnen begegnen kann. Es geht immer noch und wieder um das Thema Antisemitismus. Oder um die meist versteckten oder aber auch offenen Angriffe wegen der sexuellen Orientierung von Minderheiten. Auch wenn all diese Kämpfe gegen Diskriminierungen noch nicht vorbei sind, können wir es als Fortschritt verbuchen, dass die Mehrheit unserer Gesellschaft diese Diskriminierungen mehrheitlich nicht leugnet.

Augen zu vor der Diskriminierung

Eine besondere (besonders schreckliche) Qualität erreichen jedoch geleugnete Diskriminierungen: Benachteiligungen, die verdrängt, verharmlost und verschwiegen werden. Gibt es also eine richtig hässliche Diskriminierung wegen des Alters? Gibt es ein Herabsetzen und Abwerten von Alten? Nein! Das wird, wenn ich spontan auf der Straße unterschiedliche Menschen, junge wie alte, frage, sofort zurückgewiesen. Und zwar nicht als Abwehr eines erkannten Problems, sondern voller Überzeugung: gibt es nicht, nicht bei uns. Da sind sich die Jungen und Alten einig.

Ich sage aber: Es gibt diese Diffamierung des Alters. Nicht nur gegenüber den sehr Alten im Pflegeheim. Sie beginnt vielmehr schon sehr früh. Es fängt an im Arbeitsleben und wird da wirksam, wenn sich um dieselbe Stelle ein 30-Jähriger und ein 50-Jähriger bewerben. Niemals wird man dem 50-Jährigen sagen: »Das wird hier nichts mit Dir, und es liegt an Deinem Alter.« Man wird andere Gründe vorschieben. Diskriminierung ist verboten. Der Bewerber wird es nicht erfahren, was der wirkliche Grund für die Ablehnung war. Wenn ich die Personalchefs frage, welchen Grundsätzen sie bei der Bewerberauswahl folgen, dann kommen – wenn überhaupt – nur Standards. Etwa so: Wer Alte einstellt, der wird sie nie mehr los. Oder: Alte sind nicht anpassungsfähig. Was die einmal draufhaben, stellen sie nicht in Frage. Alte werden öfter krank. Alte sind zu teuer.

Das sind – wenn man es hinterfragt – Vorurteile. Professor Clemens Tesch-Römer leitet das Deutsche Zentrum für Altersfragen (DZA). Er wundert sich. In den Personalabteilungen werde der »ideale Arbeitnehmer« als zuverlässig, erfahren und sozial kompetent beschrieben – also eigentlich mit den Eigenschaften älterer Arbeitnehmer. Nur werde dies in der Praxis nicht berücksichtigt. Er sieht ohnehin vorgeschobene Argumente, die die Altersdiffamierung verstecken sollen. »Auch bei der Einstellung eines jüngeren Arbeitnehmers kann man eine Fehlentscheidung machen, und auch dann ist es nicht einfach, dieser Person nach der Probezeit wieder zu kündigen. Vielmehr sind es meines Erachtens eine Reihe von Voreinstellungen, die zu der Entscheidung führen, Ältere nicht einzustellen: Es wird angenommen, dass ältere Arbeitnehmer weniger leistungsfähig sind, weniger flexibel, weniger bereit, dazuzulernen. Jede dieser Behauptungen können wir aber mit empirischen Studien widerlegen.«

Auch wenn alte Frauen oder Männer sich als Konsumenten hinaus in die Welt der Waren, Produkte und Dienstleistungen begeben, werden sie schnell in die Ecke gestellt. Nur eine Minderheit von ihnen traut sich modische Kleidung zu. Es fehlt das Selbstbewusstsein. Da ist ganz selten der Mut zum Originären. Kräftige Farben sollen (oder dürfen?) sie nicht tragen. Im Laden werden sie schnell in die Ecke geleitet, wo die Kleidung sackförmig, konturlos und vor allem beige ist. »Beige«, so heißt der preisgekrönte Kurzfilm von Sylvie Hohlbaum. Sie zeigt, dass von einem bestimmten Alter an wie auf Kommando Frauen und Männer sich nur noch beige kleiden. Eine Nichtfarbe. Sie machen sich damit unsichtbar. Das wird ihnen von den Verkäufern als angemessen verkauft. Aber so diskriminieren sich die Alten auch freiwillig selbst.

Zum Bild der alten Menschen tragen aber auch die Medien bei. Was sehen Sie vor sich, wenn es darum geht, in einer Zeitschrift das Thema Alter zu illustrieren? Richtig. Gut aussehende Menschen, Männer wie Frauen, schlank und fit. Mitten im Leben – scheinbar. Die echten Alten, in ihrer Wirklichkeit und mit ihren alterstypischen äußeren Erkennungsmerkmalen (wenige Haare, krummer Rücken) kommen kaum vor. Im fiktionalen Programm, also zum Beispiel im Fernsehspiel, wirken alltägliche Alte als Quotenkiller. Ihnen bleibt die Nebenrolle. Im Krimi dürfen sie das Opfer sein. So also kann Altersdiskriminierung auch aussehen. Das wahre Alter wird nicht gezeigt. Medienmacher glauben wohl, es sei anstößig.

Ach was, sagt Peter Wippermann, der Trendforscher aus dem hippen Hamburg, wir *sehen* doch hier nur Probleme für Alte, aber wir *haben* sie nicht. Das meint er im Vergleich zur Lage der alten Menschen zum Beispiel in den USA. Da ist die Armut offen zu besichtigen, auch die alte Armut. Da sitzen Alte manchmal auf der Straße. Dagegen hätten wir es doch gut. Bitte mal nicht so viel jammern! Er vertritt einen öffentlich zur Schau gestellten Optimismus nach dem Motto: alles halb so schlimm.

Was aber tatsächlich passiert, wird von der schnöden Wirklichkeit geprägt. Manche bauen speziell für alte Menschen Fallen. Sie sind Fallensteller. Ich nenne so jene, die sehr wohl die Besonderheiten der alten Menschen registrieren. Allerdings nicht, um mit ihnen angemessen umzugehen, sondern um sie auszunutzen. Da sind die schlicht kriminellen Täter, denen die Alten willfährige Opfer sind. Da sind die kaum zu belangenden Drücker und Klopper der Finanzbranche, zu deren Zielgruppe alte Menschen gehören, weil die ausgenutzt werden können. Da sind die Unternehmen, die ganz eigennützig alte Menschen als Kunden umwerben, weil sie es auf das Geld dieser wachsenden Gruppe abgesehen haben – nichts dagegen zu sagen, wenn es ihnen tatsächlich ernst sein sollte. Schließlich sind da die vielfältigen Diskriminierungen – im medizinischen Bereich wie in der Pflege –, unter denen Alte zu leiden haben. Die Fallensteller sind unterwegs. Sie kommen auf verschlungenen Pfaden. Und ihre Opfer ahnen manchmal nicht, was da kommt und wer da kommt.

1. DISKRIMINIERUNG

»Dich brauchen wir nicht mehr!«

Diskriminierung wegen des Alters ist verboten. Weder Junge noch Alte dürfen im Blick auf ihr Geburtsdatum schlechter als andere behandelt werden. Das ist nicht nur eine Sache des Anstands und der Menschlichkeit, mittlerweile ist das amtlich. Es ist Gesetz. Wobei sich das Allgemeine Gleichbehandlungsgesetz aus dem Jahr 2006 auf einige Bereiche beschränkt. Da geht es um das Arbeitsrecht und um Teile des Zivilrechts, aber es findet zum Beispiel keine Anwendung auf Ehrenämter. Jetzt will ich prüfen: Wird dieses Gesetz ernst genommen und befolgt? Und wie geht man mit Senioren außerhalb des Geltungsbereichs um? Wie behandelt man alte Menschen im Alltag?

Bringen wir es auf den Punkt: Jung ist gut. Alt ist schlecht. So einfach sieht es aus, das Weltbild vieler jüngerer Menschen. Obwohl doch viele Junge wissen müssten, dass sie selbst irgendwann alt sein werden. Das hält sie nicht ab. Manche von ihnen flüchten sich in die selbstzerstörerische Aussage: »Bevor ich so alt werde wie du, bringe ich mich lieber um.« Na, warte ab!

Alt ist schlecht. Das ist nicht nur ein folgenloses Vorurteil oder eine zu verurteilende Haltung im zwischenmenschlichen Umgang. Alte werden benachteiligt, diskriminiert, schlecht behandelt – und zwar ganz direkt und offensiv, manchmal aber auch scheinrational, angeblich ökonomisch begründet, scheinbar mit Zahlen unterfüttert. Alt wird als Ersatzwort genommen für schwach. Für arm. Für nicht leistungsfähig. Für dümmlich.

Altersdiskriminierung gibt es schon lange. Sie durchdringt die moderne Gesellschaft. Sie ist so weit verbreitet, dass sie den

Opfern oft nicht bewusst wird. Das ist aber kein Grund, wegzuschauen.

Ich frage bei den Verbraucherzentralen an, ob ihren Schutzbefohlenen, den Verbrauchern, Altersdiskriminierung begegnet sei. Die Antwort: »Ja, sehr oft sogar.« Da gibt es zahlreiche Zuschriften, bei denen es um Altersdiskriminierung geht. Empörung, Ärger, Enttäuschung: alles spricht aus diesen Briefen. Helfen können die Verbraucherschützer kaum. Da geht es mehr um das Luftablassen. Aber die Berater haben einige dieser Zuschriften anonymisiert und mir geschickt. Ich lese:

Meine Mutter (76, verwitwet, Hauseigentum) wollte eine Kreditkarte beantragen. Nach Eingabe aller Daten kam blitzschnell die Ablehnung. Dabei ist die Kreditwürdigkeit kein Problem und meine Mutter gehört zu den wenigen Rentnern, die monatlich mehr als 3.000 Euro Netto-Rente beziehen! Es ist auch hier das Alter! Mit 76 ist man generell kreditunwürdig. Eine Schande, dass die Politik dies duldet!

Im Auftrag unserer 93-jährigen Mutter beauftragte mein Bruder, als Bevollmächtigter in Vermögensfragen, die Einrichtung eines Internetkontos. Die Bank hat diesem Antrag nicht stattgegeben, ohne Nennung konkreter Gründe. Da mein Bruder als Bevollmächtigter sämtliche Geldgeschäfte meiner Mutter online tätigt, bat er um Erklärung für die Gründe der Ablehnung. Bis heute blieb die Anfrage unbeantwortet.

Für meine Zwecke sah das Produkt Vorsorgesparen vielversprechend aus. Als ich dort anrief und fragte, wie ich eine größere Summe Geld auf den Namen meiner 96-jährigen Mutter anlegen könnte, sagte man mir, dass man Kunden, die älter als 74 Jahre sind, nicht annimmt.

Vorab hatte ich mir schon die ungefähre monatliche Rate ausgerechnet, musste dann aber in der Filiale feststellen, dass ich wesentlich mehr bezahlen sollte, als ausgerechnet. Auf meine Frage, wie hoch der aktuelle Zinssatz für diese Kredite momentan ist, wurde mir geantwortet: Das geht nach Bonität! Sie sind Rentnerin, haben keine großartigen Sicherheiten, also müssen Sie einen höheren Zinssatz zahlen. Mir blieb fast die Spucke weg, so eine Vorgehensweise war mir nicht bekannt. Ich habe selbst, allerdings vor knapp 25 Jahren, in der Kreditabteilung der Commerzbank gearbeitet. Damals waren die Konditionen für alle Kunden gleich.

Wenn Kunden nicht Kunden sein dürfen

Zunächst einmal rein formal: Gegen das Gesetz zur Gleichstellung wird in den geschilderten Fällen nicht verstoßen. Denn es lässt die Lücke, bei individuell auszuhandelnden Verträgen solche Kriterien wie das Alter als Ausschließungsgrund zu benennen. Und die Kreditinstitute nutzen ihre Chance. Sie sagen, bei Fällen wie den geschilderten handele es sich nicht um die sogenannten Massenverträge. Sondern um individuelle Vereinbarungen. Also darf aus Altersgründen abgelehnt werden.

Und jetzt aber mal nicht formal, sondern aus menschlicher Sicht: Natürlich ist das Diskriminierung. Die Betroffenen fühlen sich, wenn sie sich solchen Begründungen ausgesetzt sehen, miserabel. Sie empfinden eine Zurücksetzung. Sie sind empört – und das zu Recht.

In all diesen Fällen werden ökonomische Gründe vorgeschoben. Alte seien unsichere Vertragspartner. Unausgesprochen steht da das Vorurteil, man könne sich nicht sicher sein, ob die Senioren noch die nächsten Tage erleben würden. Das mache sie zu unsicheren Vertragspartnern. Was für ein Unsinn! Denn es ist erwiesen und offensichtlich, dass die Menschen immer älter werden. Bei 90-Jährigen schaut keiner mehr hoch, so zahlreich sind sie. Hundertjährige sind keine Seltenheit. Und da will man 70-Jährige von Vertragsabschlüssen ausschließen? Widersprüchlich und unlogisch ist das, vor allem aber empörend!

Es ist letztendlich auch aus Sicht der Unternehmen ungeschickt. Wer diskriminiert wurde, vergisst das nicht so leicht. Er redet darüber mit Verwandten und Bekannten. Er nennt Namen, Ross und Reiter. Es spricht sich also herum, bei welcher Bank oder Sparkasse ältere Kunden nicht willkommen sind. In diesen Zeiten, da neue junge und unorthodoxe Finanzinstitute auf den Markt drängen und nach Kunden Ausschau halten, ist das gefährlich für die etablierten Institute. Gefährlich und dumm.

Deswegen rate ich auch bei solchen Erfahrungen zum Widerspruch. Entweder laut und empört direkt am Tresen der Bank. Das können die Banker gar nicht leiden. Lautstärke schadet dem Ruf. Allerdings ist es nicht jedem gegeben, »auf den Putz zu hauen«. Gerade Alte sind eher schüchtern und still. Aber auch dann geht es, zum Beispiel mit der Bitte um ein Gespräch beim Vorgesetzten. Ausgerüstet mit guten Argumenten. Und mit dem dezenten Hinweis, dass es sich herumsprechen könnte, wie mit Kunden umgegangen wird. Schließlich können Alte auch die sozialen Medien nutzen. Ein kritischer Kommentar bei Facebook kann schnell viele andere Betroffene versammeln. Gemeinsam sind sie stark. Das ist es, was Banken besonders fürchten: die Aufmerksamkeit, die Öffentlichkeit, den schlechten Ruf (einen richtig guten haben sie ja ohnehin nicht).

Hier hätte zum Beispiel das Herstellen von Öffentlichkeit geholfen: der Fall des Ehepaars aus Westdeutschland, das sich eine Villa in Thüringen gekauft hat. Beide unter 60 Jahre alt. Beide frühpensioniert. Beide mit Renten, die höher sind als manche Gehälter von arbeitenden Menschen. Also: eigentlich gute Kunden für jedes halbwegs ökonomisch denkende Finanzinstitut. Die Villa kann das Paar aus eigenen Mitteln bezahlen. Für die notwendige Renovierung fragen sie bei der örtlichen Sparkasse nach einem Kredit. Eine Zwischenbemerkung: Wenn es um die Instandsetzung für ein aus eigenen Mitteln bezahltes Haus geht, ist ja eine Sicherheit da, falls der Kredit aus welchen Gründen auch immer nicht bedient werden sollte. Null Risiko also.

Die Antwort der Sparkasse ist ein klares Nein. Eine Finanzierung sei nicht möglich, weil die Laufzeit des Kredits über den 70. Geburtstag der Antragsteller hinausgehen würde. Klartext: Ihr seid zu alt, wir wollen Euch nicht. Die Antragsteller sind sauer, auch deshalb, weil sie sich von einer Sparkasse, also einem öffentlich-rechtlichen Kreditinstitut, wegen ihres Alters benachteiligt fühlen. Und dann auch noch die drastische verbale Abfuhr durch die Sachbearbeiterin, nachdem das Paar sich beschwert hatte: »Das stört die Alten in Ostdeutschland nicht, die akzeptieren das.« Gemeint ist: »Wenn ihr Wessis glaubt, ihr seid was Besseres, dann habt ihr euch getäuscht.« Eine doppelte Diskriminierung. Wenn die Betroffenen das zum Beispiel bei Facebook veröffentlicht hätten, wären die zitierten »Alten in Ostdeutschland« vermutlich auf die Barrikaden gegangen. Einen Versuch wäre es wert gewesen, auch wenn die Gegenseite nicht nachgegeben hätte.

Diese Fälle sind zahlreich. Sie betreffen ausschließlich die sogenannten »kleinen Leute«, die Normalos. Wenn die Vermögenden kommen, ändert sich sofort der Ton. Da gibt es in Banken und Sparkassen das Erste-Klasse-Abteil, genannt »Private Banking«. Wer genug Geld mitbringt, darf in diesem Separee Platz nehmen. Dann wird nicht nach dem Alter gefragt, sondern bei Kaffee und Gebäck wohlwollend über anstehende Geldgeschäfte gesprochen, natürlich auch über Kredite. Alles ganz normal. Es werden eben Unterschiede gemacht. Das heißt: Die Diskriminierung findet bei jenen Alten statt, die nach herkömmlichen Maßstäben zur Unter- und Mittelschicht zählen. Die jahrzehntelang glaubten, man schätze sie als Kunden. Sie werden bitter enttäuscht.

Der Bundespräsident darf alt sein, der Bürgermeister nicht

Doch nicht nur die Finanzwelt geht mit alten Menschen schlecht um. Vollkommen widersprüchlich handelt man in der Politik. Einerseits sind die Frauen und Männer, also die Profis aus der Politikerbranche, gerne und jederzeit bereit, in Interviews ihren Kampf gegen Diskriminierungen aller Art darzustellen. Auch wie sie gegen Altersdiskriminierung kämpfen: Politiker sind einfach toll. Und wir können staunend feststellen, dass sie – jedenfalls was sie persönlich betrifft – sehr erfolgreich sind. Politiker, mitten in der Verantwortung stehend, sind oft älter als der Durchschnitt der Bevölkerung. Da gibt es keine Regeln, die etwa eine Wahl oder Wiederwahl aus Altersgründen verhindern könnten. So ist der aktuelle Bundespräsident Mitte siebzig, Finanzminister Schäuble Anfang siebzig, aber auch der Abgeordnete Hans-Christian Ströbele ist weit über siebzig. Der Finanzminister kann also auf europäischer Ebene über die Zukunft des Euro mitentscheiden, über die Bewältigung der internationalen Finanzkrise verhandeln und über Hilfsmaßnahmen für Flüchtlinge entscheiden. Danach fährt er nach Hause und setzt den Bundeshaushalt auf, wobei er über Ausgaben in Höhe von 300 Milliarden Euro nachdenkt. Die Mehrheit der Abgeordneten nimmt seine Vorschläge wohlwollend auf und verabschiedet diesen milliardenschweren Haushalt. Doch sollte der Finanzminister bei seiner örtlichen Sparkasse vorsprechen und nach einer privaten Hypothek fragen, dann würde ihn nur sein Politiker-Bonus vor den bohrenden Fragen schützen, etwa so: »Wie alt sind Sie eigentlich?« oder dem typischen »Tja, da können wir nichts für Sie tun.«

Doch auch unter Politikern werden Unterschiede gemacht. Wer zum Beispiel in Bayern Landrat oder hauptamtlicher Bürgermeister werden will, muss am Wahltag jünger sein als 65 Jahre. Das ist Gesetz. Eine logische Erklärung gibt es nicht.

Man muss das bis zum Ende denken: Der Staatspräsident eines der führenden Länder der Welt darf weit älter sein als ein Lokalpolitiker in ebendiesem Land. Der Bürgermeister einer Kleinstadt muss in den Sechzigern aufhören, egal wie wach und handlungsfähig, wie beliebt und erfolgreich er ist. Er muss aufhören, darf sich anschließend aber um höchste Staatsämter oder das Amt eines Bundesministers bewerben. Ist es das, was die Bundespolitiker meinen, wenn sie von Erfolgen im Kampf gegen die Altersdiskriminierung sprechen? Wie sind die Ungleichbehandlungen zu begründen? Welche Absurdität! Der bayrische Landtagsabgeordnete Peter Paul Gantzer klagt dagegen vor dem Europäischen Gerichtshof. Der Ausgang ist offen. Aber der Tatbestand – unabhängig von der juristischen Entscheidung – ist empörend.

Diese Widersprüche und Absurditäten, die für die Betroffenen mit Enttäuschungen und Herabwürdigungen verbunden sind, ziehen sich durch unsere Gesellschaft und betreffen eben nicht nur die Welt der Finanzen und der vertraglichen Vereinbarungen. Da ist die Funktion des Versichertenältesten. Das Wort an sich (»Ältester«) sagt ja etwas aus: Da wird den Alten etwas zugebilligt, was uns viel öfter bewusst gemacht werden sollte, nämlich die Weitergabe wertvollen gesammelten Wissens an die Jüngeren. Früher war das selbstverständlich. In der Vergangenheit wurde das Alter geschätzt (der Stammesälteste) und die Weisheit genutzt. Heute wird der »Versichertenälteste« aber wohl nur noch aus historischen Gründen so genannt. Sobald der Älteste nämlich wirklich alt wird, sägt man ihn ab.

Versichertenältester? Zu alt

Der konkrete Fall, geschildert von Hanne Schweitzer auf ihrer Website »altersdiskriminierung.de«: Herr Z., Mitglied der Gewerkschaft Bauen-Agrar-Umwelt, ist jahrelang einer dieser

Versichertenältesten. Er berät als solcher zur allgemeinen Zufriedenheit Arbeitnehmer, die bei der Deutschen Rentenversicherung Hilfe und Auskunft suchen. Er ist, wie man so sagt, topfit. Fragen zum Thema Rente kann er perfekt beantworten. Die Fragesteller sind zufrieden, die Rentenversicherung ist zufrieden – und er auch.

Da schreibt ihm unvermittelt seine Gewerkschaft (die das Vorschlagsrecht für seine Ernennung bei der Rentenversicherung hat) und dankt ihm für sein bisheriges Engagement. Danach folgt die Ankündigung, dass man künftig keine Kandidaten mehr vorschlagen wolle, die wie Herr Z. über 70 Jahre alt seien. »Wir bitten sehr um Dein Verständnis. ... Wir denken, es ist auch in Deinem Sinne, diese Aufgabe an jüngere Kolleg(innen) zu übertragen«, schließt der Brief. Die üblichen Floskeln.

Falsch! Es ist überhaupt nicht im Sinne von Herrn Z. ... Warum sollte es auch? Und warum sollen wir das verstehen? Da macht einer einen guten Job. Da hilft einer den Menschen. Er ist persönlich damit zufrieden. Und da soll er für seine kalte Absetzung auch noch Verständnis haben? Wo steht geschrieben, dass man ab dem Alter von 70 Jahren das Gefüge der Deutschen Rentenversicherung nicht mehr verstehen kann? Was soll dieser Automatismus? Wie wäre es denn mit einer konkreten Überprüfung? Herr Z. bittet um ein persönliches Gespräch. Das verweigert man ihm.

Herr. Z. will aber nicht zum »alten Eisen« gehören, schreibt er seiner Gewerkschaft. Er protestiert heftig und nachdrücklich, in immer neuen Briefen, sodass ihm schließlich der Gewerkschaftsvorsitzende Klaus Wiesehügel höchstpersönlich schreibt. Der ist zwar der oberste Boss und sollte als Gewerkschafter wissen, was Diskriminierung ist. Aber er macht die Sache nur schlimmer. Kollege Wiesehügel schreibt: »Wir brauchen Bürger, die ganz vielfältige Funktionen bei den Vereinen und ... bei den Versicherungsträgern wahrnehmen und somit zum Zusammenhalt der Menschen beitragen. ... Ohne die verschiedenen Formen von Mitarbeit ist unsere heutige demokratische Gesellschaft nicht überlebensfähig.« (So weit, so gut.) »... Zu Recht fragst Du Dich, warum Du diese Funktion nun nicht mehr ausfüllen kannst, obwohl Du körperlich und geistig dazu in der Lage bist.« (Aha, zu Recht. Der Vorsitzende hat die Sache verstanden.) »Zur Demokratie gehört, dass man Beschlüsse akzeptiert, auch wenn sie einem persönlich nicht passen.« (Nein, das war vorschnell. Der Vorsitzende hat nichts verstanden.) Jedenfalls trägt der Brief die Unterschrift des Kollegen Wiesehügel. Ob er den Text wirklich gelesen hat?

Dieser Brief ist ein Offenbarungseid. Denn auf die Frage »Warum?« kommt keine inhaltliche Antwort. Herr Z. möge »Beschlüsse akzeptieren«. Das ist nun aber eine traurige Reaktion, denn Beschlüsse, die sinnlos sind und auch noch diskriminierend, muss niemand akzeptieren. Das tut Herr Z. auch nicht. Er ist umgehend aus der Gewerkschaft Bauen-Agrar-Umwelt ausgetreten. Nach mehr als fünfzig Jahren Mitgliedschaft.

Ein Einzelfall? Eine singuläre Dummheit? Eine Gedankenlosigkeit gegenüber alten Menschen? Keineswegs! Die Sache hat System.

Einige Vorstandsmitglieder der Evangelischen Johanniskirchengemeinde in Vellmar bei Kassel wollen sich mit juristischen Mitteln gegen das Höchstalter von 70 Jahren für Kandidaten für den Kirchenvorstand wehren. Diese Altersgrenze empfindet die Kirchenvorsteherin Edda Winterberg als diskriminierend und rückständig. Deshalb wolle man mit einem Eilantrag vor das Kirchengericht der Evangelischen Kirche von Kurhessen-Waldeck ziehen. Die Kirchenvorstände finden sogar Unterstützung von oben: Carmen Jelinek, die Dekanin des Evangelischen Kirchenkreises Kaufungen, zu dem die Johanniskirchengemeinde gehört, zeigt Verständnis. »Die Altersgrenze müsste fallen!«, sagt sie. Die Regelung sei diskriminierend. Der Kirchenkreisvorstand, der eine von der Kirchengemeinde vorgelegte Kandidatenliste mit einigen über 70-jährigen Kandidaten ablehnte, habe sich aber an die Gesetzeslage halten müssen.

Ich frage die Kirchenleitung nach den wirklichen Gründen. Die offene Antwort: die Lage in den Gemeinden sei uneinheitlich. Manche wollten alte Kirchenvorstandsmitglieder einfach nicht mehr haben. Andere seien entschlossen, gegen diese Diskriminierung zu kämpfen. Das Thema sei noch nicht ausgestanden. Es werde auf den kommenden Konferenzen der Landeskirche zum Thema gemacht. Bleibt als Ergebnis: Während evangelische Kirchengemeinden zunehmend Probleme haben, Vorstandsfunktionen ausreichend zu besetzen, vergraulen sie gleichzeitig einsatzwillige Protestanten aus diesen Funktionen. Schwer verständlich. Sie beschädigen sich damit selbst.

Die Gesetzeslage! Einerseits gibt es das Gleichstellungsgesetz, andererseits eine andere »Gesetzeslage« in anderen Bereichen. Das zeigt, dass Diskriminierung wegen des Alters keinesfalls per Gesetz abgeschafft ist. Nicht generell jedenfalls.

»Für mich ist Altersdiskriminierung in diesem Staat und dieser Gesellschaft so verbreitet wie Schnupfen.« So klar äußert sich Hanne Schweitzer, die seit 2002 mit ihrer Website »altersdiskriminierung.de« das Thema hartnäckig verfolgt. Sie lädt alle, die sich über Diskriminierung geärgert haben, dazu ein, dies auf ihrer Internetseite öffentlich zu machen. Nur einmal bekam sie eine Abmahnung, selten rufen Unternehmer an und bitten um Klarstellung oder Entfernung des Beitrags. Der Erfolg ist sichtbar: tausende von Einträgen, manche sehr subjektiv und zweifelhaft, viele aber ernsthaft und begründet. Sehr viele Alte lassen sich nicht einfach so ablehnen oder benachteiligen.

Jüngere sind »etwas flotter«. Na und?

Abgelehnt wegen Ihres Alters! Das bekommen auch Schöffen zu hören, die sich bereit erklären, ehrenamtlich bei Gericht zu arbeiten. Dabei ist die zunehmend mangelnde Bereitschaft, das Schöffenamt zu übernehmen, für die Gerichte oft problematisch. In Berlin wurde der Notstand offensichtlich, als die Senatsverwaltung die Bürger ausdrücklich dazu aufrief, sich zur Übernahme dieser ernsthaften Aufgabe bereit zu erklären. Wer aber die Bewerbungsvoraussetzungen anforderte, wurde mit der Altersgrenze »nicht unter 25 Jahre und nicht über 70 Jahre« konfrontiert. Da schränkt man sich selbst willkürlich ein. Dann sollen die aber auch nicht über mangelnden Einsatz klagen.

Fälle wie diese finden sich reihenweise. Bei der Telefonseelsorge werden qualifizierte Ehrenamtliche wegen Erreichen einer selbstherrlich definierten Altersgrenze verabschiedet: Vielen Dank für die bisherige Arbeit. Sie haben das immer gut gemacht. Und Tschüs!

Auch Wahlhelfer werden mancherorts nur akzeptiert, wenn sie jünger sind als 70 Jahre. Zuletzt äußerten Wahlhelfer in Aying in Bayern anlässlich der jüngsten Kommunalwahl ihren Ärger. Der Anlass: Wahlhelfer müssten neuerdings jünger sein als 70 Jahre, denn – so der Wahlleiter – sonst seien sie zu alt für das »strapaziöse Auszählen« der abgegebenen Stimmen. Er habe die Kandidaten für das Amt des Wahlhelfers nach EDV-Kenntnissen, Proporz und Altersstruktur abgecheckt und dann nach bestem Wissen entschieden. Die Jüngeren seien halt »etwas flotter«. Die protestierenden Bürger, die bis dato als Wahlhelfer eingesetzt worden waren, zeigten sich enttäuscht. Sie fühlten sich zurückgesetzt. Zu Recht. Aber gegen die Zurücksetzung konnten sie nichts tun. Nein, man muss das nicht verstehen ...

Wenn der Vereinsgründer ausgebootet wird

Der Sohn von Jürgen Schulz starb mit sieben Jahren an Leukämie. Der Verlust eines Kindes ist für Eltern äußerst schwer zu bewältigen. Jürgen Schulz trauerte damals, vor vierzig Jahren, tief und lang, reagierte aber auch auf eine ganz besondere Weise. Er gründete eine Stiftung, die Familien mit todkranken Kindern hilft. Er schuf das erste deutsche Kinderhospiz.

1996 gegründet, ist die nach dem verstorbenen Sohn benannte Björn-Schulz-Stiftung inzwischen eine bundesweit bekannte Institution geworden. Mehr als hundert qualifizierte Mitarbeiter. Anerkannt von Fachleuten. Jürgen Schulz wurde vor mehr als zehn Jahren das Bundesverdienstkreuz verliehen. Jetzt aber wurde er gefeuert. Der Gründer und Geschäftsführer der Björn-Schulz-Stiftung entlassen und entmachtet? Mit Hausverbot belegt? Weil – wie es in der Pressemitteilung der neuen Führung heißt – er aus »Altersgründen aus dem Amt scheiden« müsse.

Sicherlich ist dabei formal alles korrekt zugegangen. Dennoch hat der Vorgang Aufsehen erregt. Tatsächlich ist Jürgen Schulz mit 75 Jahren nicht mehr jung. Aber immerhin hat er ein bemerkenswertes Lebenswerk geschaffen. Es gab nach seiner Entmachtung viele kritische Stimmen. »Herr Schulz ist ein weiser und gelassener Mann mit einem weichen Herz«, sagte die Geschäftsführerin des Bundesverbandes Kinderschutz, Sabine Kraft. Sie und viele andere sind entsetzt über den Vorgang. Einem verdienten Mann sein Alter vorzuwerfen, um ihn so vor die Tür setzen zu können: Das ist wirklich ein bemerkenswertes Beispiel für Diskriminierung. Ein außergewöhnliches Beispiel, aber nur *ein* Fall in einer Reihe zahlloser Benachteiligungen alter Menschen.

Fazit: Nicht schweigen, protestieren!

Es ist eine merkwürdige Szenerie, die sich da bietet. Da sind die Klagen über den Niedergang des freiwilligen Engagements. Immer weniger Menschen finden sich bereit, Freiwilligendienste zu leisten. Da ist ein Defizit. Es fehlen Menschen. Das wird offen zugegeben, einerseits. Andererseits

die willkürliche und starre Altersgrenze, die nichts über die Qualifikation und Befindlichkeit der Betroffenen sagt.
Mit dem Schwert »Altersgrenze« werden Freiwillige ferngehalten oder ausgesondert. Menschen, die sich engagieren wollen, werden abgewiesen. Da wäre doch eine sachgerechte Regelung angemessen: Schaut Euch die Alten an. Prüft ihre Fähigkeiten. Und dann freut Euch, dass die bereit sind, mitzumachen und lasst sie ran! Stattdessen werden Menschen vergrault und diskriminiert.
Von wegen Gleichstellungsgesetz! Ich stoße auf viele empörte Menschen. Die fassungslos feststellen müssen, dass man sie – Gesetz hin oder her – beschneidet und einschränkt, allein wegen ihres Alters. Die befremdet sind, weil in manchen durchaus wichtigen und hohen Funktionen und Ämtern das Alter keine Rolle spielt. Bei anderen wird das Alter zur unüberwindlichen Mauer. Das ist falsch. Das ist sinnlos. So verletzt man gutwillige Menschen, schließt sie aus und lässt sie verbittert zurück.
Als besonders enttäuschend ist zu registrieren, wenn aus Institutionen wie Gewerkschaften oder Kirchen, die eigentlich für Freiheit, Gerechtigkeit, Menschlichkeit angetreten sind, nicht mehr kommt als der kalte Hinweis auf Gesetze, Verordnungen und (selbstgeschaffene) Bestimmungen. Wenn wir nicht einmal hinterfragen, ob das, was da in amtliche Texte gegossen wurde, noch zeitgemäß ist, dann disqualifizieren wir uns. Irgendwann gab es auf dem Gebiet des deutschen Staates das diskriminierende Dreiklassenwahlrecht, im 19. Jahrhundert kam das Wahlrecht für alle Männer, erst viel später das allgemeine Wahlrecht für Männer und Frauen. Auch damals gab es Kreise, die den jeweiligen Status quo verteidigten. So ist es heute mit den diskriminierenden Altersgrenzen: Es gibt sie. Aber Gründe für sie gibt es nicht. Wie wäre es mit lautem Protest?

2. OPFER

»Du alte Gans, dich nehme ich aus!«

Wie sieht es aus, das ideale Opfer aus der Sicht von Kriminellen? Würde man ein Opferprofil erstellen, dann müsste es so aussehen: zunächst einmal vor allem alt. Dann zusätzlich möglichst gutgläubig – alles, was gesagt wird, wird eins zu eins aufgenommen und einfach geglaubt. Möglichst weltfremd – da sind keinerlei Erkenntnisse über das, was heutzutage so geschieht, weder übernommenes Wissen von Verwandten, Freunden, Nachbarn noch von den Medien. Möglichst von der Zeit angenagt – also nicht so ganz fit, körperlich, psychisch und kognitiv. Wenn sie dann auch noch ein bisschen Geld haben, dann werden sie zum perfekten Ziel. Sie sind die idealen Opfer für kaltschnäuzige Kriminelle, für Gauner, Trickbetrüger, für schnellredende Verkaufskanonen, aber auch für Räuber. Die müssen nur hart genug drauf sein, dann können sie Geld machen und oftmals unerkannt davonkommen. Manchmal wird es sogar richtig brutal.

Die Polizei: dein Freund und Trickdieb

Da war die alte Frau aber dankbar: die Polizei! Vor ihrer Haustür! Wie schön! Zwei nette junge Männer in Zivil, Kripo also, die Zeit für sie hatten, die sie warnen wollten vor der bösen Welt da draußen. Natürlich ließ sie die beiden ein, denn sie hatte schon so viel von Trickbetrügern gehört und wollte jetzt wissen, was sie dagegen tun könnte. Schade nur, dass die Polizisten keine Hüter der öffentlichen Ordnung und dass die Warnungen vor Trickbetrügern nur ein mieser Trick waren. Der »Kontrollgang« der angeblichen Polizisten machte die Frau zum Opfer schlauer Krimineller, die nach dem Besuch einen materiellen Verlust in Form von Bargeld und Schmuck hinnehmen musste.

Der wirkliche Schaden in Fällen wie diesen ist größer. Es sind die seelischen Folgen. Da ist die Angst, in der eigenen Wohnung nicht mehr sicher zu sein. Die Sorge vor einem vielleicht notwendigen Auftritt als Zeuge, wo man den Tätern ins Gesicht sehen muss. Da sind die grüblerischen Gedanken, die Opfer von Straftaten manchmal nicht loslassen. Wer hilft in so einer Lage? Die Polizei meist nicht. Die Justiz nicht. Opfer lässt man allein. Kein Wunder, dass sie sich manchmal sichtbar verändern, sich zurückziehen und misstrauisch werden.

Immer wieder erfolgreich: der Enkeltrick

Eigentlich sollte der sogenannte Enkeltrick tot sein. So oft wurde darüber berichtet, dass ein angeblicher Verwandter vorgeschoben wird, um alten Leuten Geld aus der Tasche zu ziehen. Die Polizei warnt immer wieder. Im Altentreff wird es weitererzählt. Dennoch hat die Masche noch immer Erfolg. Der Standardfall: Ein Täter ruft atemlos an und tut so, als sei er selbst »der Enkel« und benötige dringend Geld, um aus einer Zwangslage herauszukommen. Dann kommt »ein Freund« und kassiert. Die Opfer werden hintergangen und ihre Gutgläubigkeit missbraucht. In der Öffentlichkeit macht man sich fast lächerlich über sie: Wie konntest du das glauben? Stattdessen wäre eine bessere Ausstattung der Polizei angesagt. Die ist weitgehend überfordert, den reisenden Banden auf die Schliche zu kommen. Sie schafft es nicht. Deswegen passiert es immer wieder.

Inzwischen gibt es Variationen dieser Straftaten: Ein Freund benötigt Geld, ein Verwandter hatte einen Unfall und so weiter. Leider immer wieder erfolgreich, weil sich die Täter ihre Opfer sorgfältig anschauen: Möglichst alt sollten sie sein, auf jeden Fall alleinstehend, vielleicht schon ein bisschen unsicher, schwerhörig, gutgläubig. Wenn das zusammenkommt, ist das ideale Opfer gefunden.

Inzwischen konnte der angebliche »Erfinder« des Enkeltricks in Polen verhaftet werden. Er ist der Kopf einer Bande, die jahrelang überall in Deutschland aktiv war. Es gab in der Bande klare Hierarchien und Spezialisierungen. So mussten einige von ihnen deutsche Telefonbücher durchforsten und immer dann, wenn sie auf altmodisch klingende Vornamen (Theobald, Erwin) stießen, die Nummern markieren. Dann wurde angerufen. Fast immer mit derselben Gesprächseröffnung: »Rate mal, wer dran ist?« Die Opfer selbst hatten dann zu raten, welcher lang vermisste Verwandte am Telefon sei. Und da sich viele Alte sehr einsam fühlen, ist die Freude natürlich groß, wenn sich endlich mal jemand aus der Familie meldet. So lief die Anbahnung, die in einer dringlich vorgebrachten Bitte um Geld mündete. Konnten die Täter mit der freundlichen Gabe rechnen, schickten sie den sogenannten »Keiler« los, der alsbald vor der Haustür stand und, im Namen des Verwandten, das Geld entgegennahm. War kein Geld da, taten es auch Schmuck oder Goldmünzen. Millionen soll diese Bande erbeutet haben. Und die Alten? Die bleiben abgezockt und verwirrt zurück.

Der jetzt verhaftete Kopf dieser Bande lebte in Warschau denn auch ganz offen unter luxuriösen Umständen, verwöhnte seinen Clan mit rauschenden Partys und fuhr die schönsten und teuersten Autos. Angefangen hatte er als kleiner Trickdieb. Wie es heißt, sei er durch Zufall auf die Enkeltrick-Masche gestoßen, als er am Telefon einen angeblich wertvollen, in Wirklichkeit ziemlich wertlosen Teppich an den Mann bringen wollte. Der Angerufene glaubte, er habe einen Freund am Telefon:

»Du bist doch der Jürgen!«, soll er gerufen haben. So wurde per Zufall eine Masche geboren.

Weil aber auch der beste Enkeltrick einschließlich seiner diversen Varianten sich irgendwann herumspricht, haben sich die avancierteren Trickdiebe gewissermaßen einer Fortbildung unterzogen. Die Polizei kennt die Entwicklung. Zum Beispiel werde zunehmend in Stadtteilen, die bevorzugt von wohlhabenden Senioren bewohnt werden, der Kontakt zu potenziellen Opfern gesucht. Die Täter sind gut angezogen und drücken sich gewählt aus. Sie hören zum Beispiel mitfühlend zu, wenn ein 87-jähriger alleinstehender Rentner berichtet, dass sein Telefon ausgefallen sei und der Störungsdienst einfach nicht kommen wolle. Zwei Tage später wird sein Wunsch erfüllt. Das zumindest glaubt er, als zwei Männer vor seiner Tür stehen und sich als Techniker der Telekom ausgeben. Der Ablauf ist dann wie üblich: ein Mann verwickelt den Wohnungsinhaber ins Gespräch, der zweite streift durch die Wohnung, bis er sich alles gegriffen hat, was ihm wertvoll erscheint.

Wir stellen fest: Einsamkeit und Gutgläubigkeit werden den meisten Alten zum Verhängnis. Das heißt im Umkehrschluss, dass Alte den Kontakt zu Verwandten und Freunden pflegen sollten. Sie sollten nicht weltabgewandt leben, sondern mit Nachbarn reden und die Presse verfolgen, die immer wieder vor den Trickdieben warnt. Und vor allem: Sie sollten niemals gutgläubig sein. Lieber einmal zu viel die Tür zuknallen als Leute hereinlassen, die man nicht wirklich kennt. Lieber böser Alter als düpierter Alter!

Meinungsforscher forschen aus

Es wird also heutzutage weniger auf Überrumpelung gesetzt. Vielmehr spähen die Täter aus, welche Methode den besten Ertrag verspricht. Dazu gehören gefakte Anrufe angeblicher

Meinungsforscher. Für die Angerufenen klingt es zunächst nach einem schönen Zeitvertreib, denn endlich werden sie wieder nach ihrer Meinung gefragt. Dabei erzählen sie mehr, als gut für sie ist. Dabei erfahren die Anrufer genug, um über den Haushalt des Opfers Bescheid zu wissen. Das nutzen sie dann bei einem späteren unerwünschten ›Besuch‹ schamlos aus.

Viele ältere Menschen, denen am Telefon ein angeblicher Gewinn versprochen wird, sind inzwischen misstrauisch geworden. Sie drohen den Anrufern mit der Polizei und beenden von sich aus die Gespräche.

Das ist gut und richtig, als ein Lerneffekt einzutreten scheint, aber auch die Abzocker lernen dazu: Die neueste perfide Masche der Telefontäter kalkuliert sogar dieses Verhalten ein und versucht, es zu nutzen. Der neueste Trick heißt »Call ID Spoofing«, auf Deutsch »Vortäuschung der Telefonnummer des Anrufers«. So meldet sich dann bei den Opfern unter der örtlichen Vorwahl und der Telefonnummer der Polizei ein angeblicher Beamter, um der »Sache mit dem Telefonbetrug« nachzugehen. In Mainz ging das so weit, dass der Betrüger einer alten Frau vorschlug, dem Täter eine Falle zu stellen. Die Frau sollte Geld abheben. Damit könne man eine Geldübergabe simulieren und den Täter fassen. Ein Bote werde gleich zum Abholen kommen. Die Sache konnte vereitelt werden, sie zeigt aber, wie trickreich die Täter arbeiten.

Manchmal nutzen die Täter örtliche Besonderheiten. Wenn richtige Handwerker ohnehin in einem Mietshaus unterwegs sind, geben auch sie sich als Arbeiter aus, die im Auftrag des Eigentümers die Wohnung betreten wollen. Bauarbeiten in den Straßen lassen aus Trickdieben ganz schnell Mitarbeiter der Stadtwerke, der Telekom oder des Elektrizitätswerks werden. Hauptsache, glaubwürdig wirken!

Bezeichnend ist die »Karriere« des Sandro B., dem von der Polizei 13 Diebstähle nachgewiesen werden konnten. Seine Opfer waren alle über 80 Jahre alt. Er selbst war wechselweise als Heizungsmonteur, Zählerableser oder Schornsteinfeger aufgetreten. Ein vielseitiger Mensch, der zurzeit allerdings einer relativ monotonen Tätigkeit nachgeht, nämlich als Häftling in Berlin. Er hat viel Leid angerichtet bei seinen Opfern.

Obwohl seit Jahren vor dem Variantenreichtum der Trickdiebe gewarnt wird, fallen immer mehr Menschen auf sie herein. Vielleicht, weil es zunehmend Alte gibt, die selbstständig und allein leben und die nicht mehr den vollen Bezug zum Alltag haben. Wer tage- oder wochenlang allein in seiner Wohnung lebt, ist freudig überrascht, wenn das Telefon klingelt oder jemand an der Tür steht. Die Täter appellieren oft an die Hilfsbereitschaft. Das funktioniert so gut, dass zum Beispiel die Frankfurter Polizei eine eigene Ermittlergruppe für die Straftaten an älteren Menschen eingerichtet hat, die »AG SäM«. Nach Steigerungsraten von hundert Prozent allein beim Enkeltrick und jährlichen Schadensummen von über 700.000 Euro schien das notwendig. Dabei erfährt die Polizei nur zum Teil von den Delikten. Viele versuchte Straftaten scheitern, weil nicht alle Alten sich über den Tisch ziehen lassen. Die berichten aber nicht über diese Versuche. Es gibt aber auch Opfer, die sich schämen, weil sie die Schuld bei sich selbst, bei ihrer Leichtgläubigkeit suchen. Auch sie schweigen – und sind dabei unglücklich.

Hilfe für Opfer

Für die Opfer sind die Folgen nach der begangenen Tat schwerer auszuhalten als der eigentliche Schaden. Das berichtet Karla Mertins, ehrenamtliche Helferin bei der Opferhilfe-Organisation »Weißer Ring«. Eine Gründung des ehemaligen TV-Journalisten Eduard Zimmermann (»Aktenzeichen xy«). Die Opfer verfallen in einen Zustand sozialer Isolation, sie verlassen das Haus nicht mehr und meiden den Kontakt zu Angehörigen. Manchen fehlt das gestohlene Geld zum Lebensunterhalt. »Viele hungern lieber, als ihren Verwandten ihre durch den Betrug entstandene Notlage zu schildern.« Alle würden immer über den entstandenen Sachschaden sprechen, aber die psychischen Folgen seien meist wesentlich gravierender. Der »Weiße Ring« als Organisation freiwilliger Helfer ist gar nicht in der Lage, allen Betroffenen aus dieser Lage herauszuhelfen. Es ist auch eher eine Aufgabe für den Staat: Wenn er seine Bürger schon nicht schützen kann, dann soll er ihnen wenigstens beistehen, damit sie zurückfinden in das Leben, wie es vor dem Übergriff war.

Das kreative Potenzial der Täter

Die vielfältigen Methoden der Trickdiebe zeigen, wie viel Kreativität eingesetzt wird. Die Diebe versetzen sich sehr exakt in die Lebenssituation ihrer Opfer: Sind die ängstlich? Dann wird ihnen mit vertrauensvoller Stimme Sicherheit versprochen. Sind sie einsam? Diebe können scheinbar verständnisvoll zuhören und hin und wieder an der richtigen Stelle Zustimmung signalisieren. Sind die Opfer beim Thema Geld oder Gewinn zu packen?

Da wird die Gier angestoßen und ein unverhoffter Geldsegen (gegen eine »Gebühr« versprochen). Könnte man diese kriminelle Intelligenz in die richtigen Bahnen lenken: da wären ganz ordentliche Karrieren möglich. Manche sagen ja, dass bei vielen im Geldgewerbe Beschäftigten es nur ein kleiner Schritt von der legalen Übervorteilung der Kunden zur offenen Kriminalität sei.

Eine Untergruppe der auf alte Menschen spezialisierten Betrüger sind die Telefontäter. Während beim Enkeltrick das Telefon zum Anbahnen der Tat genutzt und später das Geld persönlich abgeholt wird, nutzen sie das Telefon ausschließlich.

Die Opfer werden entweder über einen Gewinn informiert. Der könne ausgezahlt werden, wenn »eine Gebühr« überwiesen werde. Oder es wird über eine laufende Lotterie berichtet, für die gezahlt werden müsse. Wenn die Opfer beteuern, nie ein Abonnement abgeschlossen zu haben, wird ihnen eine Kündigung »ermöglicht«, wenn sie eine Kündigungsgebühr überweisen. Schließlich verblüffen die Täter auch mit Kenntnissen über das Bankkonto ihrer Opfer einschließlich der IBAN und BIC (die sie aus weggeworfenen Banküberweisungen gewonnen haben können oder die sie am Markt gekauft haben). Dann fragen sie noch, quasi zur Bestätigung, nach einer Transaktionsnummer. Danach steht einem Belasten oder kompletten Abräumen des Kontos nichts mehr im Wege. Die dafür benutzten Zielkonten befinden sich oft im Ausland, und dort sind sie nicht greifbar.

Da frage ich mich, ob wir unsere Freude über den grenzüberschreitenden Handels- und Warenverkehr nicht einschränken sollten. Wenn Freiheit bedeutet, dass Täter nicht verfolgt werden können, dann stimmt etwas nicht. Freiheit für die Bösen? Das kann es nicht sein!

Teleshopping: Kauf! Mich! Jetzt!

Nein, kriminell ist das Teleshopping nicht. Höchstens, dass man schon kriminell gutgläubig sein muss, um dem, was da über die Mattscheibe kommt, Glauben zu schenken. Teleshopping ist ununterbrochenes Fernsehprogramm mit dem Ziel, billigen Krempel teuer zu verkaufen. Es ist die Kaffeefahrt für zuhause Gebliebene, gerade für ältere Menschen, vor allem alte Frauen. Wer Teleshopping nicht kennt oder bewusst ignoriert, der belächelt das als Kinderkram. Es ist aber kein Kinderkram. Es ist ein kühl kalkuliertes Geschäft mit hohen Gewinnraten. Es geht pro Jahr um mehr als eine Milliarde Euro Umsatz. Da lohnt die Frage: Taugt das Zeug etwas, das da verkauft wird? Antwort: Taugen mag es manchmal. Aber die Preise sind zu hoch. »Die als Schnäppchen angebotenen Waren sind in der Regel anderswo oder zu einem besseren Preis erhältlich«, sagt die Stiftung Warentest. Das soll vor dem Zuschauer verschleiert werden. Und wer ist der Leidtragende? Ganz klar die Alten, die aufgrund körperlicher Einschränkungen oft das Haus nicht verlassen können. Hinzu kommen die Schließungen von Einzelhandelsgeschäften in den Innenstädten. Da ist es doch im heimischen Sessel viel bequemer. Er oder sie werden angemacht wie von Marktschreiern (»Wer jetzt nicht kauft, ist selber schuld!«). Das Vergleichen von Waren oder Preisen ist in der Hektik, die von den Moderatoren ganz bewusst erzeugt wird, nicht möglich. Das ist zwar legal, aber nicht legitim. Teleshopping agiert in einer Zone der Zulässigkeit. Aber es ist ein Schmuddelgeschäft. Lohnend und schmutzig.

Die großen Shoppingsender sind in Deutschland QVC und HSE24. Letzterer hat inzwischen mit seinem Motto »Ich seh shoppen« die Umsatzhürde von 600 Millionen Euro genommen. Der Geschäftsführer Richard Reitzner berichtet stolz, dass man 20.000 verschiedene Artikel anbiete, die es zum größten Teil bei seinem Sender exklusiv gebe. »Wir bieten tolle Artikel an. Damit sind wir unseres Glückes Schmied.« Und das alles so erfolgreich, dass man auch andere Länder wie Russland, Skandinavien oder Polen mit entsprechenden glücklich machenden Sendern überfallen will.

Die gute Fee des deutschen Teleshopping ist eine Frau namens Judith Williams. Mitten in den Vierzigern, verheiratet, vier Kinder, Haus am Ammersee. Die »Bild am Sonntag« hat die Moderatorin besucht und textet in schöner Offenheit: »Ihre Welt ist so perfekt, dass es schon fast ekelhaft ist.« Judith Williams hat mal als schlichte Moderatorin angefangen und dabei die Artikel anderer Hersteller angepriesen. Damals hat sie schon gut verdient. Heute macht sie es besser. Sie hat eine eigene Kosmetik-Linie entwickelt. Also gibt es von ihr Cremes und Make-Up, die sie als angebliche Expertin im Studio bewirbt. Es funktioniert. Tausende wollen die angeblich exklusiven Produkte haben. Es gibt sie nur bei HSE24, nur bei Judith Williams. Das ist sehr praktisch, denn ein Preisvergleich ist nicht möglich. Es ist eben eine richtig professionelle Show, die da inszeniert wird. Hinter den Kulissen wird live während der Sendung geprüft, wie stark die Nachfrage auf der Hotline nach dem beworbenen Cremetöpfchen ist. Sinkt das Interesse, gibt es ein Kommando in das Fernsehstudio: Neues Produkt bitte, gleiche Show, und lächeln!

Das Zimmer, in dem Judith Williams die Redakteurin von »Bild am Sonntag« empfängt, wird im Blatt wie ein »Raum in Neuschwanstein« beschrieben. Die Gastgeberin hat Judith-Williams-Haarspray im Haar, Judith-Williams-Eyeliner an den Augen und Judith-Williams-Lippenstift auf den Lippen. Sie ist ausschließlich bei ihrer Zielgruppe bekannt, aber das reicht aus, um zur bestverdienenden Fernsehfrau in Deutschland zu avancieren. Kein Wunder. Mit so einem Judith-Williams-Express-Lift-Serum für 49,99 Euro lässt sich zwar das Altern nicht wirklich aufhalten, aber ganz sicher füllt der Verkauf das Konto der Dame. Hinzu kommt das Theater, mit dem Frau Williams um die Aufmerksamkeit ihrer Kundinnen wirbt. Aber Teleshopping ist unaufhaltsam.

Verkaufsfahrten an »abgewrackte« Orte

Wer nimmt eigentlich noch an einer Kaffeefahrt teil? Nach allem, was man weiß, gehört und gelesen hat! Über stundenlange Fahrten, sterbenslangweilige Veranstaltungen mit einem nervenden Verkäufer? Niemand? Von wegen! Es gibt immer noch und immer wieder in jedem Jahr etwa tausend Kaffeefahrten in Deutschland. Da werden Waren im Wert von mehreren hundert Millionen Euro jährlich umgesetzt. Die Stiftung Warentest hat typische Kaffeefahrt-Artikel unter die Lupe genommen und festgestellt: Die Sachen sind in qualitativer Hinsicht Mittelmaß, vor allem aber zu teuer. Teurer, als wenn man sie ganz normal im Handel erwerben würde.

Das scheint nicht abzuschrecken. Immer wieder aufs Neue finden sich Mitfahrer. Die Veranstalter haben aber auch gelernt. Die Fehler der Vergangenheit machen sie nicht mehr. So werden nicht mehr wie früher Leute, die nichts kaufen wollen, einfach auf die Straße gesetzt.

Geblieben ist das Ziel, nämlich die Mitfahrer nach Strich und Faden auszunehmen. Und auch heute noch gibt es ausreichend Alte, die hier zu Opfern werden.

Man muss es aber auch sagen: Die Zielgruppe ist willig. Alte Menschen sitzen oft zuhause und tun – bedauerlicherweise – nichts. Wenn dann so eine Einladung zur Fast-Gratis-Busfahrt aus dem Briefkasten gefischt wird, freuen sie sich. Man kommt mal wieder unter Leute. Sie sind sich vermutlich dessen bewusst, dass man versuchen wird, ihnen etwas zu verkaufen, und sie halten sich selbst für vorsichtig genug, nicht auf leere Versprechungen hereinzufallen. Das ist ihr Fehler.

Der Bus kommt zum Treffpunkt. Mitgenommen werden meist nur ganz alte Teilnehmer. Vor den Jungen haben die Veranstalter Angst, weil sie sich nicht so einfach einlullen lassen oder weil sie auf ihre Großeltern aufpassen wollen. Dann wird manchmal zu den Jungen gesagt: Dieser Bus ist komplett voll, ihr nehmt den zweiten. Auf den zweiten Bus können sie lange warten, es gibt ihn nicht.

Einer hat es dennoch geschafft, Philipp Z., ein junger Mann, der im Internet seine Erfahrungen beschreibt: ganz offen, unvoreingenommen, authentisch. Sein Großvater brauchte eine Begleitperson, der Busfahrer akzeptierte ihn ausnahmsweise als Mitfahrer. Während die Verbraucherzentralen warnen, alte Teilnehmer sollten ihr Handy bereithalten (um sich zur

Not »retten« zu lassen), zeigt das Ziel dieser Tour, wie lernfähig Veranstalter sind. Denn es gibt am Ziel (von Philipp Z. drastisch als abgewrackte »DDR-Partylocation« bezeichnet) keinen Empfang für das Mobiltelefon. Eine tote Ecke! Schlau! Und dreist!

Da werden dann wie üblich Reisen verkauft, die Käufer hören von einem angeblichen Nachlass von mehreren hundert Euro (man ahnt, dass er das extrem überteuerte Produkt zu einem teuren Produkt macht). Dann gibt es Töpfe oder Induktionskochplatten und schließlich als richtig teures Produkt eine Bioresonanzmatratze für angeblich schlappe 2.600 Euro. Zwei Käufer finden sich. »Echt krank«, schreibt Philipp Z., »wie viel Geld die Rentner noch haben.« Tja, das gilt aber nur für manche Rentner. Und wer sich nach einem solchen Kauf in eine Schuldensituation manövriert, ist hier noch gar nicht erfasst. Gegen Ende wird Frank, der Verkäufer, der bislang so lieb war, zum Finsterling: »Pampig zu den Gästen und mit unverschämtem Druck drängt er die Leute zum Kauf.« Zum Schluss schreibt Philipp Z., nachdem er seinen Großvater vor den schlimmsten Fehlkäufen bewahrt hat: »Nie wieder so ein Scheiß. Ist schlimmer als Schule.« Schlimmer als Schule? Das will etwas heißen!

Rächer der Opfer von Kaffeefahrten

Als Rächer der Kaffeefahrtenopfer sieht sich Bernhard Stitz, Polizist aus Flensburg. Als er vor Jahren bei seiner Mutter, die er für eine durchaus wache und kostenbewusste Frau hält, eine Heizdecke entdeckte, für die sie anlässlich so einer Veranstaltung mehrere hundert Euro gezahlt hatte, machte es bei ihm klick. Sein Ärger mündete in dem Entschluss, es denen künftig heimzuzahlen. Seitdem geht er auf Tour. 95 Prozent dieser Veranstaltungen sind illegal, sagt er. Doch inzwischen ist er so bekannt, dass ihn die Veranstalter ausbooten. Weil sie wissen: Wenn er im Saal sitzt, ist die Party vorbei.

Kaffeefahrten, inzwischen modisch auch Promotion-Veranstaltungen genannt, müssen amtlich angemeldet werden. Das geschieht meist nicht. Die Gewinn- oder Produktversprechen müssen realistischen Überprüfungen standhalten, sonst nennt man das unlauteren Wettbewerb. An solchen Punkten packt Polizeioberkommissar Stitz die Veranstalter. Manchmal geht er mit einem Lockvogel, einer 80-jährigen Dame, auf Tour. Wenn sie reingelegt worden ist, ruft er die Polizei und lässt alles auffliegen. Das macht er seit mehr als zwanzig Jahren, und dafür wurde er mittlerweile vom »Weißen Ring«, der Opferschutzorganisation, geehrt. Dabei sind die Veranstalter schlau. Zum Beispiel verteilen sie an besonders zugängliche Teilnehmer Geschenke. Die skeptischen Gäste schauen dabei zu und werden so ganz nebenbei weichgekocht. Oder sie schleusen alte Damen ins Publikum, heimliche Mitarbeiterinnen, Komplizinnen. Die erzählen für alle hörbar von ihren angeblich guten Erfahrungen mit den teuren Produkten. Da schwindet dann oft der Widerstand. So eine Veranstaltung entwickelt sich schnell zum gruppendynamischen Prozess. Hartnäckige Verweigerer werden vorgeführt und miesgemacht, wie böse Schüler, die in die Ecke geschickt werden. Willige Käufer werden laut gelobt, für sie ist die Rolle des Musterschülers vorgesehen. Da muss man schon einen starken Charakter haben, um nicht einzuknicken. Außerdem bedarf es einer guten Kondition, und daran mangelt es vielen Alten. Irgendwann wollen die einfach ihre Ruhe haben und halten dem Druck nicht länger stand.

Wenn dann alle glauben: Kaffeefahrt? Nie wieder! Dann melden sich neue Absender, zum Beispiel mit so kryptischen Namen wie das »Euro-Verwaltungsbüro« aus Quakenbrück. Das arbeitet mit der »Wir kämpfen für Sie«-Masche. Man wolle sich für alle einsetzen, die versprochene Gewinne aus Kaffeefahrten nicht erhalten haben. Der Empfänger dieses

Schreibens gehöre zu den Glücklichen, denen man jetzt diese Gewinne aushändigen könne. Man müsse sich nur anmelden, für eine Fahrt mit dem »Bus zum Gewinn«. Da spätestens sollten es alle merken: Auch das ist nur eine Masche. Es wird von »potenziellem Gewinn« geschwafelt. Ausgezahlt wird der allerdings nicht.

Apothekenrabatte als Aufschwatz-Strategie

Apotheken haben einen guten Ruf. Aber sie stehen unter wirtschaftlichem Druck. Der Konkurrenzkampf wächst. Da wird dann sogar mancher bislang ehrenwerte Pillendreher schwach. Das sieht dann so aus wie in dem Beispiel, das die Verbraucherzentrale Schleswig-Holstein schildert: Eine bislang als seriös bekannte Apotheke wirbt mit »Aktionstagen gegen Rückenschmerzen«. Der Rückenschmerz sei doch die »Volkskrankheit Nummer 1«. Stimmt, denkt der geplagte ältere Mensch und meldet sich wie gewünscht zu diesem »Aktionstag« an. Ihn erwartet im Grunde eine Verkaufsveranstaltung wie bei jeder Kaffeefahrt. Beworben wird eine Massageliege. Der Preis liegt bei knapp 5.000 Euro. Ein sogenannter »Apothekenrabatt« von 700 Euro soll die Kunden weichkochen. So wird der Ruf der Apotheke für üble Geschäfte genutzt; und letztlich wird der Ruf dann nachhaltig geschädigt.

Raubüberfälle: ein Täter, fünf Opfer

Zu den Spezialisierungen innerhalb der kriminellen Szene gehört das brutale Vorgehen speziell gegenüber alten Menschen. Manche Täter kalkulieren die Besonderheiten der Alten (körperliche Schwäche, Vertrauensseligkeit) ein und wählen sie als Ziel aus. Dabei sind sie nicht so zahm wie die Trickbetrüger, Schwindler oder Gaukler, die keine Gewalt anwenden. Sie schrecken nicht vor dem körperlichen Angriff zurück und nehmen Verletzungen bei ihren Opfern in Kauf.

Das fängt an bei einem spezifischen Delikt: dem Handtaschenraub. Zu den charakteristischen Merkmalen gehört zum einen die spezielle Zielgruppe der Opfer. Es sind fast ausschließlich ältere Frauen, besonders jene, die alleine und zu Fuß unterwegs sind. Zum anderen: Die Tat findet fast ausschließlich in Großstädten statt, in stillen Nebenstraßen, in Grünanlagen oder auf Friedhöfen. Die Täter sind Jugendliche oder Heranwachsende, die mit der Überrumpelung arbeiten. Die Tasche wird dem Opfer entrissen, und wenn es dabei verletzt wird, ist das für die Täter normal. Üblicherweise werden dabei ein paar hundert Euro in Bargeld erbeutet.

Es gibt aber auch aufsehenerregendere Einzelfälle. Zum Beispiel wurde in Essen einer 86-jährigen Frau die Handtasche entrissen, in der sie 117.000 Euro transportierte, die sie kurz zuvor in ihrer Bank abgehoben hatte. So ein Fall wirft Fragen auf: Warum hatte die Frau sich keine Begleitung geholt? Wieso konnten die Täter (in diesem Fall zwei Männer und eine Frau) in der Bank vermutlich ungestört das Abheben des Geldes beobachten? Und vor allem: Warum fragte keiner der Bankangestellten, was die Frau mit so viel Bargeld zu tun beabsichtigte und wie sie mit einer solchen Summe sicher nach Hause kommen wollte? Das war denen in der Bank offensichtlich völlig egal. Aber bei Einzahlungsbeträgen von mehr als 10.000 Euro wird stirnrunzelnd Geldwäsche vermutet. Hier wäre also nachzufragen, ob sich die Banken in solchen Fällen mitschuldig machen oder aber der Bankangestellte nicht hätte nachfragen müssen, einfach aus einer gesellschaftlichen Verpflichtung gegenüber Schwächeren heraus.

Härter geht es bei den typischen Raubüberfällen in Wohnungen zu. Davon sind ebenfalls meist Frauen betroffen, oftmals verschaffen sich die Täter gewaltsam Zutritt. Manchmal werden die Täter auch von den Frauen überrascht. Dann gehen sie hart gegen ihre Opfer vor. Das ist für die betroffenen Frauen meist ein schreckliches Erlebnis, das sie noch jahrelang unsicher macht. Sie werden oftmals von Angstvorstellungen heimgesucht und bedürfen psychologischer Betreuung.

Leider gibt es auch viele sogenannte Beziehungstaten, das heißt, jüngere Menschen, Frauen wie Männer, gehen gewaltsam gegen ältere Verwandte vor, bedrohen und verletzten sie. Da gibt es eine hohe Dunkelziffer, sagt die Polizei, die wenigsten Fälle würden bekannt. Die Opfer schweigen.

Die härtesten Fälle betreffen die von der Kriminalpolizei aufgestellte Kategorie »Raubmord an älteren Menschen«. Es gibt dramatische Fälle, die zeigen, wie grausam die Täter vorgehen. In Berlin sitzt ein junger Mann (Anfang 20) im Gefängnis, der zwei Frauen (82 und 91 Jahre alt) in ihrer Wohnung überfallen, gewürgt und mit Plastiktüten erstickt hat. Der Täter ist zielgerichtet vorgegangen, hatte die Frauen bewusst wegen ihres Alters ausgewählt und auf große Beute gehofft, die er aber nicht vorfand.

Eine drogenabhängige 16-Jährige überfällt zusammen mit ihrem 18-jährigen Freund einen 74-jährigen Mann in dessen Wohnung. Sie schlagen den Mann mit einer Eisenstange nieder und ersticken ihn. Sie entwenden Bargeld und Scheckkarte des Opfers und nehmen sein Auto mit.

Ein 32-jähriger Krankenpfleger überfällt fünf Frauen im Alter zwischen 80 und 90 Jahren. Die Frauen hat er als (inzwischen wegen Unterschlagung entlassener) Mitarbeiter eines ambulanten Pflegedienstes kennengelernt. Alle Frauen tötet er. Alle beraubt er. Seine Beute insgesamt: ein paar tausend Euro.

Es gibt viele ähnliche Fälle. Allen ist gemeinsam, dass die Täter gezielt auf alte Menschen losgehen. Sie dringen in ihre Wohnungen ein. Die Opfer leben meist allein. Die Täter hoffen auf Bargeld oder Schmuck und schrecken vor Gewalt bis zum Mord nicht zurück.

Immer mehr (aus Not) kriminelle Alte?

Es gibt allerdings auch eine ganz und gar gegenteilige Entwicklung: kriminelle Alte. Immer mehr Senioren geraten in den Fokus der Ermittler. Die Zahl der Ermittlungen gegen Über-60-Jährige hat die Zahl 150.000 überschritten. Der Bundesvorsitzende der Gewerkschaft der Polizei, Oliver Malchow, warnt vor einer eindeutigen Entwicklung: »Aufgrund einer älter werdenden Gesellschaft werden wir auch vermehrt ältere Straftäter haben.«

Der positive Effekt, dass alte Menschen länger rüstig blieben, zeige die Nebenwirkung, dass sie auch bis ins hohe Alter kriminell sein könnten. Was aber tun, wenn ein Straftäter dement sei? Bisher hat die Justiz noch nicht gelernt, mit solchen Phänomenen umzugehen. Es gebe zwar Jugendrichter für die jungen Täter, jedoch nichts Vergleichbares für kriminelle alte Menschen. Ein eigenes Seniorenstrafrecht fordert der Bund Deutscher Kriminalbeamter. Altersarmut spiele zum Teil eine Rolle bei den Straftaten. Ein Experte stellt trocken fest: »Die Polizei hat absolut gesehen mehr alte Menschen vor sich.« Ältere begehen vorwiegend Betrugsdelikte und Diebstähle – eine Folge von Altersarmut und zu niedrigen Renten. Eine Polizeihauptkommissarin nennt das »Notkriminalität«: »Es ist schon ein Unrechtsbewusstsein da, aber eben auch manchmal eine große Not.« Und dann gebe es aber auch noch ganz andere Motive. Um nämlich der Einsamkeit und Nichtbeachtung im Alter zu entgehen, würden Alte kriminell werden, um in irgendeiner Form noch Beachtung zu finden. Die Polizistin formuliert es im Blick auf diese Tätergruppe so: »Ich bin noch da, ich bin noch nicht tot.«

Sympathie für die »Rentnergang«

Jetzt werde ich sowohl politisch als auch juristisch äußerst unkorrekt. Ich bin auf einen außergewöhnlichen Fall von Alterskriminalität gestoßen. Es war eine Art Gegenwehr, und dabei ging es nicht zimperlich zu. Ich meine die spektakuläre Aktion jener in der Presse so genannten »Rentnergang vom Chiemsee«. Es geht um mehrere alte Männer, die sich gegen einen Betrüger auf ihre Weise zur Wehr setzten. Das war ganz und gar nicht legal. Aber sie haben mein Verständnis.

Leider ist dies keine Geschichte, in der Gut und Böse klar zu trennen sind. Da ist einmal der Täter, der die Racheaktion der Alten auslöst. Ein selbsternannter Berater, ein amerikanischer Finanzbetrüger, der seinen deutschen Mandanten hohe Zinsen für ihr Geld verspricht. Verlockende 18 Prozent soll er angekündigt haben, wenn sie nur ihr Geld ihm anvertrauten. Und da sind seine drei Opfer: keine armen Rentner, sondern wohlhabende Pensionisten mit Immobilien in Florida und Geldvermögen in Millionenhöhe.

Der selbsternannte Finanzberater bekommt viel Geld anvertraut. Umgerechnet insgesamt mehr als 2,4 Millionen Euro von den drei Alten. Dieses Geld leidet schon sehr bald unter Schwindsucht. Statt versprochener Zinsgewinne gibt es für die Investoren Vertröstungen. Irgendwann scheint es nicht nur die Zinsen zerbröselt zu haben, sondern bei den Betroffenen entsteht der Eindruck, alles sei verloren, sogar ihr Kapital. Da wird es ihnen zu viel.

An einem Junitag im Jahr 2009 greifen sich die wütenden Rentner ihren Finanzhai, als er sich in Deutschland aufhält. Sie holen ihn gewaltsam von der Straße, knebeln ihn, packen ihn in einen großen Umzugskarton und fahren mit ihm zu einem Kellerraum. Da wird er festgehalten. Freiheit wird ihm versprochen, wenn er das Geld herausrückt.

Die Täter machen viele Fehler. Die Entführung betreiben sie dilettantisch. Sie zerstreiten sich. Ihr Opfer kann einen Notruf absetzen. Schließlich kann der Gefangene sich befreien, um Hilfe rufen und entkommen. Das zeigt: Sie sind Laien und keine Profis. Andererseits gehen sie brutal vor, und es ist durchaus offen, was sie mit ihrem Finanzberater gemacht hätten, wenn ihm die Befreiung nicht geglückt wäre.

Dennoch: Es gibt so viele Betrüger, die eiskalt das Vermögen ihrer Kunden eingesteckt haben. Es gibt so viele angebliche Finanzberater, die sich über die »alten und dummen« Kunden lustig gemacht haben. Es gibt so viele Banker, die sich selbst reich und ihre Kunden arm gemacht haben, ohne dass man ihnen juristisch beikommen konnte. Nach all dem kann ich Sympathie für die Motivation der»Rentnergang« nicht unterdrücken: Sie haben Wege gesucht, sich zu wehren.

Fazit: heraus aus der Opferrolle!

Alte Menschen sind ein bevorzugtes Ziel von Kriminellen. Einerseits haben sich ganze Branchen darauf spezialisiert, alten Menschen das Geld aus den Taschen zu ziehen. Und das sind nicht nur irgendwelche Straßenhändler, sondern es sind (zum Beispiel beim Teleshopping) große Unternehmen unterwegs, die mit ausgeklügelten Methoden vorgehen und denen psychologische Untersuchungen zur Verfügung stehen, wie alte Kunden dazu gebracht werden können, etwas zu kaufen, was sie eigentlich nicht benötigen. Sie sind die Abzocker, sie bewegen sich in einer Grauzone. Als schlimmer empfinde ich die richtigen Kriminellen. Sie nutzen die physische und psychische Schwäche ihrer Opfer aus. Das fängt bei den Trickbetrügern an, die per Enkeltrick oder mit Telefonanrufen vornehmlich alte Frauen um ihr Geld erleichtern. Sie lassen traumatisierte Opfer zurück, die sich nicht mehr in die Öffentlichkeit wagen und die ihren Glauben an das Gute im Menschen verloren haben. Dann die rücksichtslosen Gewalttäter. Sie schrecken nicht davor zurück, ihre Opfer zu verletzten oder gar zu töten. Alte Menschen, vornehmlich wenn sie allein leben, sind oft schutzlos diesem Verbrechen ausgesetzt. Die Polizei führt Statistiken, sie betreibt auch Aufklärung. Mehr jedoch, zum Beispiel einen verbesserten Schutz, gibt es nicht. Das aber ist notwendig: mehr Schutz alter Menschen. Vor Abzocke, vor Betrug und vor Gewalt. Da kann ehrenamtliches Engagement nicht genug ausrichten. Das ist eine Aufgabe des Staates.

3. GESUNDHEIT

»Patient, du bist zu alt und teuer!«

Mit dem Alter kommen die Krankheiten. Nicht morgens ein Schnupfen und abends ein Husten. Es kommt alles gleichzeitig. Das macht alte Patienten zu schwierigen Patienten. Und zu teuren. Den Kassen sind alte Patienten teuer, aber nicht lieb. Lässt man sie das spüren? Oder wird das sichtbar beim Einsatz von Therapien und Medikamenten? Das durchökonomisierte Gesundheitssystem ist nicht eingestellt auf Menschen, die eventuell komplizierte Krankheiten haben, die vielleicht nicht so einfach im Umgang sind und mit denen sich nicht so viel Geld verdienen lässt. Junge Patienten machen es dem Arzt oder Krankenhaus leicht: ein Symptom, eine Therapie und fertig. Alte Kranke sind schwieriger. Und die ganz Alten, diejenigen im Pflegeheim, sind ganz besondere Fälle. Früher hätte es geheißen: die werden weggesperrt. Das sagt man heute nicht. Aber man tut es. Unser Gesundheitssystem sollte auf die Alten eingestellt sein, zumal die Zahl der alten Patienten zunimmt.

Alten Patienten hört keiner gerne zu. Ihre Beschwerden werden allzu gern als bloßes Gejammer abgetan. Kein Arzt, keine Pflegerin darf sich für längere Zeit ans Bett eines alten Patienten setzen, sonst geraten sie in Verzug mit den vielen weiteren Aufgaben. Ein Wertewandel hat stattgefunden. Früher ging es um den ehrenwerten Beruf des Arztes. Es ging um Heilung. Es ging um den Dienst am Menschen. Das ist inzwischen von gestern. Der Patient ist zum Wirtschaftsfaktor geworden. Medizin ist eine Branche – mit Konkurrenten und Wettbewerbern, mit Kennzahlen und Vorgaben. Da gibt es Gewinner, die erwirtschaften Profit. Und es gibt Verlierer, die machen Verlust und bleiben irgendwann auf der Strecke. Dabei berufen sich Ärzte doch gerne auf jenen Eid des Hippokrates, der sie heraushebt aus der Schar der »gewöhnlichen« Berufstätigen, weil sie sich angeblich uneigennützig um das gesundheitliche Wohlergehen anderer kümmern. So heißt es. Von wegen! Die Realität sieht anders aus!

Wirtschaftsfaktor Patient

Sein aktuelles Buch heißt »Eidesbruch«. Das Wort bezieht sich auf den hippokratischen Eid, den die angehenden Ärzte in früheren Zeiten ablegen mussten. Das gibt es heute nicht, geschworen wird nicht mehr. Dennoch wird dieser Eid immer noch als Synonym dafür genommen, dass sich Ärzte in Tun und Handeln stillschweigend für ihre Schutzbefohlenen einsetzen. Dass sie niedrigen Beweggründen (zum Beispiel der Habgier) widerstehen. Dass sie alles tun, was den Menschen hilft und alles unterlassen, was ihnen schadet.

Wenn jedoch der Mediziner Dr. Michael Imhof ein Buch mit dem Titel »Eidesbruch« schreibt, dann geht es ihm um genau dieses Thema, dass nämlich viele seiner Kollegen heute nicht mehr den Patienten in den Mittelpunkt ihres Handelns stellen. Sie verstoßen gegen die traditionellen Werte dieses ganz besonderen Berufsstandes. Oft nicht einmal aus bösartigen Motiven, sondern als Reaktion auf den ökonomischen Druck. Manche von ihnen sind selbst Opfer einer geldgetriebenen Medizin. Andere haben den Arztberuf gewählt, um Geld zu verdienen, richtig viel Geld. So oder so, in jedem Fall: Hippokrates? Ade! Eidesbruch!

Dabei nimmt Imhof nicht einmal sich selbst aus. »Ich hatte vor ein paar Tagen den Anruf einer verzweifelten alten Frau«, sagt er. Ihr Mann sei gestorben. Im Krankenhaus. Man habe ihn umgebracht, behauptete die verstörte Anruferin. Als die Frau mit ihren Klagen und Vorwürfen gar nicht nachlassen wollte, musste Imhof dieses Gespräch abrupt beenden, weil andere Pflichten auf ihn warteten. Dabei war ihm bewusst, dass die verwirrte alte Frau Zuspruch brauchte, dass sie einen Zuhörer benötigte und keinen ärztlichen Rat. Er hat sich nicht gut gefühlt.

Aus Sicht der profitorientierten Medizin ist der alte Mensch ein Problem. Weil sich die Wirklichkeit im Wartezimmer, in der Klinik oder im Heim nicht komplett in Arbeitsschritte und Module zerlegen lässt, in Einheiten, die berechnet werden können. Da soll es alte Patienten geben, die langwierige Krankheiten haben, denen aber nicht mit Therapien zu helfen ist, die sich im Gesundheitssystem zu Geld machen lassen. Diese Menschen verursachen Störungen im System. Sie kosten nur und bringen nichts – man wird versuchen, sie abzuschieben. Umgekehrt gibt es alte kranke Menschen mit guter Versicherung oder erfreulichem privatem Finanzstatus. An denen lässt sich allerlei ausprobieren. Einer dieser Schlüssel zur goldenen Gans heißt IGeL (individuelle Gesundheitsleistung). Damit kann man Kassenpatienten Angst machen und ihnen nahelegen, dass sie spezielle Behandlung oder Medikamente benötigen, die aber (»Leider, die böse Kasse!«) nicht übernommen werden. Auch wenn eine Diagnose zeigt, dass eine Krankheit unheilbar ist, werden weitere Untersuchungen angeordnet und Therapien ausprobiert. Hauptsache, die Kasse akzeptiert das oder der Patient greift selbst ins Portemonnaie. Auch wenn es angemessen wäre, das Wohlbefinden der Patienten für die letzte Strecke ihres Lebens in den Mittelpunkt zu stellen, werden sie in Apparaten gequält oder mit Medikamenten vollgepumpt.

Früher sprach man von der Heilkunst. Von dem besonderen Arzt-Patienten-Verhältnis. Heute sind die Arbeitsschritte der Behandlung aufgeteilt wie die Prozesse am Fließband in einer

Fabrikhalle. Das spüren die Menschen. Von Menschlichkeit fehlt jede Spur!

Der Arzt und Chirurg Dr. Michael Imhof hat den Alltag in Krankenhäusern miterlebt. Er hat den zunehmenden ökonomischen Druck gespürt, der zu Lasten der Qualität der medizinischen Behandlung geht. Irgendwann war das für ihn keine Perspektive mehr. Er sagt: »Anpassung war nie meine Stärke und so entschied ich mich für eine freiberufliche Tätigkeit als wissenschaftlicher Berater, ohne Abhängigkeit von kassenärztlichen Vereinigungen, Berufsgenossenschaften oder weiteren Institutionen.« Mit den Jahren kam die gutachterliche Tätigkeit hinzu. Inzwischen hat Imhof in tausenden von medizinischen Streitfällen seine Gutachten vorgelegt. Dabei steht er auf der Seite der Patienten. Und immer wieder hat er haarsträubende ärztliche Behandlungsfehler bloßgelegt, hat gestritten und gewonnen. Das macht ihn zu einem seltenen Exemplar im großen Medizinbetrieb. Ich besuche Dr. Michael Imhof in seiner Praxis in Würzburg. Mir geht es um seine Erfahrungen im Umgang speziell mit den alten Patienten.

Alte Patienten sind nicht einfach: Sie suchen den Kontakt, brauchen oftmals mehr das Gespräch als die Untersuchung. Vielleicht sind sie gar nicht wirklich, sondern nur gefühlt krank. Das ist für die Kassenärzte mit vollem Wartezimmer unangenehm. Zugleich können die Alten (typisch für ihr Alter) oft mehrere Krankheiten und Gebrechen gleichzeitig haben, die es zu erkennen und angemessen zu behandeln gilt.

Die typischen Fälle sehen so aus: Zu den Hausärzten kommen häufig multimorbide Patienten, also Menschen mit mehreren Krankheiten, Leiden und Gebrechen. Da ist also der Patient, der ein seit Jahren bekanntes Herz- und Gefäßleiden hat, gegen das er schon lange behandelt wird. Jetzt klagt er über akute starke Rückenschmerzen. Die Bandscheibe! Dieser Patient benötigt schmerz- und entzündungshemmende Arzneimittel, also auf Nerven und die Muskelverspannungen einwirkende Medikamente. Einige dieser Medikamentengruppen können Unsicherheit beim Gehen und Schwindel mit einem erhöhten Sturzrisiko zur Folge haben. Andere Arzneimittel beeinträchtigen die Wahrnehmungsfähigkeit. Wieder andere wirken auf die Blutgerinnung ein. Vielleicht musste dieser Patient wegen seiner Herzerkrankung schon vorher blutgerinnungshemmende Substanzen einnehmen. Jetzt erhält er Medikamente, die zusätzlich gerinnungshemmende Eigenschaften aufweisen. Schwere, unter Umständen lebensbedrohliche Nebenwirkungen können die Folge sein. Das sind die Probleme, mit denen es die Medizin immer öfter zu tun haben wird.

»Das Problem«, sagt Dr. Imhof, »entsteht dann, wenn Patienten viele verschiedene Medikamente aufgrund verschiedener Erkrankungen nehmen müssen. Die moderne Medizin und Pharmakologie sind in der Lage, mögliche unerwünschte Interaktionen von zwei, maximal drei verschiedenen Medikamenten abzuschätzen. Problematisch wird es, wenn wir es mit vier, fünf, sechs oder gar zehn verschiedenen Medikamenten zu tun haben.«

Es wird problematisch. Überall im Land. Denn drei Viertel der Menschen über 65 Jahre nehmen regelmäßig fünf oder mehr Medikamente ein. Bei chronisch Kranken sind es noch mehr. Da mischen sich Substanzen zu riskanten Medizin-Cocktails, es treten unberechenbare Nebenwirkungen auf. Nach Schätzungen des Robert-Koch-Instituts erleiden 5,7 Prozent der stationär behandelten Patienten unerwünschte Nebenwirkungen. Ein Teil der Zeit, die Patienten im Krankenhaus verbringen müssen, fällt auf die Bekämpfung unerwünschter Arzneimittelwirkungen. Was für ein hoher Aufwand, welch hoher Preis für diese Behandlungen! »Die Arzneimitteltherapie im Alter ist per se schon ein hochrisikobehafteter Bereich«, sagt Imhof.

Und dann folgen seine konkreten Vorschläge, wie man dem Problem beikommen könnte: Hochdruck, Diabetes, Gefäßerkrankungen, Augenerkrankungen, Arthrose und Demenz stellten typische Erkrankungen des alten Menschen dar. Die mit dem Alter zunehmende Multimorbidität führe eigengesetzlich zu einer Multimedikation. Erschwerend komme hinzu, dass im Alter viele Medikamente langsamer abgebaut und ausgeschieden würden. Manche Arzneimittel wirkten viel stärker als bei jungen Menschen, oder sie könnten auch, wie es bei Benzodiazepinen bekannt ist, sogar paradox wirken. Viele Fragestellungen im Zusammenhang mit der Polymedikation im Alter sind noch ungelöst, weil erst seit kurzer Zeit aufgrund der demografischen Entwicklung diese Problemkomplexe zunehmend in den Fokus der wissenschaftlichen Aufmerksamkeit gelangen. Es lohne ein kurzer Blick in die Fachinformationen der Arzneimittelhersteller. Dort sei häufig nachzulesen, dass für ein bestimmtes Arzneimittel nur unzureichende Erkenntnisse bei älteren Menschen vorlägen.

Das heißt: Wir benötigen eine spezielle Forschung über die Medikamententherapie im Alter. Es gibt sie nicht. In vielen Krankenhäusern ist man sich gar nicht bewusst, welche Probleme aufgrund der Wechselwirkungen von Medikamenten entstehen können.

Das Gesundheitssystem hat sich in den vergangenen Jahren verändert. Einerseits wird geklagt, dass gespart werden müsse. Andererseits setzt diese Gesundheitsbranche in Deutschland mehr als zweihundert Milliarden Euro um. Pro Jahr. Mehr als zehn Prozent aller Beschäftigten bei uns im Land arbeiten im Namen der Gesundheit. Es geht also um Milliardensummen, an denen viele im Lande Interesse haben. Bei solchen Geldtöpfen findet sich – auch wenn generell gespart werden soll – genug, um hohe Gewinne abzuschöpfen. Die Pharmaindustrie zeigt eine ihrer Stärken im Erfinden scheinbarer Innovationen. Die kann man um ein Vielfaches teurer verkaufen als die bewährten Medikamente.

Aus Patienten werden Kunden, aus Ärzten Leistungserbringer

Große Krankenhauskonzerne, zum Beispiel die Asklepios GmbH, die Helios Kliniken GmbH oder die Rhön Klinikum AG, übernehmen kleinere und notleidende Krankenhäuser der öffentlichen Hand und zeigen der staunenden Öffentlichkeit, wie sich mit den bisher nicht wirtschaftlich arbeitenden Häusern Geld verdienen lässt. Sie machen aus Patienten Kunden und aus Ärzten Leistungserbringer, zu denen man gewöhnlich Nichtmediziner wie Apotheker und Physiotherapeuten zählt. Da geht es dann nicht mehr um das Kurieren und die Heilung, sondern um das Erfüllen eines Vertrags, möglichst schnell und effizient. Ein alter Patient hat es in diesem auf Effizienz getrimmten System schwer. Man darf seine Behandlung nicht einfach ausschlagen, aber systemimmanente Hürden lassen sich einbauen. Das spüren zum Beispiel die Fahrer von Krankentransporten, wenn bestimmte Patienten vor den Türen von Hospitälern abgelehnt werden: »Alles besetzt!«

Es sind nicht nur Einzelkämpfer, die diese Entwicklung kritisieren. Auch auf den Veranstaltungen der Ärzte wird über die verhängnisvolle Ökonomisierung gesprochen. Von einer »Umprogrammierung« der Ärzte spricht auf dem 116. Deutschen Ärztetag der Medizinethiker Professor Giovanni Maio. Damit meint er, dass Ärzte durch den wirtschaftlichen Druck gezwungen werden, sich zu verändern. Sie machten Zug um Zug die eigentlich fremde Logik der Ökonomie zu ihrer eigenen. Es seien gerade die alten Patienten, die in diesem System zu kurz kämen. Und er bekommt den Beifall tausender Ärzte, als er sagt: »Eine Medizin, die den Patienten meidet, kann sich nicht mehr Medizin nennen.«

Dem erwidern die Verfechter der profitorientierten neuen Welt: das seien doch die Argumente von Drückebergern, die es sich im alten System gemütlich gemacht hätten. Jede Kommune habe »ihr« Krankenhaus unterhalten wollen. Das seien Prestigeobjekte gewesen, teuer und unrentabel, aber geeignet, den Bürgermeistern Wählerstimmen zuzutreiben. Das mag es gegeben haben. Aber es gilt nicht generell. Die kleinen Krankenhäuser hatten etwas, was den neuen Gesundheitsfabriken fehlt: Menschliche Zuwendung. Zeit für Patienten. Da kannte man die Patienten beim Namen und nicht als Nummer.

Im Industriebetrieb des Krankenhauses von heute gilt: Die Patienten sollen in möglichst kurzer Zeit das Krankenhaus wieder verlassen. Das Ziel der Fallpauschale – es ist politisch so gewollt – besteht darin, in möglichst kurzer Zeit möglichst viele Patienten bei möglichst geringem personellem Aufwand durchzuschleusen. Das berechnen die Kaufleute in den Verwaltungsabteilungen der Krankenhäuser. Ein älterer Patient, dessen Krankheitsverlauf nach aller Erfahrung kompliziert ist und der nach einer Operation länger als berechnet im Klinikbett bleiben muss, der wird vom Kunden, mit dem man Gewinn machen wollte, zum Verlustbringer, den man schnellstens loswerden muss. Diese Kommerzialisierung findet vor unser aller Augen statt. Sie ist eine der Folgen der öffentlichen Armut und der Privatisierung von Bereichen, die früher nicht der Gewinnmaximierung überlassen wurden.

Die kaufmännischen Geschäftsführer der Krankenhäuser – das ist ihr Job und so verstehen sie sich – rechnen alles durch. Sie haben aus ihrer Sicht erfolgreich dafür gesorgt, dass die Verweildauer in den Krankenhäusern gesunken ist, auf mittlerweile nur noch sechs Tage pro Patient. Die Fallzahlen (im Krankenhaus-Sprech meint das normalerweise: die Zahl der Behandlungen und der Operationen) sind drastisch gestiegen, die Zahl der Pflegerinnen und Pfleger ist um 50.000 reduziert worden. Dieses System wünscht sich weniger menschliche Zuwendung (zu teuer) und mehr Sachaufwand (lukrativer Einsatz von Medizintechnik).

Den im Klinikum arbeitenden Ärzten wird von den Leitungsgremien nahegebracht, dass ihre Arbeitsplätze vom wirtschaftlichen Erfolg abhängen. Nahegebracht – das Wort ist wichtig. Es gibt keinen Druck. Jedenfalls nicht nachweisbar oder dokumentiert, denn das wäre rechtswidrig. Aber die Methoden zur Effizienzsteigerung sind diffizil. Letztlich wissen die Ärzte, dass sie effektiv sein sollen. Das heißt: weniger menschliche Zuwendung, denn die gilt als »Verlustbringer«.

Damit diese Klinik-Unternehmen Profit bringen, werden Operationen durchgeführt, die nicht unbedingt notwendig sind: 136.000 Eingriffe am deutschen Knie. In Frankreich 32.000. In England 13.000. Hunderttausende Bandscheibeneingriffe in Deutschland. Das sind riskante Operationen, die oft den Patienten keine Erleichterung bringen. Manche Ärzte kassieren von den Krankenhäusern Prämien, wenn sie ihnen die »Kundschaft« zuführen. Natürlich ist das illegal. Natürlich hat das nichts zu tun mit dem Arzt-Patient-Verhältnis auf der Basis jenes hippokratischen Eides. »Fangprämien« nennt man die Provisionen intern.

Alte Patienten machen Arbeit

Solch ein System scheut alte und multimorbide Patienten. Die bringen nichts ein. Diese Patienten, insbesondere wenn sie einsam sind und hilfsbedürftig, wollen und können nicht wie Fließbandprodukte behandelt werden. Sie wollen als Menschen gesehen werden, die Hilfe und Heilung suchen. Sie suchen das Gespräch, den Austausch.

Ist es altmodisch, so etwas zu erwarten? Ja, das ist altmodisch. In diesem Fall hat das Wort nicht den Klang von »gestrig«, sondern von »qualitätsbewusst« und von »menschlich«. Das sind Kriterien, die in der modernen Medizin verlorengehen. Die alten Hausärzte: die wissen noch, dass man im Patienten den Menschen sehen muss. Aber sie selbst werden ja schon als Auslaufmodelle bezeichnet. Eine bedrückende Entwicklung.

Man wünscht sich, die aktiven Treiber dieser entmenschlichten Medizin selbst einmal in der Situation zu sehen, ihren eigenen Strukturen ausgeliefert zu sein. Es ist ein Rachegedanke. Er bringt uns aber nicht weiter.

Der Schwerpunkt der modernen Medizin liegt auf Sachleistungen, auf Laborchemie und auf High-Tech-Apparaten. Dr. Imhof spricht von einem Systemfehler: »Es stellt in der Tat einen Systemfehler dar, dass der Schwerpunkt der modernen Medizin allzu sehr auf Sachleistungen, auf Laborchemie und auf High-Tech-Apparateausrüstung liegt. Dies stellt einen Systemfehler deshalb dar, weil Apparate das Sprechen und das menschliche Miteinander nicht ersetzen können. Eine auf das individuelle Wohl des Patienten ausgerichtete und eine vorwiegend technisch-mechanistisch ausgerichtete Medizin schließen sich nach meinem Dafürhalten aus.«

Jeder von uns ist schon einmal krank gewesen. Ich selbst habe ärztliches Handeln bisher nur in Arztpraxen erlebt, zum Glück musste ich noch nie ins Krankenhaus. Dennoch kenne ich Kliniken von innen. Ich weiß, wie ältere und alte Verwandte behandelt wurden, Kassenpatienten, ganz normale Menschen. Da habe ich den Mangel an menschlicher Zuwendung als Außenstehender erlebt. Und ich habe gesehen, was alles an Medizintechnik aufgeboten wurde, solange die Kasse mitmachte. Ich konnte auch Blicke in die Schwesternzimmer werfen, wo der Stress fast physisch fühlbar war. Man traut sich als Patient manchmal kaum, eine Krankenschwester anzusprechen.

Diese Medizin möchte ich nicht als Patient aushalten müssen. Dabei kann ich mich gegenüber Ärzten ausdrücken und wenn sie unverständlich werden, bei ihnen nachfragen. Ich kann Wünsche äußern und Zumutungen ablehnen. Was aber geschieht bei alten Patienten, die grundsätzlich ängstlich sind, die das medizinisch-technokratische Kauderwelsch nicht verstehen, die vielleicht so krank sind, dass sie nicht mitkriegen, was ihnen geschieht? Das Krankenhaus wird unter dem Druck der Effizienz-Bewacher und Kosten-Drücker für sie zum extrem unwirtlichen, ja, sogar gefährlichen Ort. Ist das nicht absurd? Das Krankenhaus, so wie es sich heute oft präsentiert, ist eigentlich für Menschen nicht empfehlenswert, für alte Menschen ganz besonders nicht.

Das Krankenhaus von heute ist unter dem Zugriff der Technokraten zur Fabrik geworden. Zur Gesundheitsfabrik. Nehmen wir als Beispiel den Ersatz eines Hüft-oder Kniegelenkes. Diese Eingriffe sind planbar, sie sind vollständig standardisiert und nicht zuletzt sind sie wenig zeitaufwändig. Sie sind für das Krankenhaus hoch profitabel. Die Patienten können das Krankenhaus nach wenigen Tagen wieder verlassen. Damit ist der Sinn der Fallpauschalensystematik verwirklicht: Viele Patienten durchschleusen. Viele Eingriffe vornehmen. Viel Geld einnehmen. Geringe Kosten. So ist das erwünscht. Alles andere gilt es zu vermeiden.

Rezeptblock ersetzt Zuwendung

»Die ›sprechende Medizin‹ wird gröblich vernachlässigt«, sagt der Medizinkritiker Michael Imhof. Vernachlässigt? Mir scheint, dass die ›sprechende Medizin‹ gar nicht mehr gelehrt oder gelernt wird. Viele alte Patienten suchen eigentlich das Gespräch mit ihrem Arzt und werden dann enttäuscht. Der Rezeptblock ersetzt das Gespräch und die persönliche Zuwendung. Wenn ich auf die alten Menschen blicke, die ich persönlich kenne, fällt mir auf, dass sie mit dem Besuch bei ihrem Hausarzt insbesondere die Hoffnung verbinden, dass der Arzt ihnen zuhören möge und dass er ihnen einen Ratschlag mitgeben könne, einen Zuspruch, vielleicht auch ein tröstendes Wort. Diese Menschen sind meist alleinstehend. Sie suchen Ansprechpartner. Doch sie werden enttäuscht. Sie werden stundenlang eingepfercht in überfüllte Wartezimmer. Da müssen in wenigen Stunden 40 bis 50 Menschen behandeln werden. Da fällt dem Arzt unter Zeitdruck das schnelle Verschreiben eines Medikaments leichter als ein ausführliches Gespräch. Vielleicht wird das Medikament zu schnell verschrieben. Aber wenn er dem Patienten klarmachen will, dass dieser vielleicht gar keine Pillen benötigt und dass die Probleme sich anders besser lösen lassen, da müsste er ja wiederum viel Gesprächszeit aufwenden. Die er nicht hat.

Allerdings: Sind sich die Ärzte dieses Defizits bewusst? Können sie das überhaupt, mit alten Menschen reden? Ich zweifle an der Fähigkeit einer großen Zahl von Medizinern zur Kommunikation mit ihren Patienten. Wenn sie diese Fähigkeit von sich aus beherrschen, haben wir Glück. Aber gelehrt wird es nicht. Ärzten wird naturwissenschaftliches Wissen vermittelt. Soziale Intelligenz ist nicht gefragt. Sie lernen Biologie, Chemie, Physik. Sie lernen »Krankheitsbilder«, aber nicht das Sprechen darüber. Jeder von uns hat schon die von Fachausdrücken durchsetzte Sprechweise von Ärzten erlebt. Entweder sprechen sie so, weil sie kein Verständnis für die Patienten haben. Oder – noch schlimmer – sie verstecken sich hinter den lateinischen Begriffen. Denn wenn der Patient nichts versteht, kann er auch nicht nachfragen. Wenn er nichts begreift, fehlt ihm auch das Verständnis für die Tragweite des Vermittelten. »Nicht wenige fachlich durchaus hochkompetente Ärzte sind oft unbeholfen im Umgang mit alten Leuten«, sagt Imhof. Gespräche mit alten Menschen verlangten dem Arzt oft viel Zeit und Geduld ab. Wegen der Schwächen vieler alter Patienten müssen neue Arzneimittelbehandlungen, Untersuchungen oder Operationen nicht selten mehrfach besprochen und erklärt werden. Das kostet Zeit. Die der Arzt nicht hat. Und diese Zeit hat er natürlich auch nicht für die Gespräche mit den Angehörigen der alten Kranken.

Bleibt festzustellen: Ärzte sind fachlich oft hoch qualifiziert. Aber die Qualifizierung beschränkt sich auf das Wissen um

Krankheit und Therapie. Kommunikation fällt ihnen schwer. Viele können es nicht und lernen es nicht. Seitdem aber die Ökonomisierung der Medizin hinzugekommen ist, seit Zeit Geld bedeutet, hat die Sprachlosigkeit noch zugenommen. Lieber ein teures Medikament verschreiben, lieber teure Medizingeräte einsetzen. Das fällt leicht. Und es bringt mehr Geld als Empathie und Zuwendung. Diese Einstellung, aus der sich der Wandel vom Heilberuf zum High-Tech-Mediziner ablesen lässt, prägt auch die Frage, wie lange es sich denn überhaupt »lohnt«, in alte Patienten zu investieren. Unvergessen ist die Äußerung des damals jugendlichen CDU-Politikers und früh verstorbenen Philipp Mißfelder. Er griff vor Jahren in die Vollen. »Ich halte nichts davon, wenn 85-Jährige noch künstliche Hüftgelenke auf Kosten der Solidargemeinschaft bekommen«, hatte er dem Berliner »Tagesspiegel« gesagt. Und weil ihm das noch nicht reichte, setzte er noch einen drauf. »Das klingt zwar jetzt extrem hart, aber es ist doch nun mal so: Früher sind die Leute auch auf Krücken gelaufen.« Das waren mal deutliche Worte. Vermutlich denken viele junge oder auch ältere Politiker so.

Dabei sieht die Realität so aus: Ein alter Patient stürzt und zieht sich einen typischen Schenkelhalsbruch zu. Da wäre es fatal, ihn nicht innerhalb kürzester Frist mit einem künstlichen Hüftgelenk zu versorgen. Darin liegt ein ganz entscheidendes Moment: diesem Menschen die Mobilität in seiner letzten Lebensphase zu erhalten. Nur so kann ein Mindestmaß an Lebensqualität in den verbleibenden Jahren erhalten werden. Zynisch wäre es, in dieser Situation die medizinische Versorgung abzubrechen. Und zu sagen: Früher ging das doch auch mit Krücken!

Solche Äußerungen gibt es zurzeit nicht. Aber bloß aus Angst vor dem Shitstorm, vor der öffentlichen Empörung. Wenn eines Tages die ökonomischen Zwänge noch größer werden sollten, dann – ich ahne es – wird diese Einstellung wieder auferstehen. Dabei ist die »künstliche Hüfte« ein Synonym. Sie steht für die gesamte ärztliche Versorgung alter Menschen. Die wird irgendwann nicht mehr möglich sein. Und es werden sich bürokratiegetriebene Formulierungen finden, die alles nicht so schlimm klingen lassen. So wie man aus einem Zwangsgeld für die Benutzung der Straßen eine »Infrastrukturabgabe« macht, so wird man sich ein schönes Wort für die böse Absicht einfallen lassen. Ich mache mal einen Versuch: »Demografieabhängige Gesundheitsversorgung«. Wie wäre es damit?

Die Pflege ist kollabiert

Er hält die Entwicklung für zwangsläufig: Claus Fussek beobachtet seit Jahren den Zustand in deutschen Pflegeheimen. Seine Befindlichkeit? Offensiv und anklagend. Manchmal aufklärerisch unterwegs, fordert er in Fernsehinterviews oder Veröffentlichungen die Änderung von unhaltbaren Zuständen. Manchmal klingt er resignativ, weil er nicht an Verbesserungen glaubt. Kein Wunder angesichts der rapide wachsenden Zahl von Pflegefällen. Für viele Patienten, für deren Angehörige, aber auch für Pflegekräfte ist er eine Art Rettungsstation.

Fussek ist der bekannteste und härteste Kritiker der Situation in den deutschen Pflegeheimen. Hauptberuflich ist er in München beim Beratungs- und Pflegedienst »Vereinigung Integrationsförderung« beschäftigt. Seine Kritik ist manchmal so heftig, dass er sich schon vor Drohungen in Acht nehmen musste. Bezeichnend der Titel seines Buches: »Im Netz der Pflegemafia«.

Viele Hilferufe von Angehörigen oder aus der Gruppe der Ärzte und Pfleger erreichen Fussek. Er bezeichnet das als eine Lawine, hunderte von Ordnern mit schriftlichen Hilferufen füllen sein Archiv. Da gibt es alte Menschen, die man tagelang nicht aus dem Bett lässt, die man mit Medikamenten ruhig stellt, die aus Zeitmangel nichts zu essen und zu trinken bekommen. Zitat: »Die Nahrungs- und Flüssigkeitszufuhr in bundesdeutschen Pflegeheimen kann nicht mehr sichergestellt werden.«

Berichte aus deutschen Pflegeheimen hat man schon oft gelesen, oder – mit versteckter Kamera aufgenommen – im Fernsehen gesehen. Zuletzt ist Günter Wallraff mit seinem Team unterwegs gewesen. Seine Entdeckungen zeigen Auswüchse, aber keine Einzelfälle.

In einem Heim, in dem das Team Wallraff Aufnahmen machte, als alte Menschen gequält wurden, hat die Unternehmensführung des gemeinnützigen Trägers reagiert. Die Heimleitung wurde entlassen, mehrere Pflegekräfte versetzt, neue eingestellt. Aber das wirkt angesichts der allgemeinen Umstände fast hilflos. Am System der unmenschlichen Pflege in vielen Heimen ändert sich nichts.

Dabei sind nicht alle Pfleger nachlässig oder bösartig. Viele sind »nur« überlastet und überfordert. »Es gibt Briefe von Pflegern, die sagen, sie könnten den alten Leuten vor Scham nicht mehr in die Augen sehen.« Aber wie sollen denn auch zwei Pflegekräfte, häufig nicht ausgebildet, häufig der deutschen Sprache nicht mächtig, für 20 oder 30 schwerstpflegebedürftige Menschen sorgen? In der Nacht gibt es manchmal eine Nachtwache für 70 Menschen. Das bezeichnet Claus Fussek als »kriminell für das Personal«. Sein Vorwurf: »Die ganze Pflege ist kollabiert, das ganze Thema wurde gesellschaftlich verdrängt.«

Dabei ist es im Bereich der Pflege ähnlich wie bei den Kliniken: Es werden Milliarden umgesetzt, es wird Geld verdient, das Ganze ist eine lukrative Industrie. Viele private Heime befinden sich in der tiefen Provinz, wo Immobilien billig sind, wo Mitarbeiter keine andere Arbeit finden, wo (auch sehr hilfreich) die Verwandten nicht so leicht zu Besuch kommen können. Das Pflegen ist lukrativ, aber es sind nicht die Pflegerinnen oder Pfleger, die hier viel Geld verdienen, im Gegenteil. Sie opfern sich auf und schweigen. Sie schweigen, so wie viele Angehörige, die froh sind, ihre Verwandten irgendwie untergebracht zu haben. Oder die Ärzte schweigen, weil sie keine Lösung wissen. Und es schweigen auch die Kliniken, wenn Menschen aus Pflegeheimen eingeliefert werden, die ausgetrocknet sind, die Druckstellen haben, denen Dauerkatheter gesetzt wurden.

Dabei kommt es auch zur Gewaltanwendung gegen alte Menschen. Nicht nur in den Heimen, sondern auch zuhause, wo die größte Zahl alter Menschen gepflegt wird. Dr. Michael Imhof spricht in diesem Zusammenhang davon, dass fünf bis zehn Prozent der zu Pflegenden häusliche Gewalt erleben. »Das kann psychisch sein, das kann körperlich sein«.

Fesseln aus Überforderung

Da geht es unter anderem um die sogenannte »Fixierung«, ein beschönigendes Wort. Gemeint ist, dass die alten Frauen oder Männer gefesselt werden. Das ist tatsächlich dann notwendig, wenn die Menschen so unruhig sind, dass sie es nicht mehr in ihrem Bett aushalten, dass sie alleingelassen sich selbst verletzen könnten. Die Fixierung hat aber eine dunkle Seite. Nicht nur, weil es eine Dunkelziffer von Patienten gibt, die wegen der Fixierung sterben. Es sei generell ein Verstoß gegen geltendes Recht.

Eigentlich müsste ein Richter jede Fixierung anordnen. Aber das läuft so ab: Da sind zum Beispiel alte Leute mit einem Suchtproblem. Sie randalieren und schreien wegen der Entzugserscheinungen. Sie werden aggressiv, auch gegenüber dem Personal. Solche Fälle machen eine ganze Station rebellisch, vielleicht nachts, wenn eine Pflegerin zu viele Patienten zu betreuen hat. Dann wird einfach gefesselt, fixiert.

Unter diesen Umständen zu arbeiten, führt angesichts der permanenten Überlastung dann manchmal zu Ausrastern beim Pflegepersonal. Sie werden gewalttätig. Oder noch schlimmer, sie töten. Neun alte Menschen hat Michaela G., vom Boulevard der »Todesengel vom Wachtberg« genannt, getötet. 29 Menschen waren es bei dem Sonthofener Pfleger Stephan L.. Die Täter geben Mitleid als Motiv an. Psychologen sprechen aber von Überforderung.

Solche Todesserien fallen auf. Einzelne Fälle dagegen erregen kaum Aufmerksamkeit; gestorben wird in Pflegeheimen immer. Wer will schon die Einzelheiten wissen? Jetzt wehren sich einige Menschen, die selbst Angst davor haben, Opfer dieser unhaltbaren Zustände in der Pflege zu werden. Sieben Kläger gehen vor das Bundesverfassungsgericht. Der älteste ist 89 Jahre alt, aber auch jüngere sind darunter. Die Klage zielt mit Blick auf die Zustände in den Pflegeheimen auf eine Verletzung der Grundrechte. Sie fordern ein »pflegerisches Existenzminimum«. Der Vorwurf der Kläger lautet, dass man die skandalösen Zustände in deutschen Heimen nicht auf individuelles menschliches Versagen zurückführen könne. Einer der Kläger erläutert: »Es ist das System, das eine menschenwürdige Pflege erschwert oder gar verhindert.« Diese Klage ist ein Alarmruf. Der Staat hat bisher nicht gehandelt. Jetzt soll das höchste deutsche Gericht eingreifen.

Darf es nicht geben: homosexuelle Alte

Als der 72-jährige Mann nach wochenlangem Aufenthalt im Krankenhaus einen Platz im Münchner katholischen Kreszentia-Stift belegen wollte, wurde er abgewiesen. Das Heim steht unter der Leitung katholischer Schwestern. Als die erfuhren, dass der Bewerber homosexuell ist, lehnten sie ihn ab. »Von einer derart offenen Ablehnung, dass man das so unverblümt sagt, habe ich noch nie gehört«, sagt der Münchner Stadtrat Thomas Niederbühl. In der Stadt ist die Empörung groß. Die Heimleitung hat sich inzwischen auch entschuldigt und die

Entscheidung rückgängig gemacht. Aber deutlich wird: Jetzt kommen die ersten Männer und Frauen, die sich zu ihrer Homosexualität bekennen, in den Status der Pflegebedürftigkeit – und damit tauchen neue Probleme auf. Da ist zum einen die generelle Ablehnung. Zum anderen aber gibt es gegenüber schwulen Männern die Angst des Pflegepersonals vor Aids und einer Ansteckungsgefahr.

Der Wissenschaftler Markus Schupp von der Universität Bremen hat für seine Promotion hunderte Telefonate geführt und E-Mails verschickt, an Heime und Träger der Altenpflege. »Immer wieder haben die Heime geantwortet, das betreffe sie nicht.« Angeblich würde Homosexualität im Pflegeheim keine Rolle spielen. Die Leute seien doch alt und pflegebedürftig. Tatsächlich aber geraten Schwule im Alter wieder in die Situation, ihre Veranlagung so wie früher verstecken zu müssen, um einen Pflegeplatz zu erhalten.

In anderen Ländern, zum Beispiel in Schweden, gibt es inzwischen Alten-Wohngemeinschaften für Homosexuelle. In Deutschland ist man noch nicht so weit. Der Münchner Stadtrat Thomas Niederbühl kritisiert: »In der Altenpflege ist niemand auf die Homosexualität eingestellt.«

Der 72-Jährige aus München, der von den katholischen Schwestern zunächst abgewiesen wurde, hat einen Platz in einem evangelisch geführten Heim gefunden. Das nachträgliche Angebot des katholischen Heims wollte er nicht annehmen. »Mein Lebenspartner wäre dort nur geduldet worden«, sagt sein Mann.

Menschlichkeit als Opfer der Ökonomisierung

Die Eroberung der Medizin durch die Wirtschaft. Das Ersetzen der menschlichen Hilfe durch den kalten Blick der Controller. Das Schließen der Krankenhäuser in der Nachbarschaft zugunsten der zentralen Gesundheitsfabrik. Das Pflegeheim irgendwo auf dem flachen Land ohne störende Nachbarschaft. Das alles gibt es. Aber es fällt ja nicht vom Himmel, als zufällige Entwicklung. Die Notstände sind menschengemacht. Diese Entwicklung wird bewusst vorangetrieben. Patienten erleben das staunend, oftmals als »betroffene Opfer«, aber sie wissen letztlich gar nicht, wie ihnen geschieht. Die Aktiven im Medizinbetrieb (Ärzte, Pfleger) sind näher dran, sie sind die »betroffenen Täter«. Man macht sie zu Tätern und Mitwissern, die sich den neuen Methoden unterwerfen müssen.

Ein Arzt, der sich in seiner eigenen Praxis mehr Zeit für Gespräche mit Patienten nehmen würde, hätte am Ende des Monats ein Finanzproblem. Eine Pflegerin im Heim, die sich so ihren Pflegebefohlenen zuwenden würde, wie sie es persönlich für notwendig hält, müsste mit einer Ermahnung, im Wiederholungsfall einer Abmahnung und bei weiterer Uneinsichtigkeit mit der Entlassung rechnen.

Drei Viertel aller Pflegekräfte arbeiten in Teilzeit. Das ist mehr als in jeder anderen Branche. Vermutlich liegt es daran, dass sie sich einen kräftezehrenden Fulltime-Job nicht zutrauen. Zunehmend wenden sich manche Pflegerinnen oder Pfleger ganz von den Pflegeheimen ab. Sie kündigen entnervt und suchen sich eine Arbeit, bei der sie nicht gezwungen sind, Menschen leiden zu sehen, ohne helfen zu können. Das bringt die Heime in Personalnot. Zumal die »Kundschaft« zunimmt: Immer mehr Menschen müssen gepflegt werden. Da gehen die Personalverantwortlichen auf die Suche. Insider sprechen davon, dass von Altenpflegeschulen wegen des Personalmangels praktisch jeder Bewerber akzeptiert werde. Auch von den Arbeitsämtern werden Bewerber geschickt, die eigentlich nicht in die Altenpflege gehören, weil sie keinerlei Neigung und Befähigung haben, mit Menschen umzugehen. Und schließlich wird Pflegepersonal auch im Ausland gesucht. Gerade in Ländern wie Griechenland oder Spanien wird man fündig, sogar in

China. Aber das wird langfristig nicht die Lösung sein, zumal viele ausländische Pflegerinnen, wenn sie die hiesigen Zustände kennengelernt haben, entsetzt in die Heimat zurückkehren. Außerdem, kritisiert die Pflegeexpertin Christel Bienstein, sei es unverantwortlich, zum Beispiel in China Personal abzuwerben. »Im Pflegebereich ist China unterversorgt. Die Pflegekräfte wegzuholen, ist verwerflich.« Dies gelte nicht anders für die Lage in Spanien oder Griechenland. So löst man das Problem mit der Pflege für alte Menschen nicht.

Wer also heute einen Beruf im Gesundheitswesen ergreifen will, mit dem Anspruch, da könne man den Menschen Gutes tun, der sollte vorher gut nachdenken. Es könnte sein, dass er in Zwänge gerät, die ihm diese Berufswahl später als Fehlentscheidung erscheinen lassen.

Andererseits benötigen wir dringend engagierte Ärzte und Pfleger, dic offensiv für eine menschenfreundliche Medizin und eine den Alten zugewandte Pflege eintreten. Die sich widersetzen, wenn die Wirtschaftlichkeitsrechnung ihnen verbieten will, zu helfen. Wer sonst soll denn an den herrschenden Zuständen etwas ändern?

Die Masche der betrügerischen Pfleger

Und dann ist da noch jene Variante der Kriminalität, die ihren Teil aus den Geldtöpfen des Gesundheitswesens haben möchte. Günter Wallraff gebührt das Verdienst, als getarnter Pflegebedürftiger diese Masche aufgedeckt zu haben. Er zeigt die Betrüger unter den ambulanten Pflegediensten. Sie bieten alten Menschen Geld, wenn sie mitspielen: Die Alten sollen sich vor den Kontrolleuren des medizinischen Dienstes gebrechlich geben, damit Leistungen für die mobile Pflege genehmigt werden. Davon profitieren die Betrüger, die das meiste von diesem Geld einstecken, sich die Leistung bescheinigen lassen und ansonsten nicht erscheinen. Da wird dann die Allgemeinheit betrogen – das Geld fehlt für den sinnvollen Einsatz im Gesundheitswesen.

Lohnendes Geschäft »über den Warentisch«

Mit OTC-Produkten lässt es sich gut leben, jedenfalls wenn man sie herstellt oder verkauft. OTC ist das Kürzel für »Over-the-counter«. So bezeichnet man die frei verkäuflichen Medikamente, die in Apotheken ohne Rezeptpflicht abgegeben werden. Alte Menschen sind da besonders zugänglich – vorausgesetzt, sie haben Geld für diese Medikamente übrig. Frei verkäufliche Medikamente müssen auf sich aufmerksam machen, denn vom Arzt werden sie kaum verschrieben. Werbung in allen passenden Medien, ganz besonders in Zeitschriften, die diese Zielgruppe liest, soll für Umsatz sorgen. Auch hier gilt: Als einzelnes Produkt mag so ein Medikament harmlos sein. Aber in Kombination? Wenn kein Arzt hinschaut? Da können gefährliche Kombinationen zusammenkommen, die nicht wirklich gesund machen, sondern eher kränker als zuvor.

Es ist ein Milliardenmarkt, und viele wollen ein Stück abhaben vom großen Kuchen. Mehr als acht Milliarden Euro im Jahr geben überwiegend ältere und alte Menschen aus – für Schnupfenmittel, Schlafmittel, Hustensäfte. Aber auch für Aufbaumittel und Nahrungsergänzung. Die Käufer wissen oft gar nicht, welche Substanzen sie sich zuführen. Sie achten auf die Versprechungen und glauben an Wunderwirkungen. Es ist ein großes Geschäft: die Verführung der alten Kundschaft zum Kauf nutzloser Produkte – bestenfalls nutzlos, schlimmstenfalls schädlich.

Vor Jahren mussten tausende von Medikamenten aus dem Verkauf genommen werden, weil ihre Wirksamkeit nicht zu beweisen war. Dennoch bleiben viele Arzneimittel mit fragwürdiger oder nicht nachweisbarer Wirksamkeit zum Verkauf in Apotheken. Über 50.000 Medikamente gibt es in Deutschland, in Nachbarländern sind es 6.000 bis 8.000. Das reicht.

Schnaps gegen die Einsamkeit

Die Zahlen basieren auf Schätzungen: Zwischen 1,7 Millionen bis 2,8 Millionen alte Menschen sind süchtig. 34 Prozent der Männer über 60 Jahre und 18 Prozent der Frauen in dieser Altersgruppe trinken gesundheitsgefährdend viel Alkohol. Die Zahlen stammen von der Bundeszentrale für gesundheitliche Aufklärung.

Viele alte Menschen nehmen zu viele Medikamente oder von einem Medikament zu hohe Dosierungen. Sucht im Alter ist ein wachsendes Problem. Die Zahl der alten Menschen, die betrunken in Kliniken aufgenommen werden müssen, wächst von Jahr zu Jahr.

Die Diagnose ist nicht leicht, denn ob es sich bei alten Menschen, die nicht »ganz richtig im Kopf« sind, um Verwirrte aufgrund von Demenz oder um Alkoholiker handelt, ist oft nicht eindeutig zu diagnostizieren.

Selten bekennen sich alte Frauen oder Männer zu ihrem Alkoholproblem. Wenn sie Jahre oder Jahrzehnte lang reichlich Alkohol getrunken haben, glauben sie, das könne man auch im Alter fortsetzen. Sie reduzieren ihren Konsum nicht. Mit verheerenden Folgen. Denn im Alter kann der Körper den Alkohol nicht mehr so schnell abbauen. Andere fangen im Alter erst so richtig mit dem Trinken an. Aus Langeweile, weil sie nichts Besseres mit ihrer Zeit anzufangen wissen. Oder aus Angst, weil Erinnerungen aus der Vergangenheit aufsteigen, die sie verdrängen möchten. Die Werbung für Alkoholika macht es ihnen leicht: »Der Tag geht ...« und der Schnaps kommt. Alkohol als Tröster, als Beschützer. Wenn niemand im Umfeld der alten Menschen aufmerksam wird, kann eine zerstörerische Alkoholikerkarriere ihren Lauf nehmen.

Ich kenne Mitarbeiter aus dem Lebensmittelhandel, die mir diese spezielle Kundschaft beschreiben. Das sind eher Frauen als Männer, die im Supermarkt fündig werden. An der Kasse, beim Warten, greifen sie zu den kleinen Fläschchen, die dort ebenso bewusst aufgebaut werden wie die süße »Quengelware« für die Kinder. Täglich ein paar kleine Portionen – das gaukelt den Betroffenen vor, sie seien gar nicht abhängig. Sie trinken ja nicht aus der großen Flasche.

Ärzte erkennen die Symptome oft nicht als Folgen einer Alkoholkrankheit. Der unsichere Gang kann physische Gründe haben. Undeutliche Sprache ist vielleicht krankheitsbedingt. Doch selbst wenn das Problem erkannt wird: Da gibt es eine häufig anzutreffende, eine schwer nachvollziehbare Lässigkeit gegenüber trinkenden Alten: Es ist doch sowieso egal in diesem Alter! Da sollen die doch ruhig mal einen draufmachen! Die alten Menschen müssen ja auch nichts mehr leisten. Niemand fragt nach, wenn Selbstdisziplin und Struktur verloren gehen.

Angesichts dieser Gefahr ist es umso unverständlicher, dass Medikamente mit bemerkenswertem Alkoholgehalt auf den Markt kommen. Da sind einmal die Hustensäfte, die schon mal mehr als 20 Volumenprozent bieten – so viel wie ein Likör. Aber die sogenannten Stärkungs- und Aufbaupräparate können gut mithalten. 25 Prozent Alkohol, 34 Prozent und an der Spitze über 70 Prozent. So schnapsig kommt ja nicht einmal der Cognac oder der Whisky daher. Wenn Alte sich also »etwas Gutes« tun wollen, dann greifen sie zu so einem scheinbaren Medikament.

Eine Sause mit der Klosterfrau

Wenn eine nette Dame, die wie eine Äbtissin aussieht, für ein Produkt wirbt und Wohlbefinden verspricht: Das muss doch gut sein! »Klosterfrau Melissengeist«! Ein Beispiel für ein gelungenes Produkt zur Selbstmedikation, seit vielen Jahrzehnten eine erfolgreiche Marke. Diese »Klosterfrau« kommt aus einem international agierenden Unternehmen, das inzwischen insgesamt 200 rezeptfreie Heilmittel anbietet, 1.000 Mitarbeiter, mehr als 600 Millionen Euro Umsatz. Nie war die Klosterfrau so wertvoll wie heute. Für das Unternehmen.

Für die potenziellen alten Kunden sind natürlich besondere Werbeanstrengungen notwendig. Jahrelang blickt Hademar Bankhofer treuherzig als Gesundheitsexperte des ARD-Morgenmagazins aus dem Bildschirm. Sein wohlwollender Blick ruht auf den alten Kundinnen und Kunden. Er tritt auf wie ein Mediziner, ist aber keiner. Er lobt die heilende Wirkung der Klostermelisse und findet auch sonst lobende Worte für die Aktivitäten des Hauses Klosterfrau. Das klingt alles ganz wissenschaftlich. Den beim öffentlich-rechtlichen Fernsehen unzulässigen Werbevertrag hat Bankhofer vergessen zu erwähnen, manche sagen: verschwiegen. Als das auffliegt, ist Bankhofer von einem auf den anderen Tag weg – jedenfalls bei der ARD.

Die sogenannte »Klostermelisse«, von der der selbsternannte Experte Bankhofer sprach, sie ist ein Phänomen. Sie ist die Piemontkirsche der Medizin. Es gibt sie nicht, so wenig wie diese Kirsche aus »Mon cheri«. Der Fernsehmann will sie leibhaftig in einem Garten gesehen haben, der von dem Apotheker Horst Stadtmann gepflegt werde. Herr Stadtmann aus Bottrop dementierte eindeutig: »Bei uns gibt es keine Klostermelisse.« Und es habe sie nie gegeben. Die Klostermelisse ist eine Geisterpflanze.

Das Unternehmen selbst – mehrfach deswegen unter Beschuss – schreibt heute das Wort in Anführungszeichen. Das sieht dann so aus (Originalton Klosterfrau Melissengeist): »Bei der ›Kloster-Melisse‹ handelt es sich um eine speziell für die Herstellung von Klosterfrau Melissengeist über Jahre hin selektierte Sorte der Zitronenmelisse.« Selektierte Sorte! Zitronenmelisse! Das nenne ich einen geordneten Rückzug.

Sicher ist, dass Klosterfrau von alten Leuten gerne genommen wird. Sie kippen die klare Flüssigkeit in sich hinein. Obwohl sie sie eigentlich verdünnen sollten. Denn dieses frei verkäufliche Arzneimittel enthält vor allem – Schnaps! Und wie! 79 Volumenprozent Alkohol. So viel Dröhnung bietet kein Cognac oder Korn. Das erklärt die Wirkung. Wenn man weiß, wie gefährdet alte Frauen und Männer sind, dann ist »Klosterfrau« meiner Meinung nach die ideale Einstiegsdroge. Die Tochter einer alten Dame schreibt: »Ich kann mir jetzt auch erklären, warum durch Klosterfrau Melissengeist die Nervosität abgebaut wird und warum meine Mutter gestern Abend nach dem zweiten Gläschen ... so abfeiern musste.«

Das Unternehmen selbst gibt sich modern und kommunikativ. Und bittet um Presseanfragen, sollte irgendetwas unklar sein. Ja, mir ist etwas unklar: wozu dieser hohe Alkoholgehalt? Ist das vielleicht ein als Medikament getarnter »guter Tropfen« für sogenannte schwere Stunden?

Ich habe an Klosterfrau Melissengeist geschrieben. Und gefragt: »Warum enthält Klosterfrau Melissengeist einen so außerordentlich hohen Anteil an Alkohol? Ist dieser Alkoholanteil nicht riskant für Anwender, wenn sie alkoholkrank sind?«

Hier die Antwort aus der Pressestelle: »Auf den Alkoholgehalt wird sowohl auf der äußeren Umhüllung als auch in der Gebrauchsinformation klar hingewiesen. Auch die strikte Kontraindikation für alkoholabhängige Personen sowie für Kinder und Jugendliche unter 18 Jahren wird überaus deutlich auf der äußeren Umhüllung und der Packungsbeilage kommuniziert. Sowohl die Zusammensetzung als auch alle anderen erforderlichen Angaben, auch zum Alkoholgehalt, entsprechen zudem den Anforderungen des Arzneimittelgesetzes.«

Und weiter: »Der in Klosterfrau Melissengeist enthaltene Alkohol dient sowohl der Lösung der in den Pflanzen enthaltenen ätherischen Öle als auch deren Stabilität im Arzneimittel selbst. Dadurch ist eine stets gleichbleibende Arzneiqualität mit stets gleicher und damit zuverlässiger Wirkung gewährleistet.«

Klingt gut. Ist aber – nach meiner Recherche – nicht richtig. Auf der Klosterfrau-Verpackung befindet sich – anders als behauptet – keine Warnung für Alkoholkranke oder Jugendliche. Der Hinweis »Enthält 79 Vol.-% Alkohol« findet sich – Stand heute – in kleinster Schrift (für alte Augen ungeeignet) ganz unten auf der Packung, hinter fast 50 Zeilen Lobgesang über dieses angebliche Wundermittel.

Selbst wenn man einen Löffel Klosterfrau mit Wasser verdünnt und auf die doppelte Menge bringt, hat man immer noch ein Getränk, das einem kräftigen Schnaps in nichts nachsteht. Also, diese Flüssigkeit ist ein verführerisches Teufelszeug für alte Menschen – und sie kommt wie immer beim Teufel im verführerischen Gewand, hier als scheinbar hilfreiche Medizin, daher.

Neue Krankheiten braucht das Land? Kein Problem!

Einfallsreich sind sie schon, die Manager der Pharmaunternehmen. Damit das Geschäft, das bisher schon gut läuft, in Zukunft noch besser läuft, lassen sie sich – na, vielleicht neue und bessere Medikamente einfallen? Ja, das wäre gut. Aber viel besser ist doch das Entdecken neuer Krankheiten! Für die es dann »zufällig« auch gleich die richtigen, nämlich die eigenen, neuen Medikamente gibt. Da sind die Alten die ideale Zielgruppe. Die haben ja immer irgendetwas. Wenn dann der Arzt (dem so eine neu entdeckte Krankheit auch gelegen kommt, die Praxis ist teuer, man braucht neue Kundschaft), beim wöchentlichen Plausch mit der Patientin oder dem Patienten die Stirn runzelt, den Patienten ernst anblickt und sagt: »Also, ich glaube, Sie haben da etwas. Ich muss Sie jetzt mal näher anschauen«, dann wird der Patient unruhig. Was mag das sein? Hoffentlich kann der Doktor helfen!

Der Doktor kann. Er kennt die Veröffentlichungen. Er weiß, was es alles so gibt. Wie er es dem Patienten nahebringen kann. Und wie er schließlich dem Patienten helfen kann, damit am Ende alle glücklich sind: Patient, Arzt, Hersteller.

Zu diesen erfundenen Krankheiten auf dem großen und lukrativen Gesundheitsmarkt gehört seit einigen Jahren das sogenannte »Sissi-Syndrom«, benannt nach Sissi, der österreichischen Kaiserin, die angeblich rastlos und unglücklich war. Erstens ist das nicht verbürgt. Zweitens hatte sie vielleicht eine klassische Depression. Aber das wäre ja nichts Neues. Damit könnte man kein Geld machen. Diese angeblich neue Krankheit wurde gemünzt auf Frauen, die extrem aktiv seien, sich gerne besonderer Diäten unterzögen und sehr stark auf ihr äußeres Erscheinungsbild achteten – zugleich aber permanent unzufrieden seien. Das sei das Spezielle des Sissi-Syndroms, das sich dadurch von der bekannten Depression unterscheide.

Passend zum neuen Krankheitsbild kam alsbald ein neues Medikament auf den Markt. Damit auch genug »Kundschaft«, also Patienten, den Bedarf nach Behandlung entdecken, wurde eine PR-Agentur eingesetzt, um möglichst viel Wind zu machen. Gerade ältere Patientinnen fuhren auf Sissi ab und entdeckten an sich Züge der österreichischen Kaiserin. Wie schön, wenn man etwas hat, woran auch Hoheiten einst gelitten haben!

Im Angebot für den alten Mann hätten wir auch etwas. Es nennt sich »Aging-Male-Syndrom«, also die Krankheit des alternden Mannes, zusätzlich wurde auch der Begriff »Wechseljahre des Mannes« erfunden. Das neue Krankheitsbild umfasst

Beschwerden, die durch den sinkenden Testosteronspiegel entstehen mögen: Mattigkeit, nachlassende Tatkraft, Nachlassen der Lust auf Sex, Reizbarkeit, Schlaflosigkeit. Betroffen seien Männer vom 40. Lebensjahr aufwärts, also eine ziemlich große Gruppe. Die Internetauftritte der Urologen schildern die Probleme in düsteren Farben. Eine Beschreibung endet in dem klaren Appell: »Sprechen Sie uns an!« Eine andere Empfehlung auf einer anderen Seite im Netz lautet: »In Sachen ›Aging male‹ ist Ihr kompetenter Ansprechpartner der Urologe.« Eine Produktempfehlung führt zu Testogel, einem Medikament. Fakt ist: Da wird ein ziemlich nebulöses Krankheitsbild zum Problem einer ganzen Altersgruppe hochgeredet, das eine bestimmte Ärztegruppe zu lösen verspricht und für die sich ein bestimmtes Medikament feilbietet. Zum Glück bleiben immer noch viele Ärzte skeptisch bis kritisch und lassen sich nicht auf die Verkaufstour ein.

Der Verband Forschender Arzneimittelhersteller weist die Behauptung, da würden Krankheiten bei alten Menschen erfunden, um damit Geld zu machen, empört zurück. »Es gibt 30.000 Krankheiten«, sagt ein Verbandssprecher, »von denen bislang nur 10.000 angemessen behandelt werden können – da braucht man als Pharmaunternehmen wirklich keine Krankheiten zu erfinden.« Stimmt natürlich. Und dennoch: Wenn es gelingt, ein Lebensgefühl zu treffen, eine gewissermaßen zeitgeistige Krankheit, dann wird sie zu Geld gemacht.

Zeitgeist? Der schwingt im Begriff der Babyboomer mit. Was liegt also näher, die auf sie zutreffende Krankheit zu erfinden, die »Boomeritis«. Kein Witz! Das Wort kommt aus den USA. So bezeichnen amerikanische Ärzte Krankheiten, die typisch sein sollen für die Babyboomer-Generation, die Menschen ab 40 Jahre aufwärts. Weil sie viel stärker als frühere Generationen Sport treiben und sich bewegen, entwickeln sie auch typische Beschwerden, zum Beispiel Arthritis, Knieverletzungen, Probleme mit den Hüften. Dr. Nicholas DiNubile, ein aus dem amerikanischen Fernsehen bekannter Arzt aus Pennsylvania, will den Begriff »Boomeritis« geprägt haben. Er bietet allen von ihm als betroffen Erkannten seine Hilfe an. Und er verweist auf seinen Freund Arnold Schwarzenegger, dem er auch geholfen haben will. Da geht es um eine große Patientengruppe, die im Zweifel auch ein großes Portemonnaie hat.

Einerseits also der ökonomische Druck, der Ärzte zu Erfüllungsgehilfen von Sparprogrammen macht, der sie zwingt, am Patienten zu sparen. Auf der anderen Seite die ökonomische Verlockung, an der Krankheit verdienen zu können. Die Medizin steht im Brennpunkt unserer gesellschaftlichen Prozesse und Veränderungen. Die zunehmende Ökonomisierung, der wirtschaftliche Druck auf alle unsere Lebensbereiche, hat einen verheerenden Beitrag geleistet. Wer kein Geld hat, wird auch als Patient oder Pflegefall nicht geschätzt. Wer Geld hat, der wird umworben – aber nur solange das Geld fließt. Sonst friert das Lächeln ein.

Fazit: Wir brauchen dringend Fortschritte in Therapie und Pflege!

Am Ende dieses Kapitels ist ein einfacher Rat nicht möglich. Glücklich all jene alten Menschen, die in einem intakten Familienverband leben. Die auch bei Krankheit, während der Pflege oder am Lebensende Begleitung haben. Auch jene Alten, die finanziell gut dastehen, sind besser dran. Sie können sich professionelle medizinische Leistung, eine bezahlte Zuwendung und gute Betreuung leisten – wenn die schon nicht von Herzen kommt, so wird doch immerhin qualifiziert kuriert oder gepflegt.

Was ich jedoch im Zuge meiner Recherchen über das Schicksal alter Patienten gelernt habe, wenn sie einer speziellen Therapie bedürfen und dann mit simplen Standards

behandelt werden, das halte ich für erschreckend. Es sieht empörend schlecht aus für jene armen, einsamen und alten Menschen, die auf die minimalen Leistungen eines sich zunehmend an Kosten orientierenden Gesundheitswesens angewiesen sind.
Richtig skandalös geht es in einigen Pflegeheimen zu. Da geraten alte Menschen in die Fänge einer kriminell betriebenen Profitmaximierung. Für sie gibt es zurzeit nur die Hoffnung, irgendwann trotz allem auf Ärzte und Pfleger zu treffen, die sich die Menschlichkeit bewahrt haben. Doch grundsätzlich muss hier eingegriffen werden. Im wohlhabenden Deutschland gibt es finstere Ecken. Es wird mit Menschen erbärmlich umgegangen.

4. RENTE

»Ihr Alten, putzt mal die Platte!«

Wenn es darum geht, die Dinge in verklärtem Licht zu sehen, werden wir beim Thema Rente schnell fündig. Sie wird gerne als Ziel am Horizont beschrieben: Nach vielen Jahren der Plackerei und Mühsal kommt die Erlösung. »Nicht geschenkt. Sondern verdient«, wirbt die Regierung für die Rente. Das Rentenpaket sei Anerkennung für die Arbeit und Leistung vieler Menschen und mache die Rente gerechter. Der Status als Rentner ist also erstrebenswert, wenn man amtlichen Erklärungen glauben darf.

Ich habe das jetzt hinter mir, das Arbeitsleben als abhängig Beschäftigter. Ich bin jetzt auch Rentner. Wenn man mich als solchen anspricht, zucke ich allerdings zusammen. Für mich hat das Wort »Rentner« nämlich keinen guten Klang. Und auch die Wortverschönerungsversuche (Pensionär, Unruheständler, Senior) mag ich gar nicht. Wenn ich mit anderen (noch jungen) Rentnern spreche, höre ich das auch: Wir können es nicht leiden, gefragt zu werden: »Na, was machst Du denn so den langen Tag?«

Für viele ältere Arbeitnehmer jedoch ist der Status »Rentner« das Ziel ihrer Träume. Zumal sich an die Zeit des Rentenbezugs Erwartungen knüpfen. Im Blick auf die Rente sagt die Hoffnung, künftig gäbe es einen permanenten Urlaub. Als Arbeitnehmer diktierte die Uhr den Tages- und Wochenablauf. Morgens immer knapp bis zu spät. Ärger im Berufsverkehr morgens wie abends. Zuhause am Abend nur wenig Zeit zum Entspannen. Das Wochenende ist ebenso vollgepackt, schließlich hat man ja auch familiäre Verpflichtungen zu erfüllen. Auch hier gibt es bei

Frauen wie Männern die Illusion, nach dem Ende des Arbeitslebens werde die große Entspannung eintreten.

Fast alle diese Erwartungen werden enttäuscht. Urlaub in Permanenz macht kein Spaß. Nur aus dem Neid der ehemaligen Kollegen, die weiter arbeiten müssen, lässt sich nicht ausreichend Befriedigung abzapfen.

Die Rente ist und war schon immer ein politisches Thema. Mit Rentenpolitik kann man Wahlen gewinnen oder verlieren. Die Rente ist ein Thema seit Norbert Blüm, und sie wird immer Thema bleiben. Für die Arbeitnehmer, die hohe Beiträge zahlen. Und ganz klar: für die Rentner selbst. Sie sind eine wichtige Gruppe. Deswegen setzt der Gesetzgeber alles daran, die Zahl der Rentner kräftig nach oben zu treiben. Und die finanzielle Ausstattung wird über besondere Konditionen auch noch verbessert.

Zwar sagen alle Fachleute: Achtung, zu früh in Rente – das wird teuer! Aber in Berlin will das keiner hören. Es werden neue Rentner produziert. Man sagt ihnen, das sei gut für sie: Los Alte, macht mal! Putzt die Platte! Viele glauben das auch, bis es zu spät ist. Dann sind sie Rentner. Überflüssige Menschen, die keiner braucht.

Ich habe es bei Kolleginnen und Kollegen gesehen. Wer ohne Plan in Rente geht und auf goldene Zeiten hofft, wird oft bitter enttäuscht. Freie Zeit kann zur Last werden, wenn sie nicht sinnvoll gefüllt wird. Wer im Beruf nicht glücklich ist, hat immerhin die Wahl. Er kann sich einen anderen Arbeitsplatz oder sogar einen neuen Beruf suchen. Als Altersrentner oder Rentnerinnen können wir das nicht.

Angebot, das man nicht ablehnen kann

Das gab es auch schon früher? Ja, stimmt: Frühverrentungen in den Siebzigern und Achtzigern. Die Frührente damals war ein guter Deal, bei dem die Unternehmen ihre Belegschaften schrumpfen konnten, bis nur noch Junge übrig waren.

Das ist heute anders. Durch die Verlängerung der Lebensarbeitszeit von 65 auf 67 werden bei einer Frühverrentung hohe Abschläge fällig. Was waren das damals, zur Zeit der großen Koalition von 2005 bis 2009, für heftige Debatten?! Es war die Zeit des Arbeitsministers Franz Müntefering. Er kämpfte für die Rente ab 67. Und das nicht, weil er (noch dazu als Sozialdemokrat) Arbeitnehmer ärgern wollte, sondern weil er die Rentenreform für notwendig hielt. Seine nachvollziehbare Überlegung: Was nützt ein früher Rentenbeginn, wenn die Rente nicht finanziert werden kann?

Es war die Zeit der hohen und steigenden Beiträge. Die Zeit der hohen Arbeitslosenzahlen. Franz Müntefering setzte sich in seiner Partei und in der Koalition durch. Er aber zahlte einen hohen Preis. Es rumorte heftig in seiner eigenen Partei. Viele Genossen wandten sich von ihm ab. Wähler reagierten verärgert und bestraften die SPD mit Liebesentzug, sie machten die Linkspartei stark.

Es gibt in der jüngeren Geschichte unseres Landes einige harte sozialpolitische Beschlüsse, die nicht gut ankamen, dennoch aber notwendig waren. Zum Beispiel die Einführung von Hartz IV oder die Mini-Jobs. Der Preis war hoch. Die positiven Wirkungen sind sichtbar. Aber die Wähler waren empört. Deswegen nun die andere Politik. Wähler verhätscheln. Zum Beispiel mit dieser Rente mit 63. Natürlich nur ein Angebot. Niemand muss mit 63 Jahren die Platte putzen, aber viele können. Dennoch ist das ein unsinniges, ein mehrfach widersinniges Gesetz.

Die Regierung wirbt für ihr Rentenpaket, man müsse diejenigen in den Blick nehmen, die »ihr Arbeitsleben bereits in jungen Jahren begonnen und über Jahrzehnte hinweg durch Beschäftigung, selbstständige Tätigkeit und Pflegearbeit sowie Kindererziehung ihren Beitrag zur Stabilisierung der gesetzlichen Rentenversicherung geleistet« hätten. Für sie wird die bereits bestehende Möglichkeit, nach 45 Beitragsjahren ab 65 abschlagsfrei in Rente zu gehen, ausgeweitet. Das sei keine Abkehr vom Weg zum längeren Arbeiten, sondern eine sinn- und maßvolle übergangsweise Ergänzung.

Nein, dieses Angebot ist weder sinn- noch maßvoll. Es ist widersinnig und unangemessen. Dieses jüngste Rentenprodukt wird wie ein Sonderangebot verkauft. Eine Morgengabe. Greift zu! Widersinnig ist es, weil bei allen – Arbeitnehmern wie Rentnern – der fatale Eindruck entsteht, jetzt sei die Rente mit 67 tot. Das ist falsch. Sie ist keineswegs vom Tisch. Aber so klare Worte sprechen Politiker nicht, jedenfalls nicht freiwillig.

Gar nicht lustig finden das die politischen Akteure von damals. Nicht nur der harte Franz Müntefering. Gerade Bundeskanzler Schröder hatte die Agenda 2010 zu seinem Thema gemacht, Müntefering, damals als SPD-Fraktionsvorsitzender, hat den Karren gezogen und die Genossen vergattert, ihm zu folgen. Freude haben beide nicht ausgelöst. Gelobt wurden sie von neoliberalen Ökonomen. Aber gefallen hat das den Menschen auf der Straße nicht.

Heute ist »Münte« Rentner. Aber noch nicht lange. Er war aktiver Bundestagsabgeordneter bis zum 73. Lebensjahr. Jetzt macht er langsamer. Jedenfalls ein bisschen. Nur die Politik lässt ihn nicht los. Und wenn es ihn packt, dann setzt er sich an seinen Old-School-Laptop (also an die mechanische Schreibmaschine) und schreibt einen Namensartikel. Für »Cicero«, das Berliner »Magazin für politische Kultur«. »Nicht alle Maßnahmen zum Bereich Alterssicherung und Rente sind nützlich, einige sind falsch«, schreibt er. Das sagt er über die Rente mit 63. Er hält ihre Einführung für einen Irrweg. Die Weichen dürften nicht falsch gestellt werden. Genau das passiere aber zurzeit.

Das ist nicht nett. Oder anders gesagt: unfreundlich. Gegenüber der Arbeitsministerin Andrea Nahles – die er noch nie mochte – ist das eine politische Ohrfeige. Mit der Einführung des Begriffs Lebensleistung würden Löhne und Beiträge weiter an Gewicht verlieren und ein Einstieg in die allgemeine Grundrente vorbereitet. »Ich hoffe, niemand in der Koalition will diesen Weg wirklich beschreiten. Sonst sollte man es sagen. Sonst ist es ein Spiel mit dem Feuer.«

Kein Wunder, dass der Alte aus dem Sauerland sich aufregt. Seine ganze Arbeit, seine Leistung zielte darauf hin, die Sackgasse Frühverrentung zu schließen. Er hielt und hält sie für einen Irrweg. Franz Müntefering, der gegen Widerstände die Rente mit 67 durchgeboxt hat, findet für die Politik der frühen Verrentung die Formulierung: »Eine – freundlich gesagt – vertrackte Art von Gerechtigkeit, deren Kosten überdies auf die Jungen geschoben werden.«

Ja, das ist schon absurd. Eine rot-grüne und eine schwarzrote Regierung gehen Anfang des neuen Jahrtausends sozialpolitisch richtige Wege – auch gegen Widerstände. Und jetzt reißen die nachfolgenden verantwortlichen Politiker alles wieder ein. Politik für ein paar ausgewählte Wähler von heute. Mit Folgen für Wähler von morgen.

Zwischenwelt, amtlich organisiert

Er nennt sich Projektkoordinator. Christian Adams, Projektkoordinator von ZWAR. Das ist so ein Kürzel, ohne die unsere Welt anscheinend nicht auskommt. ZWAR steht für »Zwischen Arbeit und Ruhestand«, eine Bezeichnung, die mich neugierig macht. Was gibt es zwischen Arbeit und Ruhestand? Es geht um die Phase der letzten Arbeitsjahre, noch beizeiten vor der Verrentung. Diese Strecke erleben viele Menschen als unruhig, als »Rüttelstrecke« sozusagen.

Genau da setzt die Arbeit von Adams an. »Unsere Zielgruppe sind Menschen zwischen 55 und 65 Jahren. Sie befinden sich im letzten Arbeitsdrittel, sie sind in Erwartung auf den baldigen Ruhestand oder bereits in der nachberuflichen Lebensphase.

Sie sind in der Stadt (neu) zugezogen, ihre Kinder haben das Haus vielleicht schon verlassen, sie leben allein, sie befinden sich in einer ungewohnten Lebenssituation, die durch Wechsel und Veränderung gekennzeichnet ist.«

Dann will seine Organisation da sein. Genau für diese Übergangsphase. Denn die könne alle Grundthemen des Menschen in Frage stellen. Weil einfach bei vielen Menschen das Leben durch Beruf und Arbeitsplatz sowie durch Kontakte mit Kolleginnen oder Kollegen definiert wird. Wenn das wegbricht, entsteht Leere.

ZWAR ist eine Dachorganisation. Die Zentrale sitzt in Dortmund. Immerhin schon seit dreißig Jahren sind die Mitarbeiter unterwegs, um Starthilfe zu leisten. Die beginnt üblicherweise mit einem Brief des örtlichen Bürgermeisters. Er lädt seine Bürger aus der Altersgruppe 50plus zu einer Gründungsveranstaltung ein.

So lief es auch in Borken. Das ist eine Stadt mit 40.000 Einwohnern im westlichen Münsterland. Hier lebt und arbeitet Bärbel Attermeyer, 60 Jahre alt, noch berufstätig, aber schon in Gedanken beim Dasein als Rentnerin. Nach dem frühen Tod ihres Mannes ist sie auf sich alleine gestellt, musste sich um drei Kinder kümmern.

»Mein Leben lief in geordneten Bahnen, aber das war auch irgendwie langweilig«, erklärt Frau Attermeyer. Als der Bürgermeister zur Gründung einer ZWAR-Gruppe ins Jugendhaus einlud, war sie irritiert: »Die jungen Leute – was sollen wir da?« Doch mittlerweile seien Barrieren abgebaut und beide Seiten gingen offen miteinander um. »Wenn jemand etwas vorschlägt, kann er davon ausgehen, dass er in 99 Prozent der Fälle nicht mehr alleine los muss – ins Kino oder zum Tanzen«, schildert Bärbel Attermeyer.

Die Gestaltung der Zeit und des alltäglichen Tagesablaufes fordert die Menschen in der Übergangsphase heraus. Zum Beispiel die Fragen »Was bin ich noch wert?«, »Was kann ich noch leisten?«, »Wer bin ich eigentlich?« können die Übergangsphase zu einem kritischen Lebensereignis werden lassen. Wann diese Übergangsphase beginnt und wann sie endet, ist von Mensch zu Mensch unterschiedlich.

Frage: »Was passiert, wenn man alte Frauen und Männer im Alter allein lässt?« Dazu sagt Adams: »Der Beginn des Ruhestands bedeutet für immer mehr Menschen den Verlust von sozialen Kontakten und sinnstiftenden Tätigkeiten. Das kann für betroffene Menschen zu Vereinsamung und Isolierung mit schwerwiegenden psychosozialen und gesundheitlichen Beeinträchtigungen führen.«

Besonders gefährdet sind ältere Frauen. Sie sind wegen sinkender Alterseinkommen in der Gefahr, in die Altersarmut abzurutschen. Es droht eine Spaltung unserer Gesellschaft. Da sind die sozial benachteiligten, bildungsfernen, immobilen, demenziell erkrankten alten Menschen mit hohem Unterstützungsbedarf. Auf der anderen Seite die Glücklichen, denen es gut geht.

Die Teilnehmer der Hildener ZWAR-Netzwerke konnten ihr individuelles körperliches und geistiges Wohlbefinden wesentlich verbessern, sie entdeckten neue Potenziale an sich und trauten sich mehr zu. Diese Effekte waren bei ihnen stärker ausgeprägt als bei ehrenamtlich engagierten Menschen aus anderen Bezügen. Das gleiche Bild ergab sich bei der positiven Veränderung des persönlichen Altersbildes. Auch hier führte das Engagement der ZWAR-Netzwerkerinnen und -Netzwerker zu einer positiven Veränderung, die stärker ausgeprägt war als bei den Ehrenamtlichen aus anderen Gruppen.

»Unterjüngung ist das Problem!«

Ein Abgeordneter macht mobil gegen das Alter: Oktober 2013, Bayrischer Landtag, konstituierende Sitzung nach der Wahl im Herbst. Aus der Sicht des Autors kein Ereignis, das außerhalb des Freistaats Beachtung verdient hätte. Wäre da nicht jener Mann, der aus dem rein formalen Grund, weil er der Älteste ist, das Wort ergreifen darf.

Denn der jeweils älteste gewählte Abgeordnete darf zur Konstituierung reden. Also spricht Peter Paul Gantzer, geboren 1938 in Breslau, promovierter Jurist, Honorarprofessor an der Hochschule der Bundeswehr München, Abgeordneter der SPD seit (fast möchte man sagen: schon immer), nein, seit 1978. Er hat als erster ein Bürgerbüro zur Beratung der Wähler in seinem Wahlkreis eingerichtet und dafür Widerstand, Prügel, Klagen von Anwälten einstecken müssen, die ihm das verwehren wollten. Die hatten Angst um ihr Geschäft. Gantzer hat sie alle in die Tasche gesteckt und seine Prozesse gewonnen. Seit mehr als dreißig Jahren kommen die Leute zu ihm. Vielen tausend hat er geholfen. Der Mann ist verwurzelt.

Dieser Gantzer also spricht im Landtag, unter den mäßig freundlichen Blicken der CSU-Abgeordneten und dem Blinzeln seiner SPD-Parteifreunde (denen ist er nämlich zu rechts). Er sagt unter anderem:

»Lassen Sie mich ... noch eine Anmerkung zur demografischen Entwicklung machen. Der Altersdurchschnitt in unserer Gesellschaft steigt beständig an. Das liegt aber nicht daran, dass wir Ältere eine immer höhere Lebenserwartung haben, sondern es liegt vor allem daran, dass sich die Geburtenrate innerhalb der letzten 50 Jahre fast halbiert hat. In Wahrheit leiden wir also nicht an einer Überalterung, sondern an einer Unterjüngung der Gesellschaft.«

Und weiter: »Leider ist bei dieser Entwicklung festzustellen, dass das Bild des Älteren in dieser Gesellschaft Schaden leidet. Ältere haben immer noch ein negatives Altersbild. Verstärkt wird dieses durch Medienberichte, die sich spätestens dann über jeden Älteren negativ auslassen, wenn er über 65 Jahre alt ist – so, als ob kein Journalist älter als 65 werden würde.«

Denn Ältere seien nicht, wie der Bundesarbeitgeberverband

festgestellt habe, weniger leistungsfähig, sondern anders leistungsfähig als Jüngere. Oder prägnanter gesagt: »Ältere sind zwar manchmal etwas langsamer, aber sie kennen die Abkürzungen.«

Sagt er und geht zu seinem Platz im Maximilianeum. »Unterjüngung« hat er gesagt! Was für ein Wort! Der Mann ist ziemlich direkt. Unverblümt. Frech. Und macht aus seinem Alter kein Geheimnis.

Renitenter Rentner: Kampf gegen die Verrentung

Die Unterschiede zwischen Rentnern sind groß. Wenn eine gesunde Frau oder ein erfolgreicher Mann, die jeweils mit Vergnügen und Erfolg arbeiten, quasi automatisch in die Auszeit, sprich: Rente, geschickt werden, dann ist das für alle Beteiligten schlecht. Schlecht für Rentner, die noch keine sein wollen. Schlecht für das Land, das auf gute Arbeitsleistung verzichtet. Wie üblich werden beide das Beste aus ihrer Lage machen. Nur selten begehren Rentner gegen die Verrentung auf.

Einer hat es getan. Manche nennen ihn einen Querulanten. Das hält er aus. Jedenfalls hat der Frankfurter Lehrer Abraham Teuter, kurz bevor er 65 wurde, gegen seine Verrentung geklagt. Die sah er als Altersdiskriminierung. Er wollte weiterarbeiten. In erster Instanz vor dem Verwaltungsgericht Frankfurt hat er gewonnen. Juristen sagen, damit würde er langfristig nicht durchkommen. Aber immerhin. Teuter sagt, er sei einer, der sich traut, was andere sich nicht trauten.

Sicherlich, ein Einzelfall. Mit skurrilen Zügen. Vom Gericht auch nur im Sinne des Klägers positiv entschieden, weil es sich um Beamtenrecht handelt. Ansonsten hat der Europäische Gerichtshof generell klargemacht: Tarifverträge und Arbeitsverträge sind in Ordnung, wenn sie ein Ende des Arbeitsverhältnisses mit dem Erreichen der Regelaltersgrenze vorsehen. Punkt.

Also noch einmal: Die Unterschiede zwischen den Rentnern sind groß. Da sind eben jene, die sich gut und leistungsfähig fühlen. Sie werden ihre Rente einstecken, sie vielleicht aber als ein erfreuliches Zusatzeinkommen betrachten. Vielleicht werden sie weiterhin arbeiten – wenn man sie lässt, wenn man sie nimmt. Und sollten sie selbstständig sein, dann wird ihnen niemand diesen Weg verwehren können.

Es gibt aber auch jene körperlich hart arbeitenden Menschen, die schon in den Fünfzigern größere körperliche Gebrechen aufweisen als manche Rentner mit 70 Jahren. Wenn sie in Rente gehen, empfinden sie das als Erlösung. Sie beziehen im Allgemeinen eine niedrigere Rente als die wohlsituierten Gutverdiener. Aber die Rentenpolitik gleicht Ungleiches nicht aus. Im Gegenteil: Die gesetzliche Rente ist beitragsbezogen und die aus Steuermitteln geförderte private Altersversorgung wird von den Gutverdienern wahrgenommen. Die Armen können sich das nicht leisten, weil ihr Einkommen dafür nicht ausreicht.

Wenn die Rente kippt ...

Unumstritten ist er nicht. Aber meinungsstark. Das gefällt mir an ihm. Professor Bernd Raffelhüschen von der Universität Freiburg kritisiert das System der deutschen Altersversorgung schon lange. Immer weniger Junge, immer mehr Alte, kurze Lebensarbeitszeit – das kann seiner Meinung nach nicht gutgehen. Da wird er manchmal deutlich und klingt gar nicht professoral. Wenn er zum Beispiel feststellt, dass wir selbst schuld seien, denn wir von den geburtenstarken Jahrgängen hätten es versäumt, die Beitragszahler »zu machen«. Jetzt sollten wir nicht jammern.

Raffelhüschen pflegt einen engen Kontakt zur Finanzbranche. Übernahm Beratungstätigkeiten für die ERGO Versicherung oder die Victoria, pflegt große Nähe zur »Initiative Neue Soziale Marktwirtschaft«, ließ sein Institut von Unternehmen mitfinanzieren. Das trägt ihm Kritik ein, die ihn nicht beirrt. Ich erreiche den streitbaren Professor in seinem »Forschungszentrum Generationenverträge« an der Albert-Ludwigs-Universität in Freiburg. Nachdem die aktuelle Regierung sich mit der Rente ab 63 schmückt, ist er in der richtigen Stimmung für ein Interview:

»Herr Professor Raffelhüschen, was spricht dagegen, Leute in Rente zu schicken, die 45 Jahre lang Beiträge gezahlt haben? Die haben es doch im Sinne des Wortes verdient?!« Seine Antwort: »Natürlich. Und sie bekommen ja auch im Regelfall eine deutlich überdurchschnittliche Rente. Wenn allerdings der Mensch beschließt, ein oder zwei Jahre früher in Rente zu gehen, muss es einen mathematisch fairen Ausgleich für die kürzere Einzahlung und die längere Rentenphase geben. Das ist logische Konsequenz.«

Eine knappe und kühle Feststellung. Für diese Haltung wird Raffelhüschen oft kritisiert. Aber das Thema Altersversorgung muss unter den gegebenen demografischen und finanziellen Voraussetzungen funktionieren. Sonst wird es unseriös. Eine Politik der guten Taten im Hier und Jetzt führt zu harten Einschnitten in der Zukunft.

Die Rente mit 67 ist doch bei den Menschen immer noch nicht akzeptiert. Was tun? Antwort: »Den Leuten muss klar gemacht werden, dass man nicht jeden Tag, den man länger lebt, in der Rente verbringen kann – das ist nicht finanzierbar.« Das Problem ist allerdings, dass die Politiker genau wissen, dass sie die Rente mit 67 gegen den Willen der Menschen durchsetzen müssten. Das wäre unpopulär. Wenn Politiker etwas hassen, dann sind es unpopuläre Maßnahmen. Das gefährdet ihre Macht, ihr Ansehen, ihre einträglichen Positionen. Das Schicksal der Regierung Schröder ist allen Politikern der heutigen Zeit gegenwärtig.

Und dennoch, sagt Raffelhüschen, müsse die Politik den Ausgleich zwischen den Interessen der Rentner, älteren, aber auch jüngeren, und zukünftigen Beitragszahlern transparent machen – sonst würde man für das Überbringen der schlechten Botschaft später geschlachtet! Mag sein. Aber »später« heißt nicht »heute«. Da werden dann die Nachfolger geschlachtet. So, wie viele Politiker gestrickt sind, ist ihnen das egal.

Frage: »Wie soll in Zukunft die Rente finanziert werden? Ist das bisherige System am Ende, wenn Beitragszahler weniger und Empfänger mehr werden?« Antwort Raffelhüschen: »Das System einer umlagefinanzierten Basisabsicherung ist solide und nachhaltig finanzierbar – Lebensstandard sichernd kann es in Zukunft nicht mehr sein. Daran sind im Übrigen die geburtenstarken Jahrgänge selbst schuld – sie sind es, die die zukünftigen Beitragszahler eben nicht gemacht haben!«

Das ist eine wiederkehrende These dieses Wissenschaftlers: Wir haben zu wenig Nachkommen gezeugt. Wir haben künftig zu wenig Beitragszahler. Ein selbstgemachtes Dilemma. Und vor allem: Es lässt sich nicht ändern. Wo demnächst weniger Menschen leben, werden auch künftig noch weniger Nachkommen gezeugt. Es gibt keine Änderung der Geburtenzahlen auf Knopfdruck.

Letzte Frage von mir: »Ist es nicht widersprüchlich, wenn in Deutschland die Regierung beabsichtigt, dass kürzer gearbeitet werden soll, wo wir doch zugleich von den anderen europäischen Regierungen fordern, sie sollten ihre Arbeitnehmer länger arbeiten lassen?«

Raffelhüschen: »Absolut! Wir haben mit der Rente mit 67 den Einstieg in die richtige Richtung gemacht und schrauben jetzt alles zurück. Ein fatales Versagen der Politik!«

Ein Versagen der Politik, das auch den Nachbarn auffällt. Deutschland erteilt den anderen Ländern Nachhilfe, hält sich aber selbst nicht an diese Regeln.

Die Rente ist sicher? Sicher nicht

Je großzügiger aktuell die Rente verteilt wird, umso knapper wird es mit dem Geld in Zukunft. Bereits jetzt sind mehr als 14 Prozent der Rentner von Armut bedroht. Der Anteil steigt von Jahr zu Jahr. Die Rente mit 63 wird das Problem verschärfen.

Eine echte Lawine der Altersarmut wird ab dem Jahr 2020 erwartet. Dann wird sich die Zahl der Menschen, die im Alter auf Grundsicherung angewiesen sind, von 465.000 auf weit mehr als eine Million verdoppeln. Das sagt der Hauptgeschäftsführer des Paritätischen Wohlfahrtsverbandes, Ulrich Schneider, voraus. Dann kommen die Menschen ins Rentenalter, die lange im untersten Lohnbereich gearbeitet haben oder die lange arbeitslos waren. Sie konnten nicht viel auf ihrem Rentenkonto ansammeln. Das wird hart für sie: Sie haben Rentenbeiträge eingezahlt – aber zum Schluss müssen sie sich mit Sozialhilfe über Wasser halten.

Auch künftig – nach Einführung des gesetzlichen Mindestlohns – wird sich die Lage dieser Arbeitnehmer im Alter nicht bessern. Wer sein Arbeitsleben lang vom Mindestlohn leben muss, wird als Rentner nicht über die Grundsicherung hinauskommen. Der Chef der Deutschen Rentenversicherung, Reimann, sagt: »Wenn die Koalition etwas gegen Altersarmut tun will, muss sie auf Steuermittel zurückgreifen.« Das wird sie nicht tun. Jedenfalls nicht, solange die Betroffenen stillhalten.

Es müsste zum politischen Handeln gehören, den Arbeitnehmern dies frühzeitig zu vermitteln. Und Möglichkeiten zu eröffnen, die Höhe der Altersversorgung aufzubessern. Zum Beispiel? Zum Beispiel durch längere Lebensarbeitszeit, freiwillig, als Angebot. Aber das ist Zukunftsmusik.

Mitnahmeeffekt: Frau Zöbe blickt auf ihre Kinder

Wer die Werbung betrachtet, die die Regierung für ihre Rente ab 63 macht, könnte glauben, es regne Manna vom Himmel. Und das Volk freue sich. Ist das wirklich so? Jedenfalls gilt das nicht für alle. Da ist zum Beispiel Frau Zöbe. Es fängt an mit einem Leserbrief: Nachdem es mit der Rente ab 63 ernst geworden ist, setzt sich der Hautarzt und Allergologe Dr. Andreas Zöbe wütend an seinen Computer und schreibt an die Süddeutsche Zeitung:

»An sich wollte ich diesen Leserbrief zusammen mit meiner Frau verfassen, die wird aber demnächst dreiundsechzig und sitzt in der Küche, um schnell ihren Rentenantrag auszufüllen. Sie hatte sich bereits seit längerem damit abgefunden, dass die schrittweise Einführung der Rente mit 67 unausweichlich ist, und nun erhalten wir ein nicht unerhebliches Geldgeschenk von der Rentenversicherung! Wir hatten schon lange verstanden, dass die ›Rentenversicherung‹ gar keine Versicherung ist, sondern ein Generationenvertrag. Das heißt, dass die enorme Geldmenge, die jetzt verpulvert wird, von den nächsten Generationen aufgebracht werden muss. Wenn dann die Rentenkasse leer ist, muss der Steuerzahler ran, also wieder die nächste Generation. Die Politik sollte jetzt mit dem scheinheiligen Gefasel aufhören, dass wir in Bildung investieren müssen, gute Kindergärten, gute Lehrer brauchen, wenn ohne Not das Geld so aus dem Fenster geworfen wird!«

Die Rente ab 63 ist eine Gabe. Von der SPD. An ihre spezielle Kundschaft. Der Wissenschaftler Axel Börsch-Supan spricht von einem »Geschenk für eine klar definierte Klientel«. Es wird Geld verteilt. An die Zielgruppe der männlichen Facharbeiter, die 45 Beitragsjahre vorweisen können. Das sind aber auch keineswegs die Armen, sondern jene, die – wie Börsch-Supan sagt – »im Schnitt 25 Prozent über dem Durchschnittseinkommen verdient« haben. Gut für sie. Schlecht für die anderen, zum Beispiel für Langzeitarbeitslose oder Arbeitnehmer, denen niedrigste Löhne gezahlt wurden. Schlecht auch für jene, die vor dem Stichtag mit 60 oder 62 Jahren vorzeitig in Rente gegangen sind und jetzt verärgert sind. Sie schauen in die Röhre.

Manchmal aber ärgern sich sogar jene, die vom Gesetz begünstigt werden. Sie müssten doch von tiefer Dankbarkeit erfüllt sein. Und stattdessen? Frau Zöbe, deren Mann diesen Leserbrief geschrieben hat: Sie wird das Angebot annehmen, denn sie ist jetzt 63 Jahre alt. Sie wird also die Rente kassieren. Und dennoch in der Praxis ihres Mannes weiterarbeiten. Der Job in der Anmeldung der Praxis macht ihr Spaß.

Warum soll sie das Geld ausschlagen? Sie wird eine Rente von etwa 800 Euro monatlich bekommen. Zwei Jahre früher als geplant, da kommen über die Jahre insgesamt mehr als 18.000 Euro zusammen. Nicht schlecht.

Frau Zöbe hat ihren ganz persönlichen Plan, was sie mit dem Geld machen wird. Sie will es sparen. Später sollen es ihre Kinder erhalten, denn »die müssen das Ganze ja bezahlen«.

Diese Mutter hält nichts von dieser Rente und macht das Beste daraus, sie schenkt das Geld ihren Kindern. So geht es gesamtgesellschaftlich natürlich nicht zu. Die allermeisten erfreuten Jung-Rentner nehmen die Gelder für sich selbst. Die junge Generation wird es ausbaden. An diesem Einzelbeispiel wird deutlich, was die Politik angerichtet hat.

Die Hälfte der Alten wird ignoriert

Eckart Hammer hat sich spezialisiert. Auf das Thema »alte Männer«. Professor Eckart Hammer, Jahrgang 1954, Wissenschaftler. Fachmann für Gerontologie. Er glaubt, dass das Altern bei Männern im Allgemeinen anders abläuft als bei Frauen. Und oftmals ziemlich problematisch.

Herr Professor, wie kommt man zu so einem Thema? Nun ja, sagt Hammer am Telefon, eigentlich sei er ursprünglich in der Jugendhilfe aktiv gewesen. Aber das Thema »Männer« wurde irgendwann wichtig, nachdem er sich neben seiner Berufstätigkeit auch die Arbeit im Haushalt und die Erziehung seiner Kinder mit seiner Frau geteilt hatte. Das sei ja noch nicht alltäglich. Das gemeinsame Älterwerden hat ihn auch beschäftigt.

Er stieß zur Gerontologie. Und da fiel ihm auf, dass es in diesem Forschungsgebiet um Frauen ging. Nahezu ausschließlich um Frauen. »Die Altersforschung ist eine ›bewusstlose‹ Forschung«, sagt er. »Der alte Mann als Mann kommt nicht vor.«

Daraufhin hat er das Alter des Mannes in den Fokus seiner wissenschaftlichen Arbeit genommen. »Sind Sie der Erste?« »Ja, bis heute bin ich fast allein unterwegs.« Darüber wundert er sich selbst. Zumal das Thema doch so wichtig sei. »Männer altern anders«, heißt eines seiner Bücher. »Dieses Buch entstand aus Ärger. Die Männer werden kleingeredet. Das wollte ich ändern.« Hammer empfand die Abwertung der Männer als unangemessen.

Sein Buch beschreibt die Probleme, in die insbesondere Männer geraten können, wenn sie sich bis zum letzten Tag in den ausfüllenden Strukturen ihres Berufs bewegen. Die Arbeitswelt hole aus den Männern heute in dreißig Jahren das heraus, wofür man früher vierzig Jahre Zeit gegeben hat. Schneller ist die Arbeit geworden, härter und fordernder. Dennoch sollten sich die Männer rechtzeitig dessen bewusst werden und sich fragen, ob sie nicht irgendwann vor dem Schritt in den Ruhestand den Kurs wechseln könnten, bevor es zu spät sei. Zu spät, um noch etwas Sinnvolles zu tun. Dann fallen Männer oft in ein Loch – spätestens dann, wenn die ersehnten Flitterwochen der späten Freiheit vorüber sind. Dann kommt das Erschrecken.

Tatsächlich ist der Übergang von der Arbeit in die Rente für Männer hart. Ich habe sie beobachtet, die Nachbarn oder Kollegen. Eben gerade waren sie noch Führungskräfte in der Industrie, hohe Beamte, anerkannte Mitarbeiter mit klarem Auftrag. Plötzlich sitzen sie zuhause. Der Wecker schweigt. Es ist egal, wann sie morgens aufstehen. Die alte vorgegebene Struktur ist verloren. Zuhause sind sie ein Störenfried, denn ihre Frau hat in den Jahren zuvor (von ihm alleingelassen) gelernt, den Haushalt allein zu führen. Jetzt soll der Mann nicht dazwischenreden.

Wer Glück hat, wird beim Balancieren zwischen Arbeitswelt und Rentenzeit von dem (Ehe-)Partner oder von Freunden unterstützt. Oder von Beratern. Andere sitzen in der Falle und haben es schwer, herauszufinden – vor allem, weil manche das Problem gar nicht sehen. Wer gefangen ist im selbstgeschaffenen Stress, redet sich gerne ein, dass das alles so sein müsse. Wen in der Isolation die Depression überfällt, leidet still und nimmt sein Schicksal als gegeben hin. Mit diesem Buch schreibt Eckart Hammer ganz für die alten Männer – ihnen hat er etwas zu sagen.

Nicht nur Deutschland laboriert an seiner Altersversorgung herum. Probleme mit ihren alten Menschen haben viele Nationen, die Industrieländer ganz besonders, aber auch in den Schwellenländern zeigen sich Probleme. Allerdings gibt es international sehr unterschiedliche Verfahrensweisen, die Rentenfragen und die menschlichen Fragen zu beantworten.

Weitermachen in gods own country: alt in den USA

How are you doing? Wie geht's denn so? Viele Alte in den USA sind heute schon da, wo wir vielleicht unsere Alten demnächst sehen werden. Sie arbeiten oder sie suchen Arbeit. Dafür gibt es zwei sehr unterschiedliche Gründe. Manche arbeiten, weil sie das so wollen, weil sie die Regelaltersgrenze der Europäer gar nicht kennen, weil ihnen der Job Spaß macht. Andere arbeiten, weil sie müssen.

Es klang immer so nett: die »Babyboomer«. Doch mit dem Boom ist Schluss. Die Generation der zwischen 1946 und 1964 Geborenen nähert sich dem Ruhestand. Manche sind schon mittendrin. Da geht es um fast 80 Millionen Amerikaner. Von denen werden viele auf die Suche nach einem Zusatzeinkommen gehen – müssen, ob sie wollen oder nicht. Der Begriff dafür ist vielsagend: »retirementjobs« nennt man das in den USA, sinngemäß »Ruhestandsarbeit«. Sie wird zum Normalfall in Amerika – für Millionen alte Menschen. Da sind die in den intellektuell anspruchsvolleren oder selbstbestimmten Jobs, die Wissenschaftler, die in den Freien Berufen oder die Unternehmer. Die verwirklichen sich auch im Alter. Aber am Ende der Skala jobben die Parkwächter, die Helfer an der Supermarktkasse. Für sie ist der amerikanische Traum ausgeträumt. Sie sind unten.

Es liegt auch daran, dass die amerikanischen Arbeitnehmer, wenn sie es sich leisten können, in Pensionsfonds einzahlen, die (anders als die deutsche gesetzliche Rentenversicherung) das Geld in Aktien anlegen. Das kann zu erheblichen Schwankungen führen. Die Krise von 2008 ließ das Anlagevermögen erheblich schmelzen.

Auf die amerikanische Gesellschaft insgesamt kommen erhebliche Lasten zu. Es gibt eine kostenlose medizinische Grundversorgung für alle Menschen ab 55 Jahren. Das wird angesichts der Zunahme alter Menschen teuer für den Staat. Doch die Amerikaner verfallen angesichts dieser Lage nicht in Wehmut, gerade die Babyboomer nicht, deren Besonderheit jahrzehntelang die demonstrativ zur Schau gestellte gute Laune war. Amerikanische Babyboomer sind Optimisten. Auch im Alter.

Da ist zum Beispiel der Arzt Jim Acos. Er machte schon vor 35 Jahren mit Erreichen der offiziellen Altersgrenze Schluss mit seiner ärztlichen Tätigkeit. Aber für ihn ging und geht es weiter. Als Skilehrer in den Bergen von New Mexico unterrichtet er Schüler aller Altersklassen. Gerade die Älteren kommen gerne zu ihm; beweist er doch allein durch seine Erscheinung, dass man diesen Sport auch im Alter noch lernen kann. »Im Pensionsalter Skilehrer geworden zu sein, gehört zu den besten Entscheidungen des Lebens«, sagt Acos. Das bringt ihm Geld ein, und zugleich hält er sich fit. Inzwischen ist er neunzig Jahre alt.

Die amerikanischen Betriebe sind nicht zurückhaltend, wenn es darum geht, alte Menschen einzustellen. Es gibt sogar Stellengesuche, in denen ausdrücklich nach Senioren gefragt wird. Offensichtlich, weil man Wert legt auf deren spezielle Fähigkeiten: Erfahrung, Zuverlässigkeit, Pünktlichkeit. Anders als bei uns in Deutschland!

Die Amerikaner gehen anders mit dem Alter um, sie sind optimistischer – nicht alle, aber doch die meisten. Sie haben dabei einen starken Begleiter, der US-typisch euphorisch das Alter verkleistert. Da gibt es Gruppen für Über-50-Jährige, Über-60-Jährige und Ältere, die separat angesäuselt werden. Für nur 16 Dollar Jahresbeitrag ist man Teil dieser speziellen Familie. Es ist die AARP, die Vereinigung, die sich früher »American Association of Retired People«, also Vereinigung der Ruheständler, nannte. Seit einiger Zeit wird aber nur noch die Abkürzung verwendet, um vom Image der Rentnerlobby wegzukommen. 40 Millionen Mitglieder! Das ist sogar in den USA eine Hausnummer. Wenn die AARP die Stirn runzelt, wackelt in Washington die Regierung.

Für die Mitglieder gibt es Rezepte, Reiseangebote, Rabatte für Versicherungen, für Mietwagen, bei Dunkin Donuts ein Getränk gratis. Mehr als 3.000 feste Mitarbeiter kümmern sich um die – soll man sagen: Mitglieder? Oder besser: Kunden? 35.000 freiwillige Helfer beraten Hilfesuchende. Jährlich mehrere hundert Millionen Dollar Umsatz. Es ist genau diese Mischung aus Service und Fürsorge auf der einen Seite und großem Kommerz auf der anderen, der die AARP so merkwürdig oszillieren lässt. Das ist Hilfsverein und große Verkaufsmaschine in einem.

»AARP ist eine Non-Profit- und nichtparteiliche Organisation«, heißt es im Impressum. Doch das bezweifeln sogar viele Amerikaner, die es ansonsten nicht so genau nehmen mit der Trennung zwischen sozial- und gewinnorientiert, zwischen journalistisch und werblich.

Das US-System der Altersversorgung und der amerikanische Umgang mit dem Thema Alter kann nicht auf Europa, schon gar nicht auf Deutschland, übertragen werden. In Europa werden sozialpolitische Herausforderungen traditionell von staatlichen Institutionen angegangen. Wenn es gut läuft, werden sie gelöst. Das gilt für das Thema Rente, für Sozialhilfe und den Umgang mit der Obdachlosigkeit. Die Amerikaner sind da pragmatischer. Und kälter.

Generationenkonflikt in Sicht: Rente de luxe in Frankreich

Die Franzosen sind streng. Englische Begriffe kommen ihnen nicht so schnell ins Haus. Aber dieses Wort kennt man auch in Frankreich: »babyboomer«. Die gibt es nämlich auch dort. Es sind viele: 16 Millionen Menschen, die jetzt ins Rentenalter kommen. Es läuft nicht gut für das Land mit diesen noch jungen Alten. Bisher war es üblich, spätestens mit 60 aus dem Arbeitsprozess auszuscheiden. Auch 55-jährige Rentner sind in Frankreich nicht selten. Schön, wenn das geht. Es geht aber nicht. Frankreichs Wirtschaft hängt durch, der Staat verschuldet sich zunehmend. Eine Erhöhung des Rentenalters wird schwierig, denn die französischen Gewerkschaften sind stark und kampfeslustig. Sie treten ein für die Rechte der jungen Rentner.

Frankreich hat einen kaum verdeckten Generationenkonflikt: Junge Rentner mit einer recht guten Versorgung auf der einen Seite: der Staat zahlt es ja, bislang jedenfalls. Auf der anderen Seite die zahlreichen jungen Arbeitslosen, denen der

Staat nicht hilft. Noch gibt es keinen offenen Streit zwischen Alt und Jung. Aber wie lange noch ...?

Flexibles Musterland: Die Schweden machen es anders

Offiziell gibt es in Schweden bereits jene flexible Altersgrenze für Arbeitnehmer, die anderswo als Utopie oder als Wunschvorstellung (je nach politischer Einstellung) gesehen wird. Denn dort gilt seit mehr als zehn Jahren, dass man zwischen 61 und 67 Jahren in Rente gehen kann. Sogar das Arbeiten über dieses Alter hinaus soll möglich sein.

Schon das durchschnittliche Renteneintrittsalter der Schweden liegt mit über 63 Jahren deutlich über dem Schnitt in Europa. Inzwischen gibt es Agenturen, die ausschließlich ältere Frauen und Männer vermitteln. Tausende melden sich an und hoffen auf Nachfrage. Auch die Zahl der Erwerbstätigen, die älter sind als 65 Jahre, ist höher als in jedem anderen europäischen Staat. Die Motivation ist eher selten der Wunsch nach einem zusätzlichen Einkommen, sondern vor allem nach Beschäftigung und nach einer sinnvollen Tätigkeit.

Das alles ist politisch so gewollt. Um die Nachfrage nach älteren Arbeitnehmern anzukurbeln, wurde nicht allein die feste Renteneintrittszeit ausgehebelt. Darüber hinaus können private Haushalte das Geld für alte Dienstleister von der Steuer absetzen. Außerdem müssen für die Alten weniger Sozialabgaben gezahlt werden. Das hat das Interesse der potenziellen Arbeitgeber noch stärker geweckt.

Der schwedische Sozialstaat hat ein hohes Niveau und kostet deshalb viel Geld. Nur wenn die Menschen deutlich länger arbeiten, ist dieses Niveau zu halten. Die Besonderheit in Schweden: Die Bürger sind mehrheitlich bereit, das zu akzeptieren. Viele arbeiten auch im Alter gerne und freiwillig.

Danish Dynamite

In Dänemark geht man ungewohnte Wege im Blick auf die Verrentung. Zunächst gilt – ähnlich wie bald in Deutschland – der Rentenbeginn ab dem 67. Lebensjahr, beginnend im Jahr 2022. Danach soll der Renteneintritt von der Lebenserwartung abhängig gemacht werden. Die Zahlung der Rente soll auf etwa 14,5 Jahre vor dem im Schnitt zu erwartenden Lebensende angesetzt werden. Das heißt: 67 Jahre plus 14,5 Jahre gleich 81,5 Jahre. Wenn die Lebenserwartung auf neunzig Jahre steigt, hieße das: Rentenbeginn mit 75,5 Jahren. Noch ist das Planung. Noch ist nichts entschieden. Aber es wäre ein revolutionäres Modell. So könnte die Rentenkasse stabilisiert werden. Aber die Menschen müssten mitspielen. Das ist das Risiko, denn längeres Arbeiten ist in Skandinavien zwar nicht so verpönt wie bei uns. Aber wie lange diese Bereitschaft trägt, lässt sich schwer abschätzen. Der Vorschlag birgt Dynamit!

Größtes Land mit großen Problemen: Rentner in China

Auch wenn in China Vieles so ganz anders ist als bei uns, eine Gemeinsamkeit gibt es doch: das Problem mit der Finanzierung der Renten. Zunächst ist es eine Folge des wachsenden Wohlstands, dass die Menschen in China deutlich älter werden als früher. Es muss also vom Staat länger als bisher für mehr Menschen Rente gezahlt werden.

Außerdem kommen jetzt die geburtenstarken Jahrgänge ins Rentenalter. Auf der Seite der Beitragszahler aber stehen die geburtenschwachen Jahrgänge. Die bis vor kurzem geltende Einkindpolitik zeigt ihre negativen Seiten. In ein paar Jahrzehnten wird es wie bei uns sein: Zweieinhalb Arbeitnehmer sollen für das Altersgeld eines Pensionisten aufkommen.

Außerdem geht man in China traditionell früh in den Ruhestand. Frauen mit etwa 55 Jahren, Männer mit 60. Der Staat zahlt die Rente aus, es sind eher niedrige Beträge. Die Folge ist, dass die alten Frauen und Männer nebenher arbeiten müssen, um über die Runden zu kommen.

Alles wird versilbert

Ist es das, was uns bevorsteht?: Älter als 65 Jahre ist jeder fünfte Japaner heute. In ein paar Jahren wird es jeder dritte sein. Das Land ist alt. Man sieht und hört es dort überall. Die Alten bestimmen das Leben. Man nennt sie die »Silberköpfe«. »Silber-« ist überhaupt die freundliche vorangestellte Umschreibung für alles Alte. Es gehört sich nicht, direkt und forsch »alt« zu sagen. Das ist unhöflich. Also wird alles und jedes ver»silbert«.

Japan ist das Studienobjekt der Altersforscher, Mediziner, Rentenexperten, Versicherungsfachleute aus aller Welt. Die Experten versuchen zu verstehen, was dort abgeht. Und sie suchen in Japan nach Lösungen für ihre Heimatländer, in denen man vielleicht ein paar Jahre mehr Zeit hat, wo aber die identischen Fragestellungen beantwortet werden müssen.

Zum Beispiel, wie der soziale Konsens ins Ungleichgewicht geraten konnte. Denn eigentlich war Japan viele Jahrzehnte das Land mit der größten Mittelschicht, mit einem allgemeinen Verständnis von Gemeinsamkeit und Gleichheit. Man protzte nicht mit Reichtum. Es gab keine auffällige Armut. Das hat sich geändert. Jetzt wachsen die sozialen Unterschiede. Oftmals haben die alten Ehepaare ein höheres Einkommen als die jungen Familien, die noch für die Erziehung der Kinder aufkommen müssen. Es gibt Ungleichheit, es gibt Sozialhilfeempfänger, oftmals fühlt sich die Jugend benachteiligt, die soziale Sicherheit ist geschwunden. Die Geburtenrate liegt bei 1,2 Geburten pro

Frau, also zu tief, um die Überalterung und das Sinken der Bevölkerungszahl aufzuhalten.

In Japan gibt es Produkte für Alte in allen Variationen. Die dortigen Marketingexperten sprechen von einem »Silbermarkt«. Da geht es um spezielle Lebensmittel, um altenfreundliche Wohnungen, um Einrichtungsgegenstände und die allerneuesten Rollstühle. Eine ganz eigene alte Welt! In höchster Konzentration zu besichtigen in Tokio, im Stadtteil Sugamo. Da finden sich 200 Läden, ausschließlich für die Interessen und Bedürfnisse der Alten.

So eine Welt voller altengerechter Produkte verlangt nach Geld. Japan ist wohlhabend. Japanische Rentner erhalten Geld vom Staat in Form einer Volksrente sowie zusätzlich ein Altersruhegeld, eine japanische Spezialität. Die große Mehrheit der japanischen Rentner bezieht außerdem Geld aus einem betrieblichen Pensionsfonds. Alles in allem sind die japanischen Rentner vergleichsweise wohlhabend, mit einem Altersgeld von über 3.000 Euro durchschnittlich, bei allerdings auch hohen Lebenshaltungskosten.

Besonders auffällig aber ist, dass Japaner auch jenseits des Rentenalters arbeiten. Es herrscht im Land eine außerordentlich hohe Arbeitsethik. Es gibt einen Konsens, dass man nicht einfach aufhört. Auch wenn es nur einfache Arbeiten sind, Hilfstätigkeiten: Die Japaner im hohen Alter gehen zur Arbeit. Sie wollen arbeiten, um sich die Zeit zu vertreiben oder weil sie es als selbstverständlich ansehen. Dann nehmen sie es sogar hin, ihre bisherige Arbeit aus der Zeit vor dem Renteneintritt weiterzumachen – für deutlich weniger Geld.

Fazit: Schweden kann Modell für unser Rentensystem sein

Zusammengefasst: Mir erscheint das schwedische Modell vergleichsweise überzeugend. Von allen Ländern haben sie am eindeutigsten entschieden. Sie haben die Folgen der Bevölkerungsentwicklung im Blick (anders als viele andere Nationen). Sie stecken nicht den Kopf in den Sand (anders als die Franzosen). Sie lassen den Bürgern die Freiheit, selbst zu entscheiden (anders als bei uns). Sie lassen aber auch nicht ihre alten Menschen in Not geraten (anders als in den USA). Und von der künstlichen Silberwelt der Japaner sind sie weit entfernt. Schweden ist mein Favorit, wenn ich sagen soll, wo es mit den alten Frauen und Männern am besten läuft. Schweden könnte also auch Modell sein für eine deutsche Sozialpolitik. Damit das Rentensystem nicht gefährdet wird. Damit die Rentner auskömmlich leben können. Damit aber Alte auch Arbeit finden, wenn sie sie suchen.

Der Eintritt in das Rentenalter bringt bei uns bisher einen tiefen Einschnitt. Aus dem angesehenen Mitglied der arbeitenden Gesellschaft wird plötzlich ein nicht mehr arbeitender Mensch. Damit ist er aussortiert. Bezieher eines Gnadenbrots. Kostenverursacher. Störenfried.

So habe ich es selbst empfunden, nachdem mich das Schreiben der Deutschen Rentenversicherung erreichte. Nachdem mein Arbeitgeber mir einen Laufzettel zustellte, in dem präzise aufgelistet war, wann ich wo zu erscheinen hatte, um Personalpapiere zu erhalten, um das Diensttelefon abzugeben und um die Büroschlüssel auszuhändigen. Alles ganz professionell. Und kühl.

Mit leerem Gesichtsausdruck auf der Parkbank. Das ist er: der Rentner. Niemand sagt das so. Aber alle sehen ihn da. Niemand lässt uns Arbeitnehmern eine Wahl, wann wir in das sogenannte »Rentenalter« eintreten möchten. Es ist einfach so: Die Rente kommt, freu Dich gefälligst! Vor allem aber: Der Zeitpunkt, zu dem aus dem anerkannten Arbeitnehmer der verachtete Rentner wird, ist pure Willkür. Das Wort »Verrentung« strahlt Härte aus: Da wird etwas mit Menschen gemacht – und sie haben noch nicht einmal eine Wahl. In die Rente wird man gegangen, gegängelt. Kaum ein Mensch hat die Wahl des Zeitpunkts. Früher? Ja, das ist möglich. Später? Nein!

So wie bei uns mit dem Thema Rente umgegangen wird, sind die Probleme absehbar. Man schraubt nicht ungestraft am Rentensystem herum. Wenn neue Rentenmodelle wie Wahlgeschenke an die »Kundschaft« der Regierungsparteien verteilt werden, zerstört das die Systematik der beitragsfinanzierten Rente. Schon jetzt lässt sich nicht mehr alles mit den Beiträgen finanzieren. Irgendwann geht's gar nicht mehr. Wenn Politiker ehrlich wären, müssten sie uns heute schon darauf vorbereiten, dass die Rente mit 67 auf jeden Fall kommen wird und dass diese Altersgrenze weiter steigen wird. Rente ab 70. Rente ab 75. Alles kann notwendig werden – so wie es bereits heute in anderen Ländern ehrlich und offen diskutiert wird. Und auch das noch: die Rente ab 63 ist angesichts dieser Entwicklung nur ein schlechter Scherz, eine vorübergehende, falsche und teure Klientelpolitik ohne Perspektive.

In Zukunft wird es richtig eng, wenn die Zahl der Rentner weiterwächst und die Beitragszahler weniger werden. Dann wird vielleicht noch tiefer in den Steuertopf gegriffen. Das geht zwar irgendwie, aber nur, solange Steuereinnahmen sprudeln. Aber dann fehlen diese Gelder an anderer Stelle.

Dabei wäre etwas ganz anderes notwendig: Wer die Rentenzahlungen sichern will, muss die Beitragszahler stärken. Der muss für die Zukunft vorsorgen. Das heißt: Investitionen in

Kindertagesstätten und Kinderhorte, damit Mütter mit gutem Gewissen arbeiten gehen. Investitionen in Schulen und Universitäten, damit nicht so viele Kinder als Schulabbrecher oder Studienabbrecher enden. Das heißt: eine kluge Zuwanderungspolitik, damit qualifizierte Arbeitnehmer den Weg in unser Land finden. Das wäre vorausschauend.
Weder ich noch die meisten anderen aus meiner Altersgruppe denken egoistisch. Wir wünschen uns ein Land, in dem die Jungen gefördert werden, in dem qualifizierte Ausbildung geboten wird, in dem richtig gut Geld verdient werden kann und in dem Familiengründung leicht gemacht wird. Das wird für uns Rentner langfristig besser sein als die Forderung »Rente first«!
Und noch etwas: Von flexiblen Altersgrenzen wird nur gesprochen. Gerede! Praktisch gibt es sie nicht. Nur den wenigsten Menschen ist es erlaubt, mit der Berufstätigkeit aufzuhören, wann es ihnen passt. Vielen, die sich als Grauhaarige in Firmen vorstellen, wird ohne die wahre Begründung die Tür gewiesen. Anderen wird unter Verweis auf Gesetze und Verordnungen der Hahn zugedreht, obwohl sie voll arbeitsfähig und arbeitswillig sind.
Deswegen meine Forderung: Schluss mit der Zwangsverrentung und Zwangspensionierung. Und Schluss mit der Propaganda für einen frühen Rentenbeginn – als wären Rente und Pension der Einstieg in paradiesische Zeiten. Rentner ohne die Freiheit, selbst entscheiden zu dürfen, wann sie aufhören, sind nicht wirklich zufrieden. Rentner, denen der frühe Rentenbeginn als Eintritt in das Paradies vorgegaukelt wird, sind auf Dauer nicht glücklich.
Das Rentnerdasein ist nichts anderes als ein aufgezwungener Status für viele mündige Menschen. Der Staat befiehlt: Putzt die Platte! Auch wenn das ökonomisch nicht sinnvoll ist.

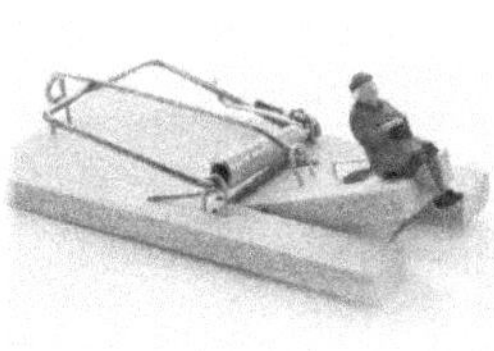

5. HÄRTE

»Lass mal gut sein, Alter!«

Wer als Alter einen Job hat, ist vergleichsweise gut dran. Denn die Chancen für Arbeitnehmer, die einen festen Arbeitsplatz haben, die Regelaltersgrenze zu erreichen, stehen nicht schlecht. Allerdings: Wer sagt eigentlich, wann man aufhören muss? Fast alle akzeptieren die Altersgrenze. Aber ist sie eigentlich gerechtfertigt? Viele Arbeitnehmer sind mit 60 Jahren, mit 65 Jahren noch fit. Eigentlich wird ihr Fachwissen gebraucht. Tatsächlich aber wird ihnen der Stuhl vor die Tür gesetzt.

Richtig schlecht aber geht es älteren Menschen, die noch nicht im Rentenalter sind, die aber einen neuen Arbeitsplatz benötigen und die sich bewerben. Die laufen gegen Wände, unsichtbare Wände. Eine Ablehnung mit den Worten »Du bist zu alt!« ist verboten. Die Begründungen sind subtiler, aber wirksam: Alte Bewerber finden keinen Weg zurück in die Arbeit.

Und dann der endgültige Abschied, wenn allen Beteiligten klar ist: Da geht jemand in den Ruhestand. Frauen oder Männer, die ihren Job altersbedingt aufgeben, werden meist von großer Erleichterung der Zurückbleibenden begleitet. Das erklärt die verdrucksten und manchmal auch scheinheiligen Ansprachen bei Abschiedsfeiern. Da versammeln sich die Kollegen, getrieben von der klaren Erwartung an ein Gratisgetränk. Der Chef begibt sich in Rednerposition und hebt an. Das wird im Allgemeinen ein Rückblick (»Sie waren immer da, wenn es darauf ankam!«), vielleicht auch ein kurzer Ausblick (»Sie gehen jetzt in den wohlverdienten Unruhestand!« – ein schreckliches Wort) und dann noch das obligate »Wir werden Sie vermissen!«. Damit hat es sich. »Lass es mal gut sein, Alter, und mach mir Platz!«, denken die nachdrängenden Jungen. »Den Zausel bin ich los!«, lächelt der Chef. »Jetzt sparen wir Geld!«, hofft der Personalchef. Wenn es zumal um ein vorzeitiges Ausscheiden geht, wird zuvor oft Druck gemacht, damit die Alten die Platte putzen.

Nur dass manche Alten das nicht mehr einfach so mitmachen. Viele können und wollen länger arbeiten. Manche müssen arbeiten, sie benötigen das Geld. Manche besinnen sich spät auf die Selbstständigkeit, auf das Firmengründen. Die wollen ihr eigener Herr sein. Ja, sogar manche großen Unternehmen, deren Ziel bislang die jugendliche Belegschaft war, erkennen die speziellen wertvollen Eigenschaften der Alten im Betrieb. Platte putzen? Einfach so? Hat das noch Zukunft?

Arbeiten gegen das Vorurteil

Sie untersuchen seit Jahren, wie man mit älteren Arbeitnehmern im Betrieb umgeht: die Mitarbeiter der Deutschen Seniorenliga. Der Name sagt deutlich, wer sie sind und für wen sie eintreten. Sie selbst formulieren das in ihrem Internetauftritt so: »Wir vertreten die Interessen und verfolgen die Ziele der am stärksten wachsenden Bevölkerungsgruppe. Schon heute sind nahezu 30 Millionen Menschen in der Bundesrepublik älter als 50 Jahre.«

Ihre Zielgruppe findet sich natürlich auch in Beschäftigungsverhältnissen, als Arbeitnehmer. Aber wie es da läuft und wie man mit ihnen umgeht, das untersucht die Seniorenliga – mit Umfragen in regelmäßigem Abstand. In den Untersuchungsergebnissen wird ein Teil der Alltagskultur im Betrieb deutlich. Das klingt dann so:

»Älteren Arbeitnehmern werden seit Beginn der Erhebung unternehmensseitig stets gute Fachkenntnisse und Praxiserfahrung bescheinigt. Ungeachtet dessen beklagen viele Ältere jedoch durchgängig seit 2006 mangelndes Interesse an ihrer Arbeitskraft, sei es im Unternehmen oder insbesondere bei der Suche nach einer neuen Beschäftigung. Diese Diskrepanz zwischen einer positiven Bewertung von Kompetenz, Erfahrung, Teamgeist und Einsatzwille und dem Agieren der Unternehmen am Arbeitsmarkt veranlasst die Deutsche Seniorenliga e.V. zu dieser regelmäßigen Datenerhebung, um mit Fakten zu vergleichbaren Sachverhalten mittelfristige Entwicklungen wie auch eine Momentaufnahme zu aktuellen Themen zu dokumentieren.«

Dabei wundert sich der Verband, dass trotz einer durchweg positiven Haltung gegenüber älteren Arbeitnehmern die befragten Unternehmen nicht gezielt diese älteren Arbeitskräfte einstellen, sondern vermehrt in die Rekrutierung von jungen Hochschulabsolventen investieren. Somit werde ein Großteil von Ressourcen auf einen schrumpfenden, hoch kompetitiven Markt konzentriert und zeitgleich würden die vorhandenen Potenziale von Erfahrungswissen und Fachkompetenzen vernachlässigt.

Arbeitnehmer werden im Unternehmen alt und spielen bei der Neubesetzung offener Stellen eine nachgeordnete Rolle. Lediglich 7,84 Prozent der befragten Unternehmen stellen bewusst ältere Mitarbeiter aufgrund ihrer besonderen, mit dem Alter einhergehenden Kompetenzen ein.

Insgesamt stellt die Seniorenliga fest, dass ältere Arbeitnehmer durchaus geschätzt werden. Dabei gilt: Wer »drin« ist, hat Chancen auf eine Beschäftigung bis zum Rentenalter. Wer jedoch »draußen« ist, für den ist es fast unmöglich, bei der Rekrutierung trotz Fachkräftemangels und anhaltendem Klagen der Unternehmen über die Kompetenz der Absolventen unseres Bildungssystems berücksichtigt zu werden.

Professorin Sandra Buchholz ist Soziologin an der Otto-Friedrich-Universität Bamberg. Sie arbeitet an einem internationalen Projekt namens »flexCAREER«, das – wie der Name sagt – sich mit der Beweglichkeit und Durchlässigkeit von Arbeitnehmerkarrieren am Arbeitsmarkt beschäftigt. Da geht es auch um die Älteren. Sie sagt: »Lange hat man es sich in Deutschland geleistet, auf ältere Arbeitnehmer zu verzichten. Mittlerweile kann man beobachten, dass Mitarbeiter länger in Beschäftigung bleiben, wir sind aber noch weit entfernt von auch nur 65 als Rentenalter.« Sie sieht es als problematisch, dass wir in Deutschland ein jugendzentriertes Bildungssystem haben. Die Bildungsmaßnahmen über 25 sind im internationalen Vergleich unterdurchschnittlich.

Dabei ist sie keineswegs industrie- oder branchenkritisch unterwegs: »Die deutsche Ausbildung ist ein Hit. Wir haben breit ausgebildete Fachkräfte. Lange dachte man, das reicht jetzt für vierzig Jahre Arbeitszeit. Aber das stimmt nicht.«

»Lebenslanges Lernen«, eine Voraussetzung für die längere Lebensarbeitszeit, gibt es in Deutschland nur berufsvertiefend. Die »Problemprogramme« der Arbeitsagentur setzen zu spät an und werden am Markt nicht gut angenommen. Außerdem gilt für Arbeitgeber wie Arbeitnehmer: Ein Wechsel des Berufs ist unüblich. Einmal Maurer, immer Maurer. Die Bereitschaft, als gelernter Maurer vielleicht nochmal etwas Neues zu lernen und einen körperlich nicht so anstrengenden Beruf im Alter zu ergreifen, geht bei uns im Land gegen Null. Aber auch die Bereitschaft in den Personalabteilungen, einem umgeschulten Exmaurer eine Chance zum Beispiel in einem Büro zu geben, ist nicht vorhanden. In den USA ist es nicht selten, dass Menschen mit Mitte 40 noch den Beruf wechseln. So etwas wird in Deutschland als kaputte Berufsbiografie betrachtet. In Zukunft jedoch könnten Arbeitgeber durch den Fachkräftemangel gezwungen werden, Arbeiter länger zu behalten.

Ein Arbeitsplatzwechsel ab 50 Jahren wird bei uns zusätzlich erschwert durch das Inside-Outside-System und den Senioritätslohn: Je älter ich bin, desto mehr Geld verdiene ich. Aber ich werde nicht mehr allzu viele Jahre im Betrieb sein, deswegen bin ich für die Personalabteilung ein größeres Risiko als die Investition in einen jungen Kollegen. Das müsste nicht so sein. Besser wäre eine stärkere Entlohnung nach Fähigkeiten.

Was können Arbeitnehmer ab 50 Jahren tun, um sich gegen die näherkommende betriebliche »Überflüssigkeit« zu wappnen? Antwort: sich in ganz bestimmten Bereichen für die Firma, in der sie bereits tätig sind, wichtig bis unentbehrlich, auf jeden Fall schwer ersetzbar machen!

Stellen wir fest: Der Mangel an Fachpersonal schmerzt viele Unternehmen. Das ficht aber die Personalchefs nicht im mindesten an. Sie arbeiten zielstrebig auf eine junge Belegschaft hin. Sie glauben an die Kraft, Gesundheit, Lernfähigkeit der Jungen, denn diese sind ja angeblich so wunderbar formbar. Sie verachten die Alten, halten sie für schwach, kränklich, halsstarrig, lernunfähig – einfach altmodisch. Mit denen, glauben sie, kann sich ein Betrieb nicht schmücken. So ein Alter vergiftet das Klima in seiner Gruppe. Alte? Pfui Deibel!

Deswegen wird es auch nichts mit der so locker formulierten Feststellung, dass Senioren jetzt ranklotzen müssen, damit sie mehr Geld in der Tasche haben. Das kann man fordern. Aber deswegen wird es nicht durchsetzbar.

Ältere Männer oder Frauen erzählen manchmal, wie jämmerlich sie sich fühlen, wenn sie sich bewerben wollen oder müssen. Manche (Frauen) wollen aus der Hausfrauenrolle heraus in einen Job. Manche (überwiegend Männer, aber nicht nur) werden Opfer von betriebsbedingten Kündigungen. Die sind meist nicht einmal alt, nur eben so kurz vor 50. Aber das reicht schon, um vom zufriedenen Arbeitnehmer zum Problemfall zu werden. Schon die Lektüre von Stellenanzeigen macht älteren Arbeitnehmern Bauchschmerzen.

»Zur Verstärkung unseres Teams suchen wir eine Mitarbeiterin für den Empfangs- und Servicebereich sowie verwaltungstechnische Aufgaben in Teilzeit (20 Stunden) ...« (Soweit noch in Ordnung, aber dann kommt es.) »Zählen Freundlichkeit, Zuverlässigkeit, ein gepflegtes Äußeres und selbstständiges Arbeiten zu Ihren Stärken? Sind Sie zwischen 30 und 40 Jahre jung und fit? Dann sind Sie genau die, die wir suchen.« (Stellenanzeige in einem Bremer Online-Portal.) Wer das liest und alle Qualifikationen erfüllt, aber 41 Jahre alt ist, versteht die Welt nicht mehr.

Noch eine Stellenausschreibung:

»Einrichtungsberater/in oder Innenarchitekt/in gesucht. Einrichtungshaus bekannt für hochw. Möbel, Nähe Ffm.-Darmstadt, sucht kompetente/n Einrichtungsberater/in oder Innenarchitekt/in bis 45 Jahre, mindestens 3 Jahre Berufserfahrung.« Tja, da wird es wohl nichts, wenn sie oder er zwar kompetent ist, zwar Berufserfahrung hat, aber bereits in dem biblischen Alter von 46 ist?

Oder so:

»Zur Erweiterung meines Teams suche ich ab 15.12. motivierte, freiberufliche Masseure für Massagen mitten im Schöneberger Kiez sowie für den Einsatz in einem Hotel. Du solltest ein gepflegtes Äußeres haben, nicht älter als 40 Jahre alt sein und Spaß an der Arbeit mit männlicher Kundschaft haben. Keine erotischen Massagen! Bei Interesse richte bitte einen kurzen Lebenslauf mit Angabe deiner Qualifikationen und einem Foto an ...«

Na, da wird ja schon in der Stellenanzeige das vertrauliche »Du« verwandt, dann wirst Du auch verstehen, dass Du nicht älter sein sollst als 40, gell, Du?

Oder hier ein »amtliches« Negativbeispiel:

»Die Justizvollzugsanstalt Landsberg am Lech sucht zum 1. Februar 2015 eine/n Schreinermeister. Die Einstellungsvoraussetzungen lauten: deutsche Staatsangehörigkeit, Meisterprüfung im Schreiner-Handwerk, Höchstalter 34 Jahre.«

Während in den allgemeinen Stellenanzeigen die Alterseinschränkung nicht zulässig ist, kann sich die Justizvollzugsanstalt auf ein Sonderrecht berufen. Es gibt eine spezielle EU-Richtlinie, in der es heißt: »Insbesondere darf mit dieser Richtlinie den Streitkräften sowie der Polizei, den Haftanstalten oder den Notfalldiensten unter Berücksichtigung des rechtmäßigen Ziels, die Einsatzbereitschaft dieser Dienste zu wahren, nicht zur Auflage gemacht werden, Personen einzustellen oder weiter zu beschäftigen, die nicht den jeweiligen Anforderungen entsprechen, um sämtliche Aufgaben zu erfüllen, die ihnen übertragen werden können.«

Hinter diesen sogenannten »jeweiligen Anforderungen« verbirgt sich der Anspruch, dass in einer Haftanstalt nur junge und damit körperlich robuste Personen arbeiten sollen. Das ist ja verständlich. Nur – mit Blick auf die Kräfte unserer Mitmenschen – sehe ich oft, dass ältere Menschen manchmal kräftiger sind als junge. Eine Einzelfallprüfung könnte diese Diskriminierung ausschließen.

In NRW suchte der Erftverband, in dem Kommunen oder kommunale Unternehmen Mitglied sind, monatelang einen Elektroniker bzw. Techniker in Teilzeit. Es bewarb sich ein Industriemeister der Mess-, Steuer- und Regelungstechnik. Es passte zu seinem Berufsbild. Er beschrieb sich selbst als »nicht dick und fett, nicht faul und träge, sondern immer noch flott und fit.« Die Absage kam postwendend. Der Mann ist Jahrgang 1943. Keine Chance!

Er ist natürlich verbittert und merkt an: »Auf der einen Seite spricht man vom Fachkräftemangel, auf der anderen Seite hat man ab 65 keine Chance mehr. Das Ganze ist von der Politik verlogen und beschämend.« Da hat er einfach Recht.

Einen spannenden Fall fand ich unter den Entscheidungen des Landesarbeitsgerichts Schleswig-Holstein. Da ging es vor Gericht um einen Streit zwischen einer Arbeitgeberin und einem Bewerber, der sich auf eine Stellenausschreibung gemeldet hatte. Der 50-jährige Arbeitnehmer bewarb sich als Servicetechniker; die geforderten Kenntnisse konnte er vorweisen. Da er schon ahnte, wie es ihm ergehen würde, dachte er sich einen Trick aus. Er schickte nämlich eine zweite Bewerbung raus, weitgehend identisch mit seinen Fähigkeiten, aber der fiktive Bewerber war 18 Jahre jünger als er. Ein Foto von sich selbst vor 18 Jahren legte er bei. Es funktionierte: Die Arbeitgeberin lud umgehend den jüngeren Bewerber ein. Dem 50-Jährigen wurde abgesagt (ohne spezielle Begründung). Beweis gelungen, oder? Klarer Fall von Benachteiligung wegen des Alters! Der Mann zog vor das Arbeitsgericht, gewann in der ersten Instanz, verlor aber in der zweiten und wurde zur Revision nicht zugelassen. Das Landesarbeitsgericht hatte die Altersdiskriminierung nicht sehen wollen. Verblüffend! Was muss noch geschehen, bis ein Gericht den Erweis als erbracht sieht?

Meist mogeln sich die Personalabteilungen durch die kritischen Passagen hindurch. Sollten die geehrten älteren Bewerberinnen und Bewerber nicht von sich aus kapieren, dass sie keine Chance haben, dann kriegen sie es spätestens bei der Absage, dann allerdings juristisch wasserdicht. Immer ähnlich: ein höflich-kaltes und vollkommen unspezifisches »Nein danke«. Die ausgeschriebene Stelle: leider anderweitig besetzt. Mit der Bitte um Verständnis. Was immer so geschrieben wird, wenn in Wirklichkeit kein Verständnis da ist. Personalverantwortliche wissen genau, wie man solche Briefe formulieren muss, damit sie nicht diffamierend klingen. Das schaffen sie locker. Nur: Manche Personalverantwortliche lassen sich noch nicht einmal dazu herab. Sie reagieren gar nicht. Das Schweigen aus den Personalabteilungen klingt dröhnend in den Ohren der Abgewiesenen. Gar keine Reaktion! Das ist wie: Du Alte oder Alter, Du bist nichts, Dich gibt es nicht, man sieht Dich nicht.

Zur Einordnung: Es ist nicht überall so. Aber diese Praxis ist bei weitem nicht Vergangenheit. Jedenfalls im großen Industrieland Deutschland. Es gibt andere Länder, die mit ihren arbeitswilligen Alten besser umgehen. Es funktioniert nämlich: Wenn Gesellschaften das frühe Rausdrängen oder freiwillige Aufhören per Gesetz erschweren, dann hat das Folgen. Dann bleiben mehr Menschen in Arbeit.

Altersdiskriminierung in der Arbeitswelt

Offene Altersdiskriminierung am Arbeitsplatz oder bei der Bewerbung ist von gestern, sie unterläuft nur den dümmlichen Chefs von Kleinstbetrieben. Versteckte Diskriminierung gibt es allerdings häufig. Die professionellen Personalabteilungen wissen: In eine Anzeige hineinzuschreiben, dass die Bewerber jung sein müssen, wäre ein Fehler. Dennoch passiert es.

Im Herbst 2013 kommt es zu einem Showdown vor Gericht, weil eine Rechtsanwaltskanzlei Personal sucht. Die Diffamierung schleicht sich durch die Hintertür ein. »Wir bieten eine spannende Alternative zu internationalen Großkanzleien ... Sie sind Berufseinsteiger oder haben bereits ein bis zwei Jahre als Rechtsanwalt in einer wirtschaftlich ausgerichteten Kanzlei gearbeitet ...« In diesen Formulierungen sieht das Landesarbeitsgericht Düsseldorf einen diskriminierenden Sachverhalt, weil Bewerber wegen ihres Alters ausgeschlossen würden.

Es kommt allerdings nicht zu der vom Kläger angestrebten Entscheidung, weil er (ein promovierter, über 60 Jahre alter Anwalt) Zweifel an der Ernsthaftigkeit seiner Bewerbung hat aufkommen lassen. Aber darum geht es hier nicht. Sondern darum, dass Unternehmen immer wieder das Alter als Einstellungs- oder Ablehnungskategorie ansehen.

Oder auch innerhalb der Betriebe: Da wird die Diskriminierung nicht offensichtlich, sie lässt sich nicht wie bei der Personalsuche an schriftlich fixierten Texten festmachen, dafür findet sie sich in der betrieblichen Praxis. Da werden bei Beförderungen junge Frauen oder Männer bevorzugt, ältere schauen in die Röhre, ohne dass man das Alter als Ausschlusskriterium benennt. »Ältere Mitarbeiter sind im Nachteil«, sagt ein Arbeitsrechtsexperte. Wenn die Älteren spüren, dass man ihnen das Weiterkommen oder den Aufstieg nicht zutraut, verfallen sie oftmals in Resignation. Dann tritt ein, was vorhergesagt wurde: Leistung verschlechtert sich, Fehlzeiten wegen

Krankheit kommen dazu. Eine sich selbst erfüllende Prophezeiung.

All dies wird im Allgemeinen nicht sichtbar. Nicht jedenfalls in den von Justiziaren kontrollierten Texten der Anzeigen oder Stellenangebote im Internet, mit denen Personal gesucht wird. Die schlauen Personalabteilungen lassen in den Ausschreibungen alles, was nach Alters- oder Geschlechterdiskriminierung aussehen könnte, unter den Tisch fallen. Wenn dann die Bewerber antreten, wird klammheimlich ausgemustert. Die Aussortierten erfahren gar nicht, dass sie wegen ihres Alters abserviert wurden. Wie sollen sie sich da wehren?

Geheime Tricks der Personalabteilungen

Er ist ein Spezialist, wenn es um die Bekämpfung von Diskriminierung, insbesondere Altersdiskriminierung geht: Dr. Klaus Bertelsmann, Rechtsanwalt in Hamburg. Seine Kanzlei berät Arbeitnehmer und Betriebsräte. Er hat einige wegweisende Verfahren beim Europäischen Gerichtshof in Luxemburg geführt. Die Liste seiner Veröffentlichungen ist lang, darunter auch sein Beitrag in dem Kommentar zum Allgemeinen Gleichbehandlungsgesetz (AGG).

Rechtsanwalt Bertelsmann sieht die Ansatzpunkte für Altersdiskriminierung insbesondere bei Einstellungen und Versetzungen im Betrieb. Er bestätigt: »Die Personalabteilungen wissen genau, dass sich die Zeiten geändert haben. Dies hat aber nichts am Ergebnis der Praxis geändert, sondern nur an den Verhaltensweisen.«

Natürlich würden von größeren Firmen die Stellenanzeigen so gestaltet, dass aus ihnen keine Altersdiskriminierung hervorgehe, jedoch laufe die Ungleichbehandlung dann im Auswahlverfahren. Etwa so: Die Bewerber oder Bewerberinnen senden ihre Bewerbungen an die entsprechende Stelle. Sie wissen dann aber nicht, was damit dort passiert. Sie kennen nicht diejenigen, die sich noch bewerben. Und sie kennen nicht die Auswahlkriterien, die von der Personalabteilung tatsächlich angewendet werden. Das Gleichstellungsgesetz, beklagt Dr. Bertelsmann, sehe keinen Auskunftsanspruch vor, entsprechende Verfahren seien sowohl beim Europäischen Gerichtshof als auch beim Bundesarbeitsgericht gescheitert. Wie sollen Bewerber Indizien für eine Diskriminierung finden, wenn sie nicht einmal wissen, wer statt ihrer eingestellt worden ist?

Für den engagierten Arbeitsrechtler Bertelsmann seien da die Betriebsräte in die Pflicht zu nehmen: »Betriebsräte sind dafür verantwortlich, Aktivitäten zu unternehmen und Problemstellungen zu prüfen, um Altersdiskriminierung zu verhindern. Dies fängt an bei der Prüfung von Stellenausschreibungen und geht weiter bei der Prüfung, ob dem Betriebsrat sämtliche Bewerbungen auch tatsächlich zur Verfügung gestellt werden. Weiter geht es dann mit der Prüfung der aufzustellenden Auswahlkriterien und der anschließenden Anwendung der Auswahl anhand dieser Kriterien.«

Eine ganz spezielle Diskriminierung sieht Bertelsmann beim öffentlichen Dienst. Dort gibt es für den Zugang zur Verbeamtung Altersgrenzen. Das ist je nach Bundesland unterschiedlich, aber die Grenzen liegen meist bei 40 oder 45 Jahren. Das heißt, rügt der Arbeitsrechtler, dass ältere Beschäftigte keine Chance haben, Beamter oder Beamtin zu werden. Dann bleibt ihnen der Angestelltenstatus mit schlechteren Konditionen. Das sei so, sagen die staatlichen Stellen, weil ansonsten durch die verbleibende Zeit der Tätigkeit die Pensionslasten nicht abgedeckt würden. Bertelsmann hält das für eine »Scheinbegründung«, für »eine unmittelbare Diskriminierung«. »Ein bestimmtes Alter beendet auch bei bester Eignung und Leistung die Möglichkeit, Beamtin oder Beamter zu werden«, kritisiert der Jurist und weist darauf hin, dass es früher auch für die Einstellung von Beamten der Europäischen Union Altersgrenzen gab. Aber: »Inzwischen sind sie unter Hinweis auf das Verbot der Altersdiskriminierung mit Entscheidung des Präsidenten der Kommission ... abgeschafft worden.«

Verabschiedet, weil zu alt: »Langfristig in den Wind!«

Aber es gibt auch gute Nachrichten für alle, die wegen ihres Alters benachteiligt oder entlassen werden: Dagegen lässt sich etwas tun. Der Fall des Professor Dr. Jekabs Leititis, inzwischen 67 Jahre, hat es zu einem Grundsatzurteil vor dem Bundesgerichtshof gebracht.

Der Mann war 62 Jahre alt, als sein Vertrag als medizinischer Geschäftsführer der städtischen Kliniken Köln nicht verlängert wurde. Die Begründung hatte der Aufsichtsrat öffentlich geäußert: man habe einen 41-jährigen Bewerber vorgezogen. Denn angesichts des bewegten Gesundheitsmarktes habe man einen Geschäftsführer benötigt, der das Unternehmen »langfristig in den Wind« stellen könne. Das traue man dem bisherigen Geschäftsführer angesichts seines Alters nicht zu.

Das war natürlich eine vermutlich ehrliche, zugleich aber ziemlich dämliche Begründung. Die Reaktion kam prompt. Leititis klagte, gewann in den ersten Instanzen, sein Gegenpart wollte das nicht hinnehmen. Und so ging das bis vor das höchste Gericht. Mit Erfolg für den Geschassten: Eine eindeutige Altersdiskriminierung sahen die Bundesrichter. Auch die Nichtverlängerung eines Vertrags sei eine vergleichbare Diskriminierung wie eine Entlassung aus Altersgründen. Für die Klinik wird es teuer. Die »langfristige In-den-Wind-Stellung« (ist das nicht eine schöne Formulierung?) dürfte sich nicht wirklich gelohnt haben.

Professor Leititis arbeitet inzwischen als Interimsmanager und medizinischer Berater. Seine Kunden scheinen zufrieden zu sein.

Über den Fall hinaus: Es spricht sich natürlich herum, dass so eine Argumentation nicht zulässig ist – und dann auch noch in der Öffentlichkeit! Wer immer in Zukunft einen Alten wegen seines Alters absägen will, wird sich etwas anderes einfallen lassen müssen. Damit ist die Diskriminierung jedoch nicht abgeschafft, höchstens verborgen. Wie gesagt: Profis in den Personalabteilungen lassen sich Vieles einfallen, wenn es darum geht, Jung vor Alt einzustellen. Bemerkenswert, dass gerade in der Wirtschaft, die eigentlich aus ihrem Selbstverständnis heraus ausschließlich wirtschaftlich handelt, solche ökonomisch kontraproduktiven Tendenzen wie dem Verzicht auf erfahrungserprobte Kompetenz hartnäckig widerstehen!

Wissen? Die Alten nehmen es mit ins Grab!

Natürlich gehört Wissensmanagement zum Standardrepertoire moderner Unternehmensführung. Oft fürchten Vorgesetzte, dass ausscheidende Mitarbeiter ihr Wissen mitnehmen. Entweder zur Konkurrenz. Oder beim Erreichen der Altersgrenze nachhause in die Komfortzone. Deswegen versuchen sie, dieses Wissen abfragen zu lassen, zu speichern und, wenn es gut läuft, an die anderen Mitarbeiter weiterzugeben.

Es gehört aber auch zum Standard heutigen Managements, sparsam zu wirtschaften. »Das Unternehmen muss schlanker werden«, fordern junge Topmanager in schöner Regelmäßigkeit bei Übernahme ihrer neuen Leitungsfunktion. Bei Aktiengesellschaften honoriert die Börse reflexhaft angekündigte Schlankheitskuren. Als hätte der Vorgänger den Betrieb verfetten lassen. Da fällt so einer Schlankheitskur leicht alles zum Opfer, was nicht unmittelbar renditeträchtig erscheint. Firmenkultur kostet Aufwand und Geld – weg damit. Die Weitergabe des Firmenwissens ausscheidender Mitarbeiter – wozu soll das gut sein?

Dabei würden die im Zweifel gerne weiterreichen, was sie sich im Laufe der Jahre angeeignet haben. Sie wären stolz, würde man ihr Wissen schätzen und sie danach fragen. Bevor langjährige Mitarbeiter in den Ruhestand verabschiedet werden, sollte man ihr Wissen abfragen und dokumentieren. Auch wenn das Aufwand bedeutet, auch wenn es Geld kostet. Für den Betriebswirtschaftsprofessor Klaus North hat eine betriebliche Wissensdatenbank einen eigenen Wert. »Etliche Führungskräfte sind mit dem Verabschieden ihrer Leute überfordert«, sagt er. »Sie signalisieren dem Mitarbeiter: Du interessierst uns nicht mehr.« Genau dies aber sollten ausscheidende Arbeitnehmer nicht als letzten Gruß vom Arbeitsplatz mitnehmen. Rache ist ein schlechter Abschiedsgruß.

Aupair – mit nicht mehr ganz so jungen Dingern

Nicht alle lassen sich auf das Altenteil abschieben. Manche Arbeitnehmer lassen sich nicht zwangsweise in die Untätigkeit verschrotten. Sie wehren sich – auf ihre Weise. Beispiele dafür gibt es zunehmend: von Frauen oder Männern, die sich einen Ruck gegeben haben. Sie sind aktiv geworden. Mit neuen Jobs, mit eigener Firma, mit Herausforderungen, deren Bewältigung sie sich in ihrem früheren Leben nicht zugetraut hätten. Beispiele:

»Ich habe durch Granny Aupair die einmalige Gelegenheit, für ein Jahr in Kanada zu leben. Jeder Tag, den ich in diesem wunderbaren Land verbringen darf, erfüllt mich mit großer Freude und Dankbarkeit. Es ist eine so große Freude, den kleinen Mattis, der nun 20 Monate alt ist, heranwachsen zu sehen.« So spricht Agatha, 66 Jahre, auf Tour als Granny Aupair. Es geht um die Geschäftsidee von Michaela Hansen aus Hamburg. Sie, als Mittfünfzigerin, vermittelt Frauen im Alter von Großmüttern einen Job auf Zeit als Au-pair-Frauen. Die Nachfrage ist groß. Sowohl von potenziellen Frauen hier in Deutschland – etwa 500 warten auf ihren Einsatz – als auch von Gastfamilien im Ausland. Die Frauen sind beliebt und begehrt. Und für sie selbst ist es eine Bestätigung, dass sie gebraucht werden. Vorausgesetzt, sie sind unabhängig, reiselustig und interessiert an fremden Kulturen.

Michaela Hansen musste inzwischen mehrere Mitarbeiterinnen einstellen, um die Nachfrage befriedigen zu können. Bevorzugte Ziele sind das englischsprachige Ausland, Großstädte wie New York oder London und Ferienregionen. »Aber einigen kann es nicht exotisch genug sein. Die zieht es nach China, Kambodscha oder Tasmanien, andere probieren es lieber erst mal in der Nähe.«

Anke Vendt, eine der ersten Nannys, wollte eigentlich nach Kanada. Daraus wurde nichts. Stattdessen ging es nach Spanien, in die Provinz Andalusien. Sie hatte in einer deutschen Familie zwei Teenager (13 und 17 Jahre) zu betreuen. Sie musste sie mit dem Auto zur deutschen Schule fahren, Einkäufe erledigen, manchmal an Ausflügen teilnehmen. Dafür hatte sie eine Gästewohnung, Kost und Logis frei. »Die Chemie stimmte von Anfang an«, sagt Frau Vendt, »auf diese Weise habe ich einen wunderschönen langen Urlaub gemacht.«

Für die Frauen, die auf dem deutschen Arbeitsmarkt kaum noch Chancen haben, bringt der Einstieg als »Granny Aupair« positive Erfahrungen. Viele Eltern geben ihre Kinder gerne in die Hände einer erfahrenen Frau. »Unsere Grannys kennen noch Goethe!«, wirbt die Agentur. Und das wird offensichtlich von den Familien im Ausland geschätzt.

Es ist also eine Firma mit Mehrfach-Wirkung: Ein wirtschaftlicher Erfolg für die Gründerin Michaela Hansen, sinnvolle und befriedigende Einsätze für die Frauen aus Deutschland und gute Erfahrungen für die Familien oder Projekte im Ausland. Ein gutes Beispiel gegen das Vorurteil von den ruhigzustellenden Alten.

Junge Gründerstory mit alten Gründern

Mit 58 arbeitslos. Mit 60 eine eigene Firma gegründet. Erfolgreich und glücklich. Das ist die Kurzfassung. Die knappe Darstellung einer ungewöhnlichen Gründerstory.

Aber diese Geschichte ist es wert, ausführlicher geschildert zu werden: Bis zum 58. Lebensjahr war Karola Haake eine ganz normale Angestellte, eine qualifizierte Friseurin, die als Perückenberaterin in der Niederlassung eines Unternehmens seit Jahren beschäftigt war. Als das Unternehmen in Schieflage geriet und Filialen geschlossen werden mussten, war Frau Haake betroffen. Arbeitslos mit 58 Jahren, ein Albtraum. Zwei Jahre lang bewarb sie sich auf freie Stellen, zum Schluss geriet sie auf die abschüssige Hartz-IV-Bahn.

Abgelehnt. Abgeschoben. Das erleben ältere Arbeitslose massenhaft. Man traut es ihnen einfach nicht mehr zu. Man unterstellt ihnen häufige Krankmeldungen. Man vermutet, dass sie nichts mehr dazulernen können oder wollen.

Als Karola Haake sah, dass sie in diese Sackgasse geriet, suchte sie einen anderen Weg. Sie stieß auf eine Zeitungsanzeige von »Gründer 50plus«. Eine Werbung für ein gemeinnütziges soziales Unternehmen, das es sich zur Aufgabe gemacht hat, Menschen im Alter von 50 Jahren aufwärts die Existenzgründung zu ermöglichen.

Die junge alte Gründerin konnte mit ihrer Geschäftsidee überzeugen. Sie erhielt ein Einstiegsgeld in die Selbstständigkeit. Sie konnte über die staatliche Förderbank KfW ein Gründercoaching erreichen – damit ihr jemand zur Seite stand, wenn es um die typischen kritischen Weichenstellungen für Unternehmer ging. Dies alles mit der Begleitung durch diese Gründeragentur »Gründer 50plus«: Wer ist das? Wer steckt dahinter?

Die Idee heißt: Ich helfe Gründern zu gründen. Seit 2007 gibt es »Gründer 50plus«. Die Unternehmensform wird ungewöhnlich beschrieben als gemeinnützige Unternehmergesellschaft (UG) haftungsbeschränkt. Die Macher bezeichnen ihre Firma als soziales Unternehmen.

Der Ursprung für soziale Unternehmen (Social Business) geht zurück auf Muhammad Yunnus, den Friedensnobelpreisträger von 2006. Er definierte diese Unternehmen so: »Der Unternehmenszweck eines Social Business ist allein die Lösung von gesellschaftlichen Problemen – nicht die Gewinnmaximierung. Sozialunternehmen arbeiten dennoch wirtschaftlich nachhaltig. Doch die erwirtschafteten Gewinne werden nicht als Dividende an die Kapitalgeber ausgeschüttet, sondern reinvestiert. Die Mitarbeiter erhalten angemessene marktgerechte Gehälter. Sozialunternehmen handeln ökologisch nachhaltig.«

Klingt schön. Zu schön, um wahr zu sein?

Ich will mir »Gründer 50plus« näher anschauen und verabrede mich zum Gespräch mit Ralf Sange. Er ist gelernter Sozialwirt, hat in seinem früheren Leben als Outplacement-Berater gearbeitet und schob im Jahr 2007 »Gründer 50plus« an. Anfang 2014 wurde er aufgenommen in den Kreis der Ashoka-Fellows. Ashoka ist die älteste und nach eigenen Angaben größte Organisation zur Förderung von Sozialunternehmen (englisch: social entrepreneurs). Sie wurde in den achtziger Jahren in den USA gegründet und hat sich inzwischen weltweit etabliert. Keine Stiftung, sondern ein wirkliches Unternehmen, das zum Teil von Spenden lebt, zum Teil von Zuwendungen aus verschiedenen großen Stiftungen. In Deutschland wird Ashoka durch die Ashoka gGmbH vertreten, eine gemeinnützige GmbH. Ashoka kommt aus dem Sanskrit, aus dem Indischen, und bedeutet »ohne Sorge«, in einer freieren Übersetzung »Missstände überwinden«.

Teil der Aktivität ist die jährliche Auswahl von Ashoka-Fellows, die für die Dauer von drei Jahren finanziell mit ihrem Projekt unterstützt werden. So ist das auch bei Ralf Sange, er bekommt diese Unterstützung. Er ist ein viel beschäftigter sozialer Unternehmer. Ich erreiche ihn telefonisch an einem Freitagnachmittag – im Auto. Frage: »Alte Gründer – also die von Ihnen so genannten 50plus – sind oft gezwungen, zu gründen, weil alle anderen Wege versperrt sind. Ist das nicht gefährlich, gründen aus einer Zwangslage heraus?«

Ja, sagt Sange, aber für manche sei das die einzige Lösung. »Ein Teil unserer Gründer kommt aus der Arbeitslosigkeit, aus Hartz IV, manche haben zu wenig Rente. Die müssen was tun. Und die zweite Gruppe, ich nenne sie die ›Sinngetriebenen‹, die wollen einfach mal etwas ausprobieren. Sie wollen etwas Sinnvolles auf die Beine stellen.« Es gebe wenige ältere Gründer, die das ausschließlich wegen des Geldes machten.

Wie sieht er die Gefahr der Selbstausbeutung? Seine trockene Antwort: »Wenn die 5 vorne steht, haben Sie keine so große Auswahl mehr. Eine Anstellung mit gescheitem Gehalt ist kaum im Angebot.« Natürlich führe die Gründung zunächst mal in eine gewisse Selbstausbeutung. Das sei bei Gründern normal.

Frage: »Die Gründer müssen aber kein soziales Unternehmen gründen, sondern ganz normale Firmen, gewinnorientiert, am Markt erfolgreich?«

»Selbstverständlich. Wobei wir Sympathie haben für Leute, deren Gründung einen gesellschaftlichen Nutzen verfolgt. Das gilt ja zum Beispiel für das Geschäft von Frau Haake. Was sie da macht, ist eigentlich ein sozialer Job. Sie hilft Menschen. Sie ist meine Lieblingsgründerin!«

Die Legitimation von »Gründer 50plus« als ›soziales‹ Unternehmen macht sich so fest: konsequente Ausrichtung der Beratung auf mögliche Existenzgründer im Alter von 50 Jahren aufwärts. Mit den Schwerpunkten: Gründungsinteressierte in kritischen Lebenslagen oder Menschen ab 50, die sich den lange gehegten Wunsch erfüllen wollen, eine Geschäftsidee zu realisieren.

Die Gründungsinteressierten werden in der Vorphase unterstützt, die Geschäftsidee zu entwickeln, das Konzept zu erarbeiten, die Qualität der eigenen Geschäftsidee zu prüfen. Wenn die Bewerber sich und ihre Geschäftsidee in drei knappen Sätzen vorstellen können, ist das gut. Alles Geniale ist einfach, schreibt Sange auf seiner Homepage. Dabei sei es von Vorteil, wenn die Gründer auf ihre beruflichen Erfahrungen zurückgreifen könnten. Dann wüssten sie, worum es bei ihrem künftigen Geschäft geht.

Gründerstory, zweiter Teil

So wie bei Karola Haake (und damit zurück zu ihrer eigenen Unternehmensgründung). Ihr Konzept war so knapp und überzeugend, dass sie ohne Mühe professionelle Begleitung fand. Sie konnte damals Menschen, die mit ihrer Profession nicht das Geringste zu tun hatten, mit ihrem Vorschlag überzeugen: Wenn Menschen vielleicht aufgrund einer Krankheit eine Perücke tragen müssen, brauchen sie Hilfe und Verständnis, eine optimale Beratung. Die gibt es von den Kassen nicht und von den Verkäufern nicht immer. Das hat sie erkannt und zu ihrem Job gemacht.

Der Start ist jedenfalls gelungen. Karola Haake wird nachgefragt. Für ihr Unternehmen benötigt sie nicht viel Kapital, sie musste also zum Start keine Schulden machen. Das wollte sie auch nicht. »Da ich nichts mehr zu verlieren habe, kann ich nur gewinnen!«

Insofern ein erfolgreicher Weg. Von der Arbeitslosigkeit im Alter zur erfolgreichen Selbstständigkeit. Weil die Arbeitgeber ihr keine Chance mehr gaben, hat sie sich selbst eine Chance geschaffen. Eine »alte« Gründung, erfolgreich!

Mit 75 Jahren: Firmengründung aus Not

Siegfried Maier ist ein einfacher Mann. Kein Akademiker. Und auch sonst ohne Berufsausbildung. Ohne Abschluss. Da ist nichts außer dem Führerschein Klasse 3. Aber vorweisen kann Siegfried Maier, dass er im Alter von 75 Jahren eine Firma gegründet hat. Seine Firma. Das musste sein. Es war kein Spaß, es war für ihn überlebenswichtig.

Seit Jahrzehnten arbeitet Maier mit speziellem Verputz. Verputz auf altem, feuchtem Mauerwerk. Sein über die Jahre angesammeltes Spezialwissen sorgt dafür, dass dem Verfall preisgegebene Mauern saniert werden können. Fast täglich steht er in seinem Labor im bayrischen Ummenhofen. »Mit seinen Produkten wurden Denkmäler mit einfachen Mitteln gerettet«, erklärt ein Mitarbeiter. Firmengründung mit 75 Jahren! Das war vor 13 Jahren. Maier ist inzwischen 88 Jahre und arbeitet immer noch hart. Warum macht einer so etwas?

Ich bekomme eine wenig erfreuliche Geschichte zu hören. Vom Zwang, bis zum letzten Atemzug arbeiten zu müssen. Siegfried Maier ist als alter Gründer vom bayrischen Staat geehrt und für den Deutschen Alterspreis nominiert worden. Aber die Ehrungen täuschen über die harte Wirklichkeit hinweg. Schon in den Sechzigern gründete er seine erste Firma für Spezialputze. Es war Zementputz mit einem Zusatz, der die Poren offen ließ, der ihn luftdurchlässig machte. Eine Innovation war das in der Branche. Er ließ das patentieren. Er sanierte zum Beispiel das Münchner Palais Montgelas, einen Bau aus dem Jahr 1806, alle Mauern feucht. Heute ein wieder vorzeigbares bauliches Kleinod direkt neben dem Hotel Bayrischer Hof. Wenn er Gäste hat, sagt Maier, fährt er dorthin. Danach seien alle von seinem Produkt überzeugt.

In den neunziger Jahren übergab er den Betrieb an seine Tochter. Da dachte er, er hätte ausgesorgt – und hatte sich getäuscht. Seitdem lief es nicht mehr gut für ihn. Er fühlte sich bald ausgebootet. Finanziell übervorteilt. »Das war nicht gut«, sagt Maier mit schmalen Lippen.

Es gibt also keine sonnige Geschichte vom erfolgreichen Erfinder und Firmengründer, sondern eine von dem alten Mann ohne Geld, der im Jahr 2000 noch mal ranmuss, um über die Runden zu kommen. Von wegen Ruhestand! Er muss diese Firma gründen, denn mit 75 würde ihn keiner beschäftigen. Da muss er täglich körperlich arbeiten. Viele Kunden kaufen lieber bei ihm als bei der Konkurrenzfirma, also bei seiner Tochter.

Maier benötigt Geld. Nicht, weil er selbst viel braucht. Aber seine Frau ist dement geworden und muss rund um die Uhr betreut werden. »In ein Heim kommt sie mir nicht. Aber ich kann sie nicht allein pflegen. Ich muss herumfahren, arbeiten, verkaufen.« Dann bricht der alte Amateurentwickler aus ihm hervor. Bisher habe er mit einem Sand-Zement-Gemisch gearbeitet. Jetzt sei er an der Entwicklung eines neuen Materials, das zusätzlich Wärmedämmung bringe. Er ist voller Zukunftspläne. Mit fast 90 Jahren.

26.000 Jahre Erfahrung

Ein Experiment. Aber immerhin eines, das schon seit fünfzehn Jahren läuft: »Bosch Management Support«. Damals beginnt es mit 30 ehemaligen Bosch-Mitarbeitern, die gleichsam in die Arbeit zurückgeholt werden, um dort einzuspringen, wo Erfahrung gefragt ist und Mitarbeiter fehlen.

Manchmal geht es um den Anlauf einer neuen Produktionslinie irgendwo im fernen Ausland, die Reorganisation des Rechnungswesens oder die Qualitätssicherung in einem Werk. Da fehlen Fachleute für einen begrenzten Zeitraum. Was heißt: fehlen? Es gibt sie ja, aber sie stehen nicht mehr auf der Bosch-Payroll, sie sind Ex-Bosch, sie sind Rentner. Also kommt man auf die naheliegende Idee, sie zu reaktivieren.

Zu Beginn, im Jahr 1999, sind es eher höhere Führungskräfte, die sich engagieren. Heute hat sich das geändert: Es sind Meister, Fach- und Führungskräfte, auch ehemalige leitende Angestellte. Sie alle wollen gerne arbeiten, ihr Wissen einbringen, ihr über die Jahre gewachsenes Netzwerk einschalten. Sie haben spezifisches Fachwissen, kennen Bosch und die Unternehmenskultur im Guten wie im Bösen. Alte Bosch-Fahrensmänner benötigen keine Einarbeitungszeiten wie externe Berater. Sie können im Zweifel sofort loslegen.

Die Teilnahme steht jedem Ex-Bosch-Mitarbeiter offen, vorausgesetzt er ist Rentner. Einige Seniorexperten sind inzwischen über 70 Jahre alt, der älteste 74 Jahre. Bezahlt werden sie in Anlehnung an ihre ehemaligen Bezüge.

Sie arbeiten ganz amtlich für eine eigene Gesellschaft, die Bosch Management Support GmbH (BMS). Die verleiht die alten Spezialisten zu den Sondereinsätzen an die Mutterfirma. Im vergangenen Jahr absolvieren sie 580 Einsätze mit insgesamt mehr als 20.000 Beratertagen, davon die Hälfte außerhalb Deutschlands.

Auch die Geschäftsführer der BMS sind alte Hasen. Dr. Alfred Odendahl und Thomas Heinz leiten ihr Unternehmen als Teilzeitbeschäftigte. »Jeder unserer Senioren verfügt über 30 bis 40 Jahre Erfahrung. Insgesamt kommen 26.000 Jahre an Knowhow zusammen, ein unschätzbarer Wert.«

Die Vorteile für beide Seiten sind offensichtlich. Die Pensionäre erfahren nach dem Eintritt ins Rentenalter weiterhin Wertschätzung. Die Experten haben keine eigenen Karriereziele, werden von den Jüngeren daher nicht als Konkurrenz wahrgenommen. Die Qualifikationen, über die sie verfügen, bleiben im Hause Bosch. Und die Honorare sind niedriger als bei Beratern von außen. Ausschließlich Unternehmen der Bosch-Gruppe dürfen die Senioren anfordern. Da fließt nichts ab zur Konkurrenz. Odendahl sagt: »Alter ist in unserem Unternehmen mit Erfahrung und damit positiv besetzt. Wo dies nicht der Fall ist, kann ein solcher Ansatz auch nicht funktionieren.«

So ein Träger langjährig angesammelten Bosch-Wissens ist Hans-Peter Rauschert. Im Jahr 2007 geht er in Rente. Heute ist er deutlich über 70 Jahre und wieder im Einsatz. Jedenfalls jeweils ein paar Monate pro Jahr. Als Qualitätsmanager ist Rauschert gefragt. Das bringt ihm ein Zusatzeinkommen zur staatlichen Rente und der Bosch-Betriebsrente. Aber nicht das Geld ist entscheidend. »Ich will gefragt sein«, sagt er. Das macht ihn stolz.

Es ist seinerzeit nicht einfach, die bürokratischen Hürden zu überspringen. Das deutsche Sozialversicherungsrecht ist oft beispielhaft – aber für unkonventionelle Ansprüche nicht konstruiert. Da geht es um die Krankenversicherungspflicht, um Hinzuverdienstgrenzen und Antragsfristen. Aber alles lässt sich klären. Dann gehen die Senioren an die Arbeit. Die BMS hat ihre Zentrale in Leonberg, weitere Niederlassungen gibt es in vier Städten. Der Erfolg hat sich herumgesprochen. Inzwischen haben sich einige andere Großunternehmen gemeldet. Die wollen wissen, wie man so etwas aufzieht.

In der aktiven Belegschaft wird man älter

Aber nicht nur mit den Rentnern geht man bei Bosch neue Wege. Auch bei der Personalentwicklung für die bestehenden Belegschaften schaut und hört man auf die Alten. Noch spürt Bosch keinen Mangel an Fachleuten, dennoch werden jetzt schon Vorbereitungen getroffen für einen steigenden Altersdurchschnitt. Zurzeit liegt der bei 42 Jahren. Bosch-Personalchef Christoph Kübel rechnet vor: »Es liegt daran, dass wir eine längere Lebensarbeitszeit haben.« Deswegen hat man eine eigene Online-Plattform eingerichtet, auf der Fragen zu Produktionsprozessen gestellt werden können. »Gerade die älteren Mitarbeiter sind hochinteressiert, die Antworten zu geben«, sagt Kübel.

Es wird also bereits während der regulären Zeit am Arbeitsplatz der Boden bereitet, um den Mitarbeitern die Zeit danach als Aktive beim Bosch Management Support schmackhaft zu machen. Da können die Senioren ihr Wissen weiterhin einbringen.

Ausnahmeunternehmen: Extra alt ist extra gut

Mit 45 zu alt? Sie sprechen es nicht aus, die Personalchefs großer Unternehmen. Aber ihre Taten sprechen für sich: Ja, 45 ist zu alt. Und eine Bewerbung eines 55-Jährigen? Die wird nicht einmal beantwortet, sie wird ignoriert. Wenn es um die Besetzung neuer Stellen geht, werden junge Hochschulabsolventen genommen. Gute Abschlüsse sind wichtig. Hohes Alter – vergiss es!

Dahinter steht die Überzeugung, dass die Jungen immer gesund sind, immer gut gelaunt, immer einsatzfähig. Und die Alten? Alle krank, müde, nicht lernfähig.

Es ist eine Fehleinschätzung, die sich als mehrheitsfähig festgesetzt hat. Allerdings, wo Mehrheiten sind, gibt es auch Minderheiten. Zum Beispiel so:

»Fahrion« heißt so ein Unternehmen, das die Dinge ganz anders angeht. Fahrion Engineering ist ein Planungsbüro mit circa 70 Mitarbeitern. Eine Ansammlung von Ingenieuren, die Aufträge für andere abarbeiten: Fabriken und Anlagen planen, Produktionsstätten, ganze Produktionsbetriebe. Es sind verantwortungsvolle Aufgaben, bei denen es um viel Geld geht. Aber sie haben bei Fahrion keine Scheu vor solchen Jobs. Die Auftragslage ist gut.

Die Firma liegt in Kornwestheim, also in Sichtweite zu Stuttgart. Viele andere und viel größere Unternehmen suchen Arbeitnehmer. Der Arbeitsmarkt brummt. Der Chef, Otmar

Fahrion, guckt irgendwann trübselig, als er Nachwuchs für sein Unternehmen braucht und ihn einfach nicht findet. Die, die er sucht, gehen lieber zu Daimler oder Bosch. Da gibt es mehr Geld und mehr Prestige.

Damals, vor mehr als vierzehn Jahren, dreht Fahrion den Spieß um. Seine Personalanzeige bürstet gegen den Strich. »Mit 45 zu alt – mit 55 überflüssig? Wir suchen Ingenieure, Techniker und Meister – bis 65.«

Ein Volltreffer. Jetzt ist was los! Mehrere hundert Bewerbungen kommen rein. Seitdem gibt es in jedem Jahr viele Blindbewerbungen – also Nachfragen auf gut Glück. Denn diese Firmenpolitik spricht sich herum in ganz Deutschland.

Was hat das zu bedeuten? Agiert da ein Menschenfreund? Ein netter, aber verschrobener Chef, der alten Arbeitnehmern helfen will? Von wegen! Der heutige Chef, Jens Fahrion, verteidigt dieses System, das er nach Übernahme der Geschäftsführung fortsetzt, mit einer Rechnung: »In 15 Jahren erwirtschaftet ein 50-jähriger Ingenieur den drei- bis fünffachen Betrag eines 25-Jährigen.« Unterfüttert wird das mit Fakten: Ein älterer Kollege arbeitet sich schneller ein als ein junger. Die Fluktuation ist geringer, weil die Mitarbeiter dankbar sind, dass man sie genommen hat. Gerade ältere Ingenieure sind nicht mehr an eine noch junge Familie gebunden, sie sind beweglich und gerne für die Kunden unterwegs. Zu den Bewerbern gehören viele Spezialisten, die auf Abruf eingestellt werden können.

Inzwischen kann Fahrion Engineering auf viele Jahre Erfahrung mit älteren Kollegen zurückblicken. Otmar Fahrion – inzwischen selbst über 70 Jahre alt – hat viele Interviews gegeben und viele Vorträge gehalten. Man hat ihm staunend zugehört. Aber danach geht man zur Tagesordnung über. Das, was er macht, gilt als exotisch, einmalig – eine Sonderlösung, die für seinen Betrieb erfolgreich sein mag. Mehr aber nicht.

Freiwillige vor: der schöne Schein vom Ehrenamt

An dem Tag, als mein Nachbar Wilhelm in Rente geht, ist er glücklich. Bis zum Schluss hat er sorgfältig gearbeitet. An jedem Werktag der Erste im Büro. Verlässlich, vielleicht sogar pingelig. Eine Vertrauensperson unter den Kollegen. Aber dann, vor vier Jahren, – so sagt er – ist es genug. Immerhin bis zum Schluss gearbeitet, kein Vorruhestand, keine Frühverrentung, obwohl sie angeboten wurde, durchgehalten bis zur Altersrente mit 65 Jahren.

Nachbar Wilhelm hat sich auf diesen Tag gefreut. Was jetzt alles möglich wird! Schon am Tag danach tritt er seine Reise an, eine Mischung aus Noch-Urlaubs- und Schon-Ruhestandstrip. Aber sobald Nachbar Wilhelm aus dem Urlaub zurückgekommen ist, fällt er in ein Loch. Was jetzt? Was tun? Im Büro die Exkollegen? Sie wollen ihn nicht sehen. Die Wohnung ist aufgeräumt. Verheiratet oder verpartnert ist er nicht. Niemand wartet, niemand will etwas von ihm. Das ist für ihn erschreckend. Es muss etwas geschehen. Nachbar Wilhelm schreitet zur Tat.

Dieser Tag, an dem mein Nachbar beschließt, wieder zu arbeiten, liegt drei Jahre zurück. Aber eine bezahlte Tätigkeit? Diesem Stress aus Bewerbung, abschätzigem Betrachten und sicherer Ablehnung setzt er sich nicht aus. Er übernimmt freiwillige Aufgaben und bezeichnet das als »meine Arbeit«. Er betreut einen sehr alten Mann im örtlichen Altersheim des Deutschen Roten Kreuzes. Im Krankenhaus gehört er zu der Gruppe der »grünen Menschen«, die einsame Patienten besuchen und trösten. Mehrfach im Monat wird er zum »Wunsch-Opa«. Da gibt eine alleinerziehende arbeitende Mutter ihren Sohn zur Betreuung ab. Manchmal von früh morgens bis spät abends.

»Ich arbeite«, behauptet Wilhelm, mittlerweile 69 Jahre alt, mit entschlossenem Gesichtsausdruck. »Du arbeitest nicht, Du übernimmst ehrenamtliche Aufgaben!« – »Doch, ich arbeite! Ich sehe das so!« Zunächst finde ich das befremdlich. Der macht sich doch was vor. Inzwischen stimme ich zu: Er arbeitet. Er übernimmt Jobs, die eigentlich Profis machen sollten: Altenpfleger, Krankenschwester, Erzieher. Die gibt's aber nicht mehr, ihre Stellen wurden gestrichen, weil das Geld fehlt. Ohne ehrenamtliches Engagement würde diese Arbeit nicht geleistet.

Zur Political Correctness gehört es, sich laut und öffentlich über dieses Engagement zu freuen. Mehr als 20 Millionen Deutsche übernehmen in ihrer freien Zeit freiwillig Aufgaben. Sie tun etwas für die Gemeinschaft. Danke dafür!

Von wegen Danke! Was wir uns schönreden, ist geplante Verlagerung. Was der Staat nicht mehr leisten kann oder nicht leisten will, übernehmen Millionen Freiwillige. Die sind damit gar keine Rentner mehr oder Arbeitslose oder Feierabend-Helfer, sondern unbezahlte Hilfskräfte ohne Status und ohne Prestige. In Sonntagsreden wird ihnen gedankt. Insgesamt für die Stadt, die Gemeinde, die Institutionen ein Glück.

»Der schöne menschliche Zug, anderen zu helfen, wird ausgenutzt«, sagt Claudia Pinl. Von ihr stammt das Buch »Freiwillig zu Diensten? Über die Ausbeutung von Ehrenamt und Gratisarbeit«. Ausgenutzt, sagt sie, für die neoliberale Umgestaltung der Gesellschaft. Ihre Beobachtung ist richtig: Die Städte und Gemeinden haben immer weniger Geld. Sie stellen Tätigkeiten ein, die sie traditionell betrieben haben. Sie machen dicht. Sie lösen auf. Wenn jedoch Ehrenamtliche bereit sind, diese Aufgaben zu übernehmen, dann geht's irgendwie weiter – umso besser.

Bisher gab es in meiner Stadt, in Mainz, ein städtisches Hallenbad. Das wäre, obwohl immer gut ausgebucht, fast geschlossen worden, hätte ein privater Verein es nicht übernommen. Jetzt ist es wieder voll, von morgens bis abends. Aber der Laden läuft nur, weil Ehrenamtliche ihre Arbeitskraft hineinstecken. Ist das kritisch? Ist das vielleicht sogar gefährlich (schließlich sind die Ehrenamtlichen normalerweise Laien)? »Nein«, sagt

Claudia Pinl, »es sei nicht so, dass die Ehrenamtlichen jetzt Dinge machen, die sie gar nicht können.« Aber gleichzeitig würden die professionellen Mitarbeiter reduziert. Das Ganze läuft also zu Lasten des regulären Arbeitsmarkts.

Ähnlich wie dem Hallenbad erging es in Mainz der Eissporthalle. Auch die wurde abgegeben – an einen professionellen Betreiber, der versucht, daraus ein Geschäft zu machen. Das kostet also Eislauffans Geld. Bisher blühten in städtischen Grünanlagen Blumen in Mengen. Schluss damit. Wenn sich Rentner finden, die den öffentlichen Boden beackern und ihre Blumen oder gar ihr Gemüse dort pflanzen – na, sollen sie doch, aber auf eigene Kosten und mit dem Einsatz eigener Geräte. Eine Vielzahl öffentlicher Brunnen wurde abgestellt. Verbunden mit dem Appell, sich zusammenzutun und mit Geld und Arbeitsleistung die Brunnen wieder zum Sprudeln zu bringen. Seit Monaten streift ein älterer Hartz-IV-Empfänger durch die Mainzer Straßen und sammelt Müll ein, verpackt ihn sorgfältig in Plastiktüten und legt sie am Straßenrand ab. Der städtische Entsorgungsbetrieb holt alles ab. Seine persönliche Initiative. Es kommt ganz schön was zusammen.

Die Sache hat System. Stillschweigend läuft es ab. Überall gibt es Einzelne, Vereine, Bürgerinitiativen oder Freiwilligenagenturen. Ohne ehrenamtliches Engagement wäre die Betreuung der vielen Flüchtlinge kaum zu leisten. Die Hauptamtlichen sind längst überfordert.

Nachdem die Städte nicht mehr in der Lage sind, ihre Innenstädte zu pflegen, übernehmen die Rathäuser eine Idee aus den USA, die natürlich auch englisch betitelt und entsprechend dynamisch daherkommt. Es geht um den »Business Improvement District«. Die deutsche Bezeichnung klingt viel mühsamer: »Partnerschaft zur Attraktivierung von City-, Dienstleistungs- und Tourismusbereichen«. Attraktivierung? Was für ein Wortungetüm. Klartext: Die städtischen Straßen und Plätze sollen vom Einzelhandel auf dessen Kosten gepflegt, verschönert und gesichert werden. Die Stadtregierung zieht sich zurück. Weniger schön und weniger sicher ist es dann in den Wohnvierteln, es sei denn, die Bürger selbst, die Rentner und Arbeitslosen, packen an. Da ist es dann auch nicht weit zur Bürgerwehr, die im Zweifel in kritischen Situationen nicht so professionell wie die Polizei reagiert. Wenn es ernst wird, kann es dann sogar gefährlich werden. Amerika ist uns auch insofern voraus.

Kurz: Mit dem großen Bohei um das Ehrenamt und dem Jubel über die vielen freiwilligen Helfer verdeckt der Staat seinen Rückzug. Der Rentner wird zum scheinbar freiwilligen, aber im Grunde fest eingeplanten Arbeiter. »Wir rechnen mit Ihnen«, bekommen die Helfer zu hören. Ein Ausstieg wird missbilligend zur Kenntnis genommen.

Mein Nachbar Wilhelm ist immer in Eile. Er winkt flüchtig: »Ich muss zur Arbeit!«

Fazit: Wir brauchen mehr Rentner-Arbeit mit Würde!

Arbeiten? Nach Beginn der Rentenzeit? Vergessen Sie es! Für den Normalo, den Arbeitnehmer oder Beamten, gibt es in unserem System keinen Platz über das Rentenalter hinaus. Viele rütteln an den Systemgrenzen, aber noch sind sie nicht erfolgreich. Eine Diskussion über Flexibilisierung wird seit Jahren geführt, die wurde schon von Ursula Lehr, der späteren Familienministerin, angestoßen, als sie in den siebziger Jahren anfing, Arbeitnehmer zu befragen. Das ist eine Ewigkeit her. Seitdem treiben manche Politiker und Gewerkschafter einen Popanz durchs Land. Ihre These: Man wolle alte, kranke, schwache Arbeitnehmer zum Arbeiten zwingen. Blödsinn! Darum geht es nicht. Es geht um das Selbstbestimmungsrecht, um die Freiheit, selbstentscheiden zu dürfen, wie lange man arbeitet. Viele Menschen definieren sich über ihre Arbeit. Sie gibt ihrem Leben Sinn und Struktur. Sie wollen das Recht haben, selbst zu entscheiden, ob sie arbeiten dürfen. So einfach ist das. Und so schwer zu realisieren.

Nur eine kleine Gruppe entzieht sich der Verbotswillkür. Wer das Geld, die Power und die Geschäftsidee hat, ein Unternehmen zu führen oder sogar im Alter neu zu gründen, der entkommt dem Arbeitsverbot. Aber das ist keine Lösung für viele. Diese Einzelfälle bestätigen, dass die Politik eine Lösung für alle finden muss. Besser heute als morgen: Freiheit für die Arbeit!

6. KUNDEN

»Komm nicht in meinen Showroom, Schreckschraube!«

Alte Kunden sind lästig. Sie sehen schlecht, sie hören schlecht, sie verstehen nicht, um was es geht. Und das Schlimmste: Sie wollen für ihr bisschen Geld auch noch beraten und bedient werden: Was, Sie fragen nach einer Betriebsanleitung? Ja, wer hat da noch Töne? Die können Sie sich herunterladen. Wo? Na, im Internet. Wie das geht? Jetzt hört's aber auf!

Ein Beispiel aus dem Leben: Eine Familienfeier ist geplant, eine Jubelfeier für eine alte Dame. Sie will sie im Restaurant ausrichten lassen und fragt nach der Speisekarte bzw. Preisliste. Antwort: »Die können Sie draußen fotografieren.« Dass es Kunden gibt, die nicht alltäglich mit dem Handy hantieren? Ihr Problem.

Das sind Entwicklungen, die ältere Kunden und Konsumenten in Verzweiflung stürzen können. Wer nicht mit dem Smartphone neuester Bauart ausgerüstet ist, wird als Käufer zum Paria. Und wer sich dann notgedrungen auf die nicht für alle verständliche IT-Welt einlässt, der wird irgendwann noch die reale und handfeste, auf alte Menschen zielende Haustürkriminalität vermissen. Da werden Vertragskonditionen und Allgemeine Geschäftsbedingungen elektronisch geliefert, seitenlang, möglichst in einer Schriftgröße, die bei gedruckten Vereinbarungen nicht zulässig wäre. Viele lesen das gar nicht und geben ihr Einverständnis: Mit einem Klick ist das schnell erledigt. Doch das böse Erwachen lässt nicht lange auf sich warten. Bis es zum Streit kommt. Dann heißt es: Sie haben das doch angeklickt, gesehen und gelesen! Das ist jetzt Ihr Problem! Da werden Sonderangebote, Vertragslaufzeiten, Kündigungsfristen untergeschoben, die den Kunden erst viele Wochen nach Vertragsabschluss aufschrecken lassen. Wenn es zu spät ist.

Kundendienst – gibt es so etwas überhaupt noch? Kundenfreundlichkeit – ist die von gestern? Viele Produkte halten ihr Versprechen nicht, das Leben zu erleichtern, sie machen es schwerer. Für Junge nicht so wichtig, aber für Alte bedrohlich. Dabei wird doch innerhalb der Branchen und ihrer Verbände und von ihren Beratern gerne auf die Wirtschaftskraft des Alters gesetzt. Es wird theoretisiert. Wo findet sich denn das praktisch wieder? Wer nimmt denn die Alten als Kunden ernst? Ich glaube nicht dran. Das ist meine These. Hier die Reise durch Deutschland, betrachtet mit alten Augen.

Sieger auf der negativen Hitliste

Sie nerven immer wieder. Einmal täglich. Oder, die ganz Bösen, mehrfach täglich. Für ältere Menschen werden sie zum echten Ärgernis: Die Haushaltsgeräte, bei denen wir uns manchmal fragen, ob der Hersteller sie selbst jemals in seinem eigenen Haushalt eingesetzt hat. Das sind zum einen die manuellen Haushaltsgeräte. Ich kann zum eigenen Trost feststellen: Es geht nicht nur mir so. Umfragen, zum Beispiel bei der Bundesarbeitsgemeinschaft der Senioren-Organisationen (BAGSO), beweisen, dass viele Menschen betroffen sind.

Hier präsentiere ich den Sieger dieser negativen Hitliste: den Dosenöffner. Er macht fast die Hälfte aller Beschwerden alter Leute aus. Kein Wunder, Dosenöffner neigen im Allgemeinen dazu, zu klemmen, zu schürfen, zu pieksen, aber nicht die Dose zu öffnen. Zum Glück nimmt bei mir, bei uns im Haushalt der Dosenöffner eine zunehmend unwichtige Rolle ein. Er nistet in der Schublade ganz hinten. Da soll er bleiben.

Negative Spitzenreiter in der Handhabung für Alte sind elektronische Geräte wie der Recorder oder DVD-Player. Aber auch Uhren oder Küchengeräte machen die Bedienung schwer – zu viele Knöpfe und Regler sowie keine erkennbare Logik bei deren Verteilung. Wir ärgern uns besonders über das, was uns helfen soll: Da werden zwar manchmal doch noch Gebrauchsanweisungen mitgeliefert, aber die haben es oft nicht so mit der deutschen Sprache. Oder, zweite Möglichkeit, die Sprache ist in Ordnung, allerdings sind die empfohlenen Schritte schwer nachvollziehbar. Wer ein Diplom für Bedienungsanleitungen benötigt, um die obskuren elektronischen Untermenüs zu begreifen, mit dem Ziel, eine einfache Einstellung vorzunehmen, der lernt so ein Gerät hassen. Nur ein Fünftel der alten Kunden empfindet die Texte von Gebrauchsanweisungen als leicht verständlich.

Die BAGSO hat in ihrer Meckerecke einige Kundenkommentare gesammelt. Hier ein paar Zitate von älteren Konsumenten: »An vielen Elektrogeräten ärgern mich die weghängenden Kabel. Es müsste doch möglich sein, dass sich die Kabel aufrollen lassen.«

Oder: »In keinem der mir bekannten Telefonshops gibt es eine Sitzgelegenheit für den Kunden. Da Wartezeiten die Regel sind, wäre dies für uns Ältere doch angebracht.«

Oder: »Die Internetnutzung wird den Älteren verleidet, 1. durch viel zu kleine Schriften, 2. durch unübersichtliches Layout der Startseiten, 3. durch unerwünschtes Einblenden von Werbespots und 4. durch arrogante Antworten auf direkte Beschwerden beim Provider ...«

Erstaunlich, dass solche Kritik überhaupt aufkommen kann. Denn immer wieder werden die älteren Kunden als »wichtige Zielgruppe« hochgejazzt, aber anscheinend gilt das nur für Podiumsdiskussionen auf Fachkongressen und Messen, nicht aber für den Alltag der Hersteller und Händler.

Ich bin Hersteller. Ich bin doch nicht blöd

Doch, viele Hersteller sind blöd. Viele, wenn auch nicht alle. Einige lassen sich auf alte Kunden ein, schämen sich dessen nicht, sagen das laut und schreiben es offen. Allerdings bin ich auf der Suche nach einem positiven Beispiel erst im Nachbarland, in Linz in Österreich fündig geworden. »Emporia« heißt die Firma, Hersteller von Mobiltelefonen, ein kleiner Mitspieler auf dem Jahrmarkt der Giganten.

Das Unternehmen gibt es seit gerade mal 25 Jahren: ein Mittelständler mit 130 Mitarbeitern. Seit 2001 liegt das Schwergewicht auf der Herstellung von Handys für Alte. Der Gründer, Albert Fellner, schenkte vor Jahren seiner Mutter ein Mobiltelefon – und musste von da an alle acht Tage seiner Mutter erklären, wie das Ding zu bedienen sei. Bis er einsah: Das lag nicht an seiner Mutter, die das Telefon nicht verstand, sondern es lag an dem Telefon, mit dem man vor lauter Multifunktionalität kaum noch telefonieren konnte.

Seitdem setzt er alles daran, besser zu sein. Mit Telefonen, die das Telefonieren erleichtern. Die heutige Chefin von Emporia sagt: »Nur wenn wir die Einschränkungen, die durch den menschlichen Alterungsprozess entstehen, in Betracht ziehen, können wir universelle Produkte entwickeln.«

So hält man bei dieser Firma Touchscreens durchaus für geeignet, um Bilder zu betrachten, nicht jedoch für intuitives Tippen auf einer Tastatur. Die Leute von Emporia haben sich umgehört und erfahren, dass fast die Hälfte aller 40-Jährigen (da fängt es schon an!) das Nummernwählen auf einem Touchscreen als mühsam empfanden. Ein Drittel sagte, sie würden sich auf dem Touchscreen öfter verwählen. Erwiesen ist, dass ab dem 40. Lebensjahr die Fingerfertigkeit abnimmt. Im Alltag fällt es kaum auf, aber ältere Menschen haben weniger Gefühl in den Fingerspitzen. Beim Touchscreen merkt man es dann aber sehr deutlich, denn da gibt es keinen Druckpunkt.

Als inklusives Design bezeichnen die Entwickler von Emporia ihre Arbeit, die dazu führt, dass ihre Telefone große Tasten mit eindeutigem Druckpunkt haben, dass Klingeltöne und Lautsprecher lauter als üblich eingestellt werden können, dass die Menüstruktur übersichtlicher ist als bei den anderen und schließlich, dass es ganz klar auffindbare Notruftasten gibt.

Die Chefin von Emporia kritisiert, dass die großen Anbieter bei ihren stolz angekündigten »technischen Quantensprüngen« die wirklichen Bedürfnisse der Kunden vernachlässigten und vor allem ältere Benutzer mit neuen Produkten häufig überforderten. Ihr Unternehmen hat sich darauf spezialisiert, Telefone für Menschen anzubieten, die keinen Wert auf multimediale Anwendungen legen. Die nur eins wollen: einfach und unkompliziert telefonieren.

Da ist es also: ein Unternehmen, das sich nicht scheut, die Gestaltung seiner Produkte ganz offen in den Dienst des alten Kunden zu stellen. Eine Ausnahme, nicht die Regel. Bei den großen anderen Herstellern schert man sich nicht um alte Kunden. Im Gegenteil: Akzeptanz bei alten Kunden mindert die Coolness. Die Jungen könnten sich abwenden. Wenn die Alten dann trotz allem mit dem iPhone klarkommen – na schön. Wenn nicht dann nicht.

Auch das noch: Kunden drohen mit Kauf

Sie wollen einkaufen und sie müssen einkaufen, die älteren Menschen, die froh sind, selbstständig und mobil genug zu sein, um zu den Geschäften und Märkten zu kommen. Da wird man sie sicherlich freudig empfangen, oder?

»Nein! Eher nicht!«, sagen die Marktforscher von Nielsen Deutschland. Sie haben sich die älteren Käufer angesehen und sie gefragt. Das Ergebnis ist schlecht: Nicht einmal jeder fünfte ältere Kunde ist zufrieden. Die Produkte seien in den Regalen des Handels zu schwer zu erreichen. Die Eingänge zu den Läden seien nicht seniorengerecht. Es fehlen angemessene Parkplätze. Es fehlen Sitzplätze im Geschäft.

Das klingt alles nicht gut. Besonders, wenn man das Marketinggeklingel im Ohr hat, mit dem die »Zielgruppe der Senioren« für Händler als wichtig deklariert wird. Das scheint im Alltag der Supermärkte nicht anzukommen. Die alten Kunden drohen mit Kaufabsicht? Mal sehen, ob sie meinen Supermarkt überleben!

Die Befragten fühlen sich auch im Allgemeinen durch die Werbung vernachlässigt. Ältere Menschen und deren Bedürfnisse stehen bei den Werbemaßnahmen fast nie im Mittelpunkt. Die Kunden wollen (und das ist eine über das Einkaufserlebnis hinausgehende Feststellung) im Alter mit Würde und Respekt behandelt werden. Sie sind nicht zufrieden mit dem Angebot an Lebensmitteln für spezielle Diäten. Sie vermissen kleine Packungsgrößen, weil sie allein leben. Sie empfinden das Öffnen vieler Packungen als zu mühsam und die Produktinformationen sind für sie schwer lesbar.

Das nehmen die Alten hin. Es bleibt ihnen ja nichts anderes übrig. Sie kommen damit irgendwie klar. Aber wer ihnen da in Zukunft entgegenkommt, den werden sie dankbar als ihren Händler oder Hersteller ansehen und mit Freude bei denen einkaufen. Anscheinend geht es der Branche noch so gut, dass sie nicht hören will, wo es Probleme gibt.

Der schöne Schein schließt das Alter aus

Wir bewegen uns insgesamt in einer jungen Welt. Sogar im Alter sollen wir jung und schön sein. Es gilt allgemein die Gleichung für Produkte: Wer das Tabuwort »alt« ausspricht, sagt damit »hässlich« gleich »gebrechlich« gleich »nicht verkäuflich«. Angeblich wollen auch die meisten Alten sich selbst nicht als alt ansehen. Alt – das sind immer nur die anderen.

Die Welt der Waren, der Werbung, des Marketings macht dabei voll mit. Auch, wenn es absurd wird. Die Werbung für Bestattungsunternehmen zeigt allerhöchstens aktive 50-Jährige, denn die Kerngruppe will man nicht wirklich vorführen.

Die Werbung für Treppenlifte zeigt jüngere Menschen, denen man ansieht, dass sie in Wirklichkeit mehrere Stufen auf einmal im Sprung nehmen könnten. Zwischen 3.000 und 14.000 Euro kostet so ein Teil, das denen hilft, die die Treppen nicht mehr zu Fuß schaffen. Warum zeigt man sie nicht? Warum wird der echte Kunde verschämt versteckt?

Ich schaue mir die Werbung für Rollatoren an, also fahrbare Gehhilfen. Erfunden wurde das Teil von einer Schwedin, die wegen ihrer Kinderlähmung gehbehindert war. Inzwischen sind Rollatoren überall in Europa verbreitet. Natürlich vorwiegend von alten Menschen genutzt. Und natürlich: ein echter Fortschritt gegenüber den Krücken aus früheren Zeiten. Allerdings ein bisschen teurer. Zwischen zweihundert und dreihundert Euro dürfen es da schon sein. Jährlich werden bei uns im Land mehr als 500.000 Rollatoren verkauft – auf solche Stückzahlen kommen nur wenige Automodelle. Sogar Aldi hat den Rollator zur »Aktionsware« gemacht.

Aber in der Werbung – im Einsatz am Rollator – sehe ich hübsche, schlanke Models, die in Wirklichkeit noch weit davon entfernt sind, durch körperliche Einschränkungen auf solche Geräte zurückgreifen zu müssen. Ich finde Werbetexte, die so klingen: »... XYZ ... ist Ihre junge und moderne Gehhilfe, wenn Sie einen aktiven Lebensstil führen!« Das klingt wie Reklame für den nächsten Marathonlauf. Schämt man sich seiner Kundschaft? Warum eigentlich? Es ist eine Schönfärberei im Glauben, die Kundschaft wolle so angesprochen werden.

Beharrlich auf der Suche: »Wirtschaftskraft Alter«

»Niemals«, sagt Frau Heitzer, »niemals sind es Alte. Alte? Das Wort ist tabu.« Tabu, warum eigentlich? Wo doch Ulrike Heitzer nichts anderes betreibt, als dem Alter zu einer neuen und schönen Karriere zu verhelfen. Projektleiterin Heitzer sitzt im Hochhaus des RKW in der Bürostadt Eschborn bei Frankfurt.

Das Rationalisierungszentrum der Deutschen Wirtschaft geht in seinen Wurzeln zurück auf die 20er Jahre. Es soll die Wettbewerbsfähigkeit von kleinen und mittleren Unternehmen steigern. Das Kompetenzzentrum in Eschborn ist gemeinnützig unterwegs – mit Gesprächen, Veranstaltungen und Veröffentlichungen. So eine Publikation liegt mir jetzt vor. Das RKW will die Unternehmen auf das Alter ihrer Kunden vorbereiten.

Frau Heitzer hat mir nach einem Anruf fette Dateien geschickt, die die Überschrift »Wirtschaftsfaktor Alter« tragen. So heißt ein Projekt mehrerer Bundesministerien gemeinsam mit dem RKW, um »Unternehmen dafür zu gewinnen, sich auf einen veränderten Markt einzustellen«.

Es geht also um Alte. Die so nicht heißen dürfen. Und es geht um das Geld, das man mit ihnen verdienen kann. Es geht um Senioren oder Silver Ager, um die Generation 50plus oder (zur Not auch) die »älteren Menschen«. Die Tatsache, dass die Alten mehr werden und die Jungen weniger, soll die Unternehmen hellhörig machen. Da ist Geld, heißt es. Das kann man holen. Die Alten haben es noch, manchmal sogar reichlich. Und sie geben es immer öfter auch gerne aus. Für sich selbst. Manchmal auch für die Kinder oder für die Enkel.

Den Unternehmen wird nahegebracht: »Die Über-50-Jährigen kaufen 45 Prozent aller Neuwagen.« Ja, die Alten sind treue Kunden. Wenn es dazu führt, dass Porsche-Käufer im Schnitt über 50 Jahre alt sind (im Schnitt, das heißt, es sind viele viel Ältere darunter), dann wird das lieber verschwiegen.

Und weiter im besten Berater-Deutsch: Die Älteren seien bereit, ihr Geld auszugeben, mehr als ein Drittel wolle das Ersparte für den eigenen Lebensstandard ausgeben und weniger für die Erben: »Ein großer Teil der Generation 50plus will lieber ein gutes Leben führen als sparen.« Die höchsten Konsumausgaben hätten die 50- bis 59-Jährigen. Und dann das Fazit: »In vielen Bereichen geben ältere Menschen mehr Geld aus als jüngere Haushalte. Die Ausrichtung auf diese Kunden lohnt sich.«

Die Berater wissen aber auch, worauf man achten muss: Wir Alten seien anspruchsvoll. »Aufgrund ihres Lebensalters verfügen die Über-50-Jährigen über eine lange Konsumerfahrung.« Heißt: Wir haben uns schon ein paar Jahrzehnte lang über hohe Preise für schlechte Ware und müde Dienstleistung geärgert. Und weiter: »So unterschiedlich ihre Präferenzen im Einzelnen auch sind, für alle gilt: Sie wollen als ›Kunde König‹ behandelt werden.« Der schon wieder ...

Wir werden dabei ziemlich genau betrachtet. Da schreibt man über uns, dass wir kompetent beraten werden möchten. Das erlaubt den Umkehrschluss, es damit bei den Jungen nicht so genau nehmen zu müssen. Angeblich wollen wir möglichst alles aus einer Hand bekommen, beispielsweise beim Renovieren der Wohnung. Service sei uns wichtig, dafür seien wir auch bereit, etwas mehr zu zahlen.

Der große sogenannte Megatrend der Individualisierung macht auch vor uns Alten nicht halt. Während unsere Eltern meist noch ihr Geld zusammenhielten und sich wenig gönnten, sei es bei uns anders. Wir wollen (glauben unsere Marketingbeobachter zu wissen) das Leben genießen. Wir seien ja auch noch gesund, gesünder als die Altvorderen. Das meinen wohl die Spezialisten, die meiner Kohorte und mir bescheinigen: »Sie fühlen sich im Schnitt zehn Jahre jünger, als sie laut Geburtsurkunde sind.« Alt fühlen wir uns keineswegs. Als »alt« wird von den Experten jemand betrachtet, der gebrechlich ist und nicht mehr allein entscheiden kann.

Der Expertenrat, der den Unternehmern, Herstellern und Händlern gegeben wird, lautet: Die Konsumenten der »Generation 50plus« werden zur wichtigsten Zielgruppe überhaupt. Ihre Bedürfnisse veränderten die Märkte. Aber auch in den Wachstumsbereichen werde man nur gewinnen können, wenn man sich auf die älteren Kundinnen und Kunden ernsthaft einstelle.

Verpackung? Bitte holen Sie Hammer und Säge!

Natürlich haben die Berater erkannt, dass viele Unternehmen die Kundengruppe der Alten vernachlässigen. Dabei wird den Unternehmen die Sache schmackhaft gemacht: Die Über-50-Jährigen »stellen vielfach andere Anforderungen. Dabei sind sie auch Trendsetter«. Daraus folgt der nette Schluss: »Was ihnen nützt, finden häufig auch Jüngere komfortabel, bequem und gut.« Den Anbietern wird empfohlen, entweder ihre Produkte und Dienstleistungen so anzupassen, dass sie Ältere zufriedenstellen, oder (noch besser): neue Angebote auf den Markt zu bringen, die neue Bedürfnisse stillen können.

Da kommt dann das Wort von der »Barrierefreiheit« ins Spiel. Für viele Menschen heißt das: Aufzüge oder Rampen statt Treppen. Oder in der Medienbranche: Gebärdensprache, Untertitel, gesprochene Erläuterungen zum Bild.

Das meinen die Berater aber nicht. Es geht ihnen um die Nutzbarkeit für möglichst viele Menschen. Und da, das muss ich sagen, erreichen sie mich mit ihren Argumenten. Denn auch ich habe mich schon über Produkte geärgert, die von mir die Fähigkeit eines Programmierers verlangten, nur um ein Telefon in Betrieb zu nehmen oder eine Navigation im Auto anzuwerfen.

Also konkret, in diesen schriftlichen Beratermaterialien, heißt es: Produkte sollten benutzerfreundlich und »kinderleicht« zu bedienen sein. Das betreffe beispielsweise die Anordnung und Bezeichnung von Bedienungsknöpfen.

Inzwischen ist das Thema Verpackungen reif für die Wissenschaft vom Alter. Schon lange und oft habe ich mich über Verpackungen geärgert. Schon vor dem Eintritt ins Tal der Senioren. Da ist einerseits das Thema Umwelt: nur ein kleines Produkt gekauft und eine voluminöse Verpackung erhalten. Vor allem aber geht es mir um die Handhabung: Da, wo mich ein aufgedruckter Pfeil anguckt, geht nichts auf. Wenn ich die Hülle endlich aufkriege, fliegt mir der Inhalt um die Ohren und verteilt sich auf dem Boden. Wenn ich Blisterverpackungen (also die aus widerstandsfähigem und dickem Kunststoff) sehe, kriege ich Pickel. Dann hole ich Hammer, Säge, Zange und Schere – mein Blutdruck steigt, gesund ist das im Alter schon mal nicht. Ein bisschen zurückhaltend formuliert es Wikipedia unter dem Stichwort Blister:

»[D]es Weiteren gestaltet sich das Öffnen von vollständig aus Kunststoff bestehenden Blisterverpackungen bisweilen äußerst schwierig, da Vorder- und Rückseite in der Regel zusammengeschweißt sind und ein sauberes und einfaches Öffnen ohne Hilfsmittel sehr schwierig ist. Zudem kann es beim Öffnen der Blister an Schnittkanten zu Verletzungen kommen. Nach dem Öffnen nehmen die Verpackungsreste vielfach ein größeres Volumen ein als im verpackten Zustand. Dies wirkt sich hinderlich auf die Entsorgung aus. Aufgrund dieser Nachteile vor allem in der Handhabung sind derartige Verpackungen beim Kunden eher unbeliebt.«

Eher unbeliebt? Hinderliche Entsorgung? Untertreibungen! Ich hasse das Zeug! Und es ist nicht ausschließlich ein altes Thema. Auch Junge wollen ihre Ware ohne Verletzungsrisiko auspacken.

Die Marketingexperten propagieren außerdem kleinere Portionsverpackungen, weil viele Alte allein lebten und sich Single-Packungen ausdrücklich wünschten. Diese kleineren Packungen haben allerdings einen für die Hersteller netten Nebeneffekt. Erstens ist »klein« teurer als »groß«. Außerdem geht der schnelle, einfache Preisvergleich verloren. So gab und gibt es Butter seit Jahrzehnten in 250-Gramm-Packungen. So konnten wir bisher Preise vergleichen. Aber damit ist jetzt Schluss. Der nette Service, jetzt kleinere Packungen, darunter auch mal mit 225 Gramm oder mit 200 Gramm anzubieten, hat zu einer gewollten Unübersichtlichkeit geführt. Die man nicht auf den ersten Blick erkennt. »Natürlich«, sagt die Industrie, »kann der Kunde den 100-Gramm-Preis vergleichen, der am Regal angezeigt werden sollte.« Klar, kann er. Wenn er kann. Der alte Kunde mit den schwachen Augen studiert ratlos die kleinere Packung, nimmt sie mit und zahlt teuer dafür.

Der Preis ist gestiegen, parallel hat man die Schriftgröße verändert, reden wir mal ehrlicherweise von einer »Schrift*kleine*«, die man jetzt verwendet.

Und damit zu einer weiteren, von zukunftsorientierten Beratern empfohlenen Erfolgsstrategie. Stichwort: alte Menschen als »Lead User«. Alles klar? Ich versuche mich an der Übersetzung: Vorbild-Nutzer. Damit sind jene Kunden gemeint, die sich zum Beispiel in Foren oder Bewertungsportalen über Produkte äußern, sie möglicherweise kritisieren, zugleich aber auch Verbesserungsvorschläge machen. Das sind die besten (weil preiswertesten) Mitarbeiter. Weil sie für Produktverbesserung sorgen, ohne dafür bezahlt zu werden.

Dazu das Managerdeutsch: »Im intensiven Dialog mit Vertretern der Zielgruppen lassen sich bisher unentdeckte und unbefriedigte Bedürfnisse erkennen. Schließlich können Prototypen von den potenziellen Kundinnen und Kunden getestet werden. So lassen sich beispielsweise Funktionalität und Nutzen beurteilen, der Erklärungsbedarf ermitteln oder Verpackungen auf Handhabbarkeit prüfen.«

Alte als Produktentwickler. Er hat daraus eine Firmenidee entwickelt: Dr. Sebastian Glende gründete die Senior Research

Group. Mit seinen grauhaarigen Mitarbeitern bietet er Herstellern einen einzigartigen Service: Herausfinden, wo Produkte ihre Schwächen haben – speziell für die alte Zielgruppe, aber eben nicht nur für die.

Er beklagt, dass er mit seinen Testern häufig technisch überladene Geräte findet, die auf den ersten Blick nicht erkennen lassen, welche Probleme sie lösen können oder welche Aufgaben sie übernehmen. Außerdem, völlig zu Recht, sagt Glende, »... werden Produkte und Dienstleistungen für Ältere entwickelt, orientieren sie sich oft an einem überholten Altersbild. Dagegen haben ältere Nutzerinnen und Nutzer hohes Interesse an hochwertigem Design, an Nachhaltigkeit und Qualität, und natürlich an Produkten, die sofort und ohne Lesen der Anleitung funktionieren«. Wo er Recht hat, hat er Recht.

Plus mal plus gleich alt

Wer sich mit dem Alter beschäftigt, stößt unweigerlich auf das »Plus«. Oder auf das »+«-Zeichen. Es ist ein zwanghafter Branchenschwanz, dieses »plus«. Es begegnet uns als 50plus, als plus-Anhängsel am Firmennamen, als Produktergänzung. Plus! Das klingt positiv. Dabei sagt das Plus übersetzt in Deutsch: alt! 50plus sagt uns: älter als 50. Manchmal sogar: sehr viel älter. Also auch: hilfsbedürftig, dement, stationär bettlägerig. Alles plus mal plus mal plus!

Hier der Blick auf eine »Plus«-Branche, die zunehmend die Kasse klingeln hört und entsprechend handelt: Das Alter bringt den Händlern ganz viel plus. Zum Beispiel so:

Esslätzchen mit Auffangtasche, 50 Stück, blau, nur 25,90 Euro! Inkontinenzunterlagen? Slips? Urinflaschen? Alles günstig. »Top Preis-Leistungsverhältnis!« Im ersten und einzigen Supermarkt für Alte namens »Vidima+« (plus!) geht es zu wie bei jedem großen Abholmarkt. Es gibt Sonderangebote, Beratungshotline, Lieferservice. Nur ein paar Auffälligkeiten gibt es vor dem Zweckgebäude in Frechen. Zum Beispiel die deutlich sichtbare Rampe. Es sind viele Kunden, die hier so etwas benötigen. Denn hier kauft man Sanitätsprodukte, Rollatoren, Latexhandschuhe, Krankenunterlagen und Pflegebetten. Alles en masse. Zu niedrigeren Preisen als im Fachhandel.

Ein Abholmarkt für pflegebedürftige Menschen. Angesichts der kargen Versorgung durch Krankenkasse und angesichts der Patienten unter strenger Beobachtung des Medizinischen Dienstes dürfte der Laden eigentlich keine wirtschaftliche Basis haben. Hat er aber. Denn viele kaufen hier einfach besser, schneller und effektiver ein. Sie zahlen aus dem eigenen Geldbeutel – auch wenn sie keine Unterstützung erhalten.

Die Waren für eine ältere Zielgruppe sind das eine. Aber hier geht es um die ganz Alten, Alten-Alten als Konsumenten. Die manchmal gar nicht selbst einkaufen, weil sie es nicht mehr können. Auch für diese Zielgruppe wächst ein Bedarf heran, sodass ein Abholmarkt mit diesen Spezialangeboten erst einmal schnuppert, ob es läuft. Und falls ja, wird sich diese Sorte Laden ausbreiten, vielleicht zu Lasten der Spielzeugmärkte, deren Kundschaft bekanntlich schrumpft.

In Deutschland gibt es ein blühendes Messewesen. Ob Autos, Bücher oder Brautausstattungen – zu allem haben wir die passende Ausstellung. Wie steht es mit den Alten-Messen? Rührt sich da nichts? Aber ja!

»Die 66 – Deutschlands größte 50plus Messe« nennt sich hoffnungsfroh eine Ausstellung, die sich eigentlich an alle Alten richtet, nicht nur die im Namen angesprochene Generation. Aber es gehört zum Geschäft, ein bisschen schön zu färben. Einmal im Jahr finden sich in München zehntausende Besucher ein (Eintritt für Rentner: 5 Euro).

Auf sie warten dort mehr als 400 Aussteller, die das Potenzial ihrer Kundschaft hoch einschätzen. Ein ehemaliger Traumschiffkapitän kommt leibhaftig vorbei und lässt sich live die Falten zählen. Ebenso wie »Hochsprunglegende Carlo Thränhardt«. Achtung: »Legende« ist auch so ein Wort von Plus-Qualität! Damit die Besucher sich nicht komplett auf einer Werbemesse umgarnt finden, bietet man ihnen an, in Schnellkursen »leichte Bewegungsübungen« zu lernen. Um staunend zu sehen, wie man mit »Kreuzfahrten 50plus die 7 Weltmeere bereist«. Medial begleitet vom »Treffpunkt 55plus – der Club«. Es »plust« hier ganz besonders heftig.

Deutschlands »größte 50plus-Messe« ist dabei nur die größte und schönste einer Messe-Lawine. Das ganze Jahr über wird irgendwo den Alten nachgestiegen. Zum Beispiel mit der Messe »50plus – Freude am Leben« in Neuss, Mönchengladbach, Krefeld und weiteren Mittelstädten. Mit der »50 plus Beurs« in Beurs. Mit »Mittendrin – die Messe ab 50« in Stade. Mit der »SeniorA« (ausnahmsweise ohne plus, aber mit Senior im Namen) in Bremen, Hannover, Dortmund. Mit der »51 plus« (wieso eigentlich 51?) in Graz. Es reicht! Die alte Zielgruppe ist entdeckt worden und wird von den Veranstaltern umworben.

Inzwischen gibt es auch das noch: den »Ersten Deutschen Senioren-Freizeitpark«. Der hat uns gefehlt. Im nordhessischen Borken, in der Maschinenhalle eines stillgelegten Braunkohlekraftwerks wurde dieser Park eröffnet, auf den die Alten-Welt gewartet hat. Nach Aussage des Gründers, des 72-jährigen Richard Rode, soll das Freizeitgelände den Alten helfen, beim Altern Spaß zu haben. Er selbst will damit Geld verdienen, Reisebusse voll mit alten Männern und Frauen anlocken, die Eintritt zahlen und dann bewundern, was da zusammengestellt wurde.

Sie erwartet in den Kraftwerkshallen eine bunte Mischung alter Sportartikel, vom Radsport über das Kegeln bis zu den Erstausgaben der Schriften von Turnvater Jahn. Ein permanentes Weihnachtscafé bietet Plätzchen. Eine Disco namens »Graceland« bietet die Musik der sechziger Jahre, gecovert von einem kostümierten Elvis-Double. Es ist ziemlich peinlich. Schließlich zeigt Rode, der als ehemaliger Flohmarkt-Betreiber offensichtlich seit Jahrzehnten ein notorischer Sammler ist, in einer »Großen China-Ausstellung« die Kopien von 300 Terrakotta-Kriegern. Sie stehen in Reih und Glied und warten auf alte Fans.

Roboter: Spielzeug für die Alten!

Paro sieht aus wie eine Robbe aus weißem Plüsch, wie ein ganz normales Spielzeug. Aber es muss irgendwie mehr dran sein. Denn Paro kostet (wenn man ihn hier in Deutschland erwerben will) einige tausend Euro – ziemlich viel für ein Spielzeugtier. Kein Wunder: Was aussieht wie ein Mitbringsel für Kinder, ist in Wirklichkeit ein programmierter Roboter in tierischer Gestalt. Nicht für Kinder. Für Alte!

Jene ganz Alten, die der Zuwendung bedürfen, sollen sich mit einem Ersatzwesen bescheiden, das ihnen etwas gibt, was Menschen in ihrem Umfeld anscheinend nicht mehr leisten können oder wollen: Sympathie, Zuwendung. Nicht alle Pfleger haben die Zeit oder sehen sich in der Lage, mit alten Menschen umzugehen. Da kommt so eine Maschine für ein paar tausend Euro billiger. Das Ding wurde in Japan entwickelt und gebaut. Die Japaner sind ohnehin weiter im Umgang mit ihren Alten. Sie haben keine Scheu davor, als Ersatz für menschliche Zuwendung einen Roboter auf Menschen loszulassen.

Die Betroffenen scheinen – wie man hören und lesen kann – mit Paro ganz zufrieden zu sein. Der kleine Roboter zeigt positive Reaktionen, wenn er gekrault wird (wackeln und fiepen), negative Reaktionen, wenn er geschlagen wird (jaulen). Er ist antibakteriell, wiegt nur drei Kilogramm und macht keinen Dreck. Er benötigt hin und wieder ein wenig Service und eine Kontrolle der eingebauten Software.

Das Produkt ist ein Erfolg und wird inzwischen weltweit vermarktet – also auch hier bei uns. Das deutsche Vertriebsunternehmen textet ganz unbefangen und ohne große Sorge um die

Regeln der deutschen Sprache: »Paro ist ein interaktives Modell eines Sattelrobbenbabys und ausgestattet mit einer Vielzahl an verschiedenen Sensoren. ... Unser Ziel ist die Etablierung eines mobilen und für die Partner wirtschaftlich tragfähigen Angebots der tiergestützten Aktivierung mit der interaktiven Robbe Paro in Ballungszentren, insbesondere für demenziell veränderte Menschen in der Häuslichkeit, aber auch im Rahmen von Besuchen von Tagespflegern, Altenpflegeeinrichtungen und Einrichtungen für Menschen mit Behinderungen.«

Grausig. Ich möchte bitte niemals als »demenziell veränderter Mensch« in meiner »Häuslichkeit« »tiergestützt aktiviert« werden – gerade auch dann nicht, wenn das »wirtschaftlich tragfähig« (darum geht es also!) sein sollte.

Verblüfft hat mich die Alternsforscherin Ursula Lehr. Die sagte zu Paro, dass sie ihn bereits in einem Pflegeheim im Einsatz erlebt habe. Sie habe das Wesen als positiv empfunden und seine Akzeptanz bei dementen Alten sei gut gewesen. Das habe ich nicht erwartet. Es stimmt mich auch nicht um. Meine Meinung: Mit Paro beginnt der Einmarsch der Roboter, sie betreten die menschliche Behausung und tun so, als ob sie sich um Menschen kümmern. In Wirklichkeit übernimmt eine Software damit die Aufgabe, Wärme und Zuwendung zu zeigen. So etwas gehört sich nicht. Für mich ist das der Anfang vom Ende der Betreuung des Menschen durch den Menschen.

Design für Alte = altes Design?

Design für alle soll auch Design für Alte sein. Aber eben nicht von Alten als solches identifiziert werden. Die Amerikaner drücken das geschickt aus. Der von ihnen gebrauchte Begriff »Universal Design« beschreibt Produkte, die einer größtmöglichen Zielgruppe zugänglich gemacht werden. Die Engländer sprechen von »Inclusive Design«.

Das Wort »Design« wird gerne missverstanden. Als Gestaltung des Äußeren. Im Sinne von Styling. Es geht aber beim Design für alle um Gestaltung, die sich am Menschen orientiert. Schreibt sich einfach, ist aber schwierig. Denn Menschen sind höchst unterschiedlich – unabhängig davon, ob sie jung oder alt sind. Das Design für alle ist durchaus auch politisch. Entstanden ist es in den 60er Jahren in Schweden als Teil des Ansatzes einer »Gesellschaft für alle«. Da schwingt also ein demokratischer, sogar sozialdemokratischer Ansatz mit. Was schwedisches oder skandinavisches Design bedeuten kann, spüren wir bis heute. Von Bang & Olufsen über Marimekko bis zu Ikea.

Dabei geht es diesem Design für alle nicht nur um Dinge des täglichen Gebrauchs, nicht nur um Waschmaschinen, Küchengeräte oder Möbel. Nutzbar und attraktiv durch gutes Design, auch für alte Menschen, sollen Gebäude sein, öffentliche Räume, Verkehrsmittel, Informationssysteme, kulturelle und touristische Angebote.

Vermieden werden sollen typische »seniorengerechte« Gestaltungen. Wenn Räume oder Gebäude oder auch Gegenstände erst den Ruch der altengerechten Gestaltung haben, sind sie aus dem Spiel. Das wirkt nicht nur für die Zielgruppe diskriminierend. Ich selbst würde es als demütigend empfinden, wenn man mich nach außen stigmatisiert, indem man mich im Bus auf einen Alten-Platz zwingt, mir ein Alten-Auto anbietet und lächelnd angemessen alt aussehende Kleidung vor die Nase hält.

Besser ist da schon die Adaption. Wenn ich einen Bürostuhl auf meine Größe einstelle, empfinde ich das nicht als diskriminierend. So wünsche ich mir das auch für andere Produkte: Sie sollen mir helfen, weil ich mich vielleicht nicht mehr so gut bücken kann, aber sie dürfen dabei kein »Getöse« machen, das alle Blicke auf mich und meine altersbedingten Wehwehchen lenkt.

Beispiele dafür gibt es inzwischen einige. Die Schriften der Initiative »Wirtschaftskraft Alter« beschreiben eine unter dem

Aspekt »Design für alle« entwickelte Waschmaschine. Da wurden die Waschprogramme reduziert. Die Schriften auf der Bedienblende vergrößert. Eine Folie mit Brailleschrift kann angebracht werden. Der Sockel wurde höher – damit ist das Be- und Entladen einfacher. Die Maschine ist seit 2008 auf dem Markt. Sie scheint mit ihrem Design alle zu erreichen, denn sie läuft nicht als spezifisches Alten-Gerät. Ihr außerordentlicher Markterfolg spricht für das Design.

Jetzt machen wir das demografiefest

Hamburg Altona, in Hörweite zur Elbe. An der Hauswand ein Schild: »grauwert, Büro für demografiefeste Produkte und Dienstleistungen«. Demografiefest! Das ist ja eine geniale Formulierung. Wie wasserfest. Oder bibelfest. Allein das Wort ist eine Designerleistung, Respekt! Bisher sagte man alterslos.

In modernen Räumen arbeitet Mathias Knigge, der Gründer und Inhaber, gemeinsam mit Architekten. Für ihn soll dies ein Ort der Rückkehr sein, da er ziemlich viel reist: zu Kunden, zu Hochschulen, zu Vorträgen oder Konferenzen. Mathias Knigge verkörpert eine seltene Kombination: Designer und Ingenieur zugleich. Er lebt davon, dass er Design für Alte tauglich macht, für Grauköpfe. Deshalb der Name »grauwert«?

»Nein«, sagt er, »es geht nicht um graue Panther oder graue Haare. Die Farbe steht für einen Ansatz: weg von den Stereotypen, jung/normal/gesund auf der einen und alt/defizitär/behindert auf der anderen Seite.« Dieses Denken verhindere nämlich, dass im Sinne von Wert auch Lösungen entstehen, die nicht nur hilfreich, sondern auch attraktiv sind. Er sagt, er schaffe Werte in Form von Produkten oder Dienstleistungen, die von einer größeren Gruppe als bisher und auch unter den Auswirkungen des demografischen Wandels erfolgreich am Markt sind.

Wie kommt man auf so eine Spezialisierung? Vielleicht wegen der Kombination: Ingenieur für biomedizinische Technik und gleichzeitige Ausbildung zum Diplom-Designer. Er glaubt, dass Dinge, die technisch gut funktionieren, ohne eine einfache, kundenorientierte Nutzung und ein attraktives Aussehen keinen Erfolg am Markt haben. Durch das spezielle Thema Beratung und Entwicklung im demografischen Wandel hat er ein Alleinstellungsmerkmal und das baut er mit Leidenschaft aus.

Die wenigsten Unternehmen hätten inzwischen einen Demografiebeauftragten. Dabei müssen im Unternehmen Arbeitsplätze, Personalpolitik, Produkte, Dienstleistungen und Vertriebswege wie auch die Kommunikation hinterfragt werden, damit dies alles in einer alternden Gesellschaft noch funktioniere. Er wolle durch seine Spezialisierung einen Einblick in Branchen bieten, die auf den ersten Blick mit der Welt seiner Kunden nichts zu tun haben.

Anscheinend ist es ein lohnender Job. Denn bescheiden tritt Knigge nicht auf. Er sagt: »Ich vermittele den Unternehmen wichtige Einblicke, die weit über den ersten Schritt, wie die Sensibilisierung mit einem Alterssimulationsanzug, hinausgehen. Aber dieses Gefühl ist häufig nötig: hoppla, da geht etwas nicht, wie können wir besser werden?«

Allerdings habe ich einen Einwand. Denn das Letzte, was wir Alten wollen, was auch ich nicht will, sind »seniorengerechte« Produkte. Also ist er doch mit seinem Altersdesign mein Gegner. Nein, meint Knigge, er sei doch ganz auf unserer bzw. meiner Seite. Es gehe ihm nicht um senioren- oder behindertengerechte Lösungen, sondern ein Design für alle. Nur mit diesem Ansatz sei es möglich, auch wirtschaftlich attraktive Lösungen zu schaffen. Sonst sei die Zielgruppe viel zu klein und speziell.

Das ist auch das, was ich insgesamt erfahren habe: Alle wollen alt werden, keiner will alt sein. Produkte dürfen sich nicht nach »Altersdefizit« anfühlen. Frage an den Designer, wie er es anstellt, um die Wünsche seiner Zielgruppe zu ermitteln. Seine

Antwort: »Hinhören, hingucken, sprechen. Und zwar mit allen Altersgruppen, aus verschiedenen Blickwinkeln. Vor Ort und im offenen Gespräch, Umfragen in der Fußgängerzone bringen da nichts. Ich bin bei den Menschen zuhause, frage, dokumentiere und diskutiere.«

Als Journalist, der lange über die Autoindustrie berichtet hat, habe ich nicht nur die wirtschaftliche Entwicklung dieser Branche beobachtet, sondern auch das Marketing, die Modellentwicklung, das Design. Zum Beispiel bei Mercedes-Benz die Entwicklung des Modells der ersten A-Klasse. Dieses Auto, das einen denkbar schlechten Start hatte, weil es beim Elchtest in Schweden glatt umfiel. Weil Mercedes zunächst die Probleme leugnete, um schließlich doch einzulenken und die Technik zu verbessern.

Dann aber wurde diese A-Klasse ein großer Erfolg, und zwar vor allem als Auto für alte Frauen und Männer. Weil man sich so schön aufrecht hineinsetzen konnte. Weil das gut war für alte Bandscheiben und Ischiasnerven. Doch kaum war das Auto in dieser Gruppe durchgesetzt, machte Mercedes-Benz eine Vollbremsung, stellte das bisherige Modell ein und schuf eine völlig andere A-Klasse, nämlich hart, flach, schnell und eng – für die ganz Jungen.

Warum war denn der Hersteller vom Erfolg dieser Autos so genervt, dass er es ummodelte? Ja, sagt der grauwert-Designer Knigge, viele vom alternden Menschen geschätzte Lösungen seien durch Zufall und unstrukturiert entstanden. Sie passten so auch manchmal nicht in die ursprüngliche Strategie. In Zukunft werde das Segment »ältere Konsumenten« aber viele Entscheidungen dominieren. Nur: »Sie wollen es selbst nicht so deutlich zu spüren bekommen. Das Alten-Auto ist nichts mehr für die Zielgruppe, wenn es erst einmal als solches identifiziert und besprochen ist.«

Es bleibt also dabei: Wir wollen möglichst funktionierendes Design und gut aussehen soll es ganz selbstverständlich auch. Aber niemals erkennbar für Alte entworfen und auf alt getrimmt. Daran scheitern viele Hersteller und Dienstleister immer noch. Da hilft halt nur die Entscheidung von uns als Kunden und Verbraucher: Wir haben es in der Hand, mitzubestimmen – über den Erfolg oder Misserfolg von Produkten.

Fazit: Altersgerechte Produkte, die nicht diskriminieren – eine Herkulesaufgabe für die Wirtschaft

Zusammengefasst: Wenn man den Beratern glauben darf, sind alte Kunden wertvolle Kunden. Geldwerte Kunden! Wenn man den Branchenkennern folgen soll, dann ist dieser Wert des alten Kunden erkannt und führt zu entsprechend angepassten altengerechten Produkten. Es gibt nun wirklich ausreichend professionelle Unterstützung für Hersteller, Händler und Dienstleister. Warum aber ignorieren die mehrheitlich ihre potenziellen Kunden? Warum werden Alte als nervende Menschenmasse empfunden, warum sind Hersteller sogar erschrocken, wenn ihr Produkt die spezielle Zuneigung bei den Alten findet? Weil sie immer noch und gegen alle Ratschläge die Einstufung »alt« als Killerkriterium empfinden.

Vor allem aber: Das Geschäft läuft ja auch so ganz gut. Es gibt keinen ernsthaften Druck, keine Umsatzeinbußen, wenn man das Segment der alten Käufer ignoriert. Wenn der Laden läuft, ohne dass man sich anstrengen muss, dann engagiert man sich nicht besonders. Zwar gibt es plausible Erklärungen, wie wichtig der alte Kunde sei. Und dass er demnächst noch wichtiger sein werde, aber Handlungsbedarf sieht hier keiner.

Echte Reaktionen werden wir erst sehen, wenn ohne alte Kunden Umsätze zurückgehen. Dann wird sich etwas bewe-

gen. Aber bis dahin werden wir Alten die Szene sehr genau beobachten. Wer sich an uns erst dann heranmacht, weil sonst der Umsatz wegbricht, wird von uns kritisch betrachtet werden. Diejenigen Hersteller oder Händler und Dienstleister, die sich bereits heute ernsthaft um uns bemühen, haben einen Startvorteil. Mit Recht.
Generell: Trotz aller Überzeugungsarbeit und Sprechzettel für PR-Leute hängt über den Produkten für uns Alte immer noch die dunkle Wolke, dass »alt« gleich »minderwertig« sei. Kein Wunder, dass die Kunden selbst sich nicht so angesprochen sehen wollen.

7. FINANZEN

»Den Alten können wir alles andrehen!«

Nein, von Kriminellen kann man hier nicht generell reden, wenn es um die finanzielle Betreuung von älteren Kunden geht. Sicherlich, kriminell sind die sogenannten Schneeballpartys, auf denen betrügerische Geldgeschäfte angebahnt werden. Da gehen Junge wie Alte hin und lassen sich über den Tisch ziehen. Nehmen wir die mal aus, diese Opfer von richtigen Betrügern, denen hohe Gewinne versprochen werden, ohne dass das plausibel erklärt wird. Wer an wundersame Geldvermehrung glaubt und dafür sein Geld gibt, ist selbst schuld. Nein, um die geht es nicht.

Hier dreht es sich um die Banken und ihre Niederlassungen. Man erkennt sie an ihrem seriösen Auftritt: unauffällige Architektur, außen Glas und Marmor, innen Edelstahl und Holz. Ganz schick also. Dazu dann die Bankangestellten in konservativen Anzügen, die sich ihrer speziellen Kundschaft zuwenden. Sie bewegen sich lautlos in gestylten Büros, auf dem Schreibtisch grüßt ein frischer Blumenstrauß (Deutsche Bank) oder das silbergerahmte Foto der Familie des Beraters (Sparkasse). Man wendet sich Ihnen freundlichst zu. Die sind alle im strafrechtlichen Sinne nicht kriminell. Sie sind aber auch nicht so nett, wie sie tun. Ich bringe es mal auf den Punkt: Abkassierer im feinen Zwirn!

Ich schildere jetzt Fälle, bei denen diese sogenannten Beratungen, besser: diese Verkaufsstrategien, ausschließlich negative Folgen für die Beratenen hatten. Wären es Einzelfälle, dann – na ja. Aber es geht um tausende Bankkunden. Kunden von unterschiedlichen Bankinstituten. Es geht um ein System, das zur Folge hatte, dass einfache Menschen, die nicht viel hatten, auch dieses wenige verloren. Das Geld wurde nicht vernichtet. Es floss anderen zu. Und es war nicht eine allgemeine und nicht zu verhindernde Krise, die das hat passieren lassen, sondern es war Absicht. Dahinter stand und steht eine Masche, ältere gutgläubige Menschen um ihr Geld zu erleichtern. Dahinter steht der zynische Glaube: Den Alten? Denen kann man doch alles andrehen!

Los geht's gegen die »A-und-D«-Kunden

Jetzt ist Zeit für eine Begriffsklärung. Denn es geht im Folgenden um die sogenannten »A-und-D«-Kunden. Das ist eine interne und inoffizielle Bezeichnung, die eine bestimmte Sorte Banker für eine bestimmte Sorte Kunden benutzen. Es könnte sein, dass Ihr Bankmensch, der immer so freundlich tut, kaum haben Sie seine Schalterhalle verlassen, zu seiner Kollegin sagt: »Der da, der jetzt gerade geht, das ist auch so ein A und D!«

Tut mir leid Ihnen das sagen zu müssen: Wenn Sie so genannt werden, dann hat man keine hohe Meinung von Ihnen. Denn »A und D« steht für »alt und doof«. So nennen sie bankintern jene Kunden, mit denen man vieles anstellen kann, die alles glauben, die auch riskante Bankprodukte akzeptieren, die am Schluss vielleicht Geld verlieren und dann noch glauben, sie selbst hätten Schuld daran.

Übrigens, um Ihren Puls noch ein wenig anzuheben: Es gibt ein weiteres böses bankinternes Kürzel. Das lautet »LEO«. In der Langfassung: »Leicht erreichbares Opfer«. Auch das könnte Ihnen zugedacht sein. Auch dabei geht es um gutgläubige Kunden, mit denen sich schnelles Geld verdienen lässt.

Öffentlich wurden diese Beleidigungen im Umfeld der Bankenkrise, also seit Herbst 2008. Damals wurden E-Mails bekannt, in denen Banker anderen Bankern hämisch über ihre

Kundschaft berichteten, denen man problemlos risikoreiche Finanzprodukte andrehen konnte. Für die Verkäufer war das lohnend, denn sie konnten Belohnungen von ihrer Geschäftsleitung kassieren. Für ihre Arbeitgeber war das auch lohnend, denn sie konnten Provisionen von den ausgebenden Finanzinstituten einstecken, hohe Provisionen, von denen die Endkunden nie etwas erfuhren.

Besonders deutlich wurde das im Zusammenhang mit der Pleite der Lehman Brothers, der amerikanischen Bank, die im Herbst jenes Jahres 2008 krachend pleiteging und Millionen Anleger weltweit schädigte. Zuvor waren in Deutschland speziell älteren Menschen die Zertifikate von Lehman verkauft worden. Nicht in den USA. Da war der Verkauf an Privatkunden nicht zulässig, denn diese Zertifikate galten als riskant.

»Zertifikat«? Das klingt ziemlich seriös. Tatsächlich handelt es sich um Finanz-Wetten. Wettpapiere – nicht Wertpapiere. Besser als ein Lottoschein, schlechter als eine Aktie. Dem Käufer eines Zertifikats sollte eigentlich vom Verkäufer vermittelt werden, dass er damit spekulativ unterwegs ist, dass er ein Risiko übernimmt. Der Käufer eines Zertifikats sollte das Wort »Emittentenrisiko« kennen und verstehen. Ein Wort, das schlicht sagt: Wenn der Herausgeber des Zertifikats pleitegeht und nichts übrig bleibt, dann ist das Zertifikat auch nichts mehr wert und die Geldanlage ist verloren.

Erpresstes »Ja« – Rentner nicken sich unter Druck in den eigenen Ruin

Die Berichte von damals, aus dem Jahr 2008, klangen alle ähnlich: Die Kunden hatten zuvor kreuzbrav Sparbücher oder Tagesgeldkonten geführt. Sie wollten meist gar nichts anderes. Die Banker selbst wurden aktiv und gingen dabei im Allgemeinen bei Kundengesprächen geschickt nach einem Schema vor.

Etwa so: »Sie sind ja nicht mehr ganz jung. Und Sie setzen doch bei Geldanlagen auf Sicherheit?« Wer soll da nein sagen? So beginnen Verkaufsgespräche mit dem Nick-Ritual. So werden die Verkäufer geschult. Dabei wird der Kunde dazu gebracht, immer wieder zustimmend zu nicken. Bis dann am Schluss die Kaufentscheidung ansteht und der Kunde so konditioniert ist, dass er auch nickt, wenn es um die Anlage seines Geldes geht. Also weiter etwa in diesem Stil: »Sie setzen auf Sicherheit, aber mit dem Sparbuch bekommen Sie ja nicht viele Zinsen, oder?« Nicken. »Wäre es nicht schön, Sie könnten sich hin und wieder etwas außer der Reihe leisten?« Nicken. »Haben Sie vielleicht Interesse daran, etwas bessere Zinsen zu bekommen, damit Sie sich einmal etwas Schönes leisten können?« Nicken. Jetzt ist das »A-und-D«-Opfer reif. Jetzt wird das Lehman-Zertifikat zur Sprache gebracht: »Eine der größten Banken der Welt!«, »Seriöses Institut!«, »Sehr gute Beurteilungen! Rating von A+!« Schon das mit dem Rating versteht Kunde schon nicht mehr so ganz, aber »A plus« klingt gut. Dann fällt vielleicht sogar im Wortschwall des Verkäufers das Wort »Emittentenrisiko«, damit es einfach mal so gesagt ist, fürs Protokoll, der Kunde hat genickt, also scheinbar verstanden. Schlussakkord: »So haben Sie viele schöne Zinserträge und sind auf der sicheren Seite!«

Da sind die Kunden dann in die Falle getappt. Sie haben unterschrieben, dass sie sich selbst plötzlich als »risikoaffin« oder »spekulativ« einschätzten, dass ihnen das »Emittentenrisiko« bekannt war. Viele haben das nicht wirklich gelesen und verstanden. Manche haben gelesen und sich nichts gedacht.

Frau Theiler von der Interessengemeinschaft der Berliner Lehman-Geschädigten erzählt einer Reporterin der »taz«, wie es so lief mit den Verkaufsgesprächen: »Wir sind da richtiggehend ›reingequatscht‹ worden. ... Die Verkäufer haben es ja eingebläut bekommen, wie sie das Verkaufsgespräch darauf aufbauen und die Kunden für dumm verkaufen. Wie sie es interessant gestalten, in die Länge ziehen, viel reden, um dann plötzlich zu sagen: »So, das Geschäftliche haben wir jetzt erledigt, es tut mir ganz furchtbar leid, aber ich habe jetzt schon wieder den nächsten Kunden. Unterschreiben Sie hier und hier, und wenn Sie noch Fragen haben, jederzeit. Hier noch der Prospekt. Vielen Dank, auf Wiedersehen.«

Für die Banker waren das gute Geschäfte. Ihnen war von Vorgesetzten nahegebracht worden, diese Papiere verstärkt zu verkaufen. Das waren richtige Kampagnen. Da wurde intern Druck ausgeübt. Wer unter den Mitarbeitern Zweifel hatte, wurde auch schon mal vor versammelter Mannschaft gemobbt. Wer besonders gut verkaufen konnte, der wurde vor den anderen gelobt und auch finanziell belohnt.

Bestimmte Institute der Finanzbranche haben sich dabei die Finger besonders schmutzig gemacht: einige Sparkassen, insbesondere die Frankfurter Sparkasse, die Zertifikate im Wert von 75 Millionen Euro an mehr als 5.000 Kunden verkaufte. Die Citibank, die auf der nach unten offenen Zocker-Skala negativer Sieger sein dürfte. Inzwischen hat die Citibank in Deutschland ganz aufgegeben. Der schlechte Ruf war nicht mehr reparabel. Als »Targobank«, jetzt im Eigentum der französischen »Crédit Mutuel«, versucht man einen Neustart (aber viel besser läuft es immer noch nicht, ein Beispiel folgt gleich). Dritter im Bunde der Lehman-Großverkäufer war die Dresdner Bank.

Überwiegend betroffen waren alte Kunden, die meisten älter als 60 Jahre. Ihr Geld war verloren. Sie bekamen nichts zurück. Die Verkäufer hatten sich in Sicherheit gebracht. In den Banken war plötzlich bei diesem Thema niemand mehr zu sprechen. Unzufriedene Kunden wollte man nicht sehen, die verderben das Geschäft und das Image. Einige der Opfer gingen zu Demonstrationen vor die Bankfilialen. Andere nahmen sich Anwälte. Nur wer explizit eine falsche Beratung nachweisen konnte, wurde entschädigt – eine Minderheit.

Es ging um Beträge von ein paar tausend Euro bis zu 40.000 oder 50.000 Euro. Für manche Bankkunden war das das einzige

Kapital, die alleinige Absicherung für das hohe Alter. Aufgespart, zum Beispiel falls der Gang in ein Pflegeheim notwendig werden sollte.

»A-und-D«-Kunden! Dokumentieren lässt sich der Begriff nicht. Der Experte der Verbraucherzentrale NRW, Wolfgang Schuldzinski, hat das Wort schon von Bankern gehört, nicht jedoch gelesen. Er sagt: »Viel schlimmer ist ohnehin die profitgetriebene Ideologie, die dahinter steckt.« Es ist ja nicht unbedingt Dummheit, wenn Menschen der Empfehlung ihrer Bank folgen. Zwar sagte man bis vor kurzem noch Bankberater, sogar Bankbeamte ließen sich manche gerne nennen. Doch das ist vorbei.

Als ich 2011 in einer Talkrunde im ZDF davon sprach, dass es »den Bankberater« nicht mehr gebe, stattdessen seien das »Verkäufer« geworden, die schlicht und einfach ihr Geschäft machen wollten, beschwerten sich Bankvorstände der ganz großen Institute beim Intendanten des ZDF. Ich hätte ihre Zunft beleidigt. Sie forderten eine Entschuldigung vom ZDF. Sie forderten meinen Kopf. Aber sie bekamen zum Glück diese Entschuldigung nicht. Ich musste nichts zurücknehmen. Ich hatte ja auch nur die Wahrheit gesagt, die nicht bekannt werden sollte. Um jeden Preis sollte das Image erhalten bleiben, dass Kunden sachgerecht beraten werden und dass nicht der Gewinn der Bank, sondern das Kundeninteresse vorrangig sei. Alles Humbug.

Vielleicht trifft es die Alten besonders hart, weil sie länger als alle anderen noch an diesen neutralen Berater, den »Bankbeamten«, glaubten, der ihre Interessen im Blick habe. Eine böse Fehleinschätzung, sagt die Deutsche Seniorenliga: »Die älteren Menschen vertrauen den Bankern oft blind. Sie verzichten darauf, Verträge durchzulesen und Renditen zu vergleichen.«

Alle sind sie dabei, wenn es gilt, an das Geld der alten Menschen zu kommen. Mir begegnen bei meinen Recherchen die Namen aller großen Kreditinstitute. Manche sind nicht so oft auffällig, andere fallen immer wieder negativ auf. Aber im Grunde muss ich feststellen, dass den Banken nicht vertraut werden darf. Wer vertraut, wird enttäuscht.

Eine Kundin wird mürbe gemacht

Marianne Scherf lebt bei Düsseldorf. Sie ist seit 40 Jahren treue Kundin bei der Deutschen Bank, mit Girokonto und Depot. Da ist also bei ihr über die vielen Jahre Vertrauen gewachsen. Sie ahnt nichts von den neuen Verkaufsmethoden der Angestellten, die auf die Provision achten müssen. Und so gibt sie ihrer Beraterin 40.000 Euro, verbunden mit dem Auftrag, das Geld müsse bald verfügbar sein für die Finanzierung einer Wohnung. Ein klarer Auftrag, dachte Marianne Scherf. So erzählt sie das meiner Kollegin Ute Waffenschmidt, die den skandalösen Fall in einer ZDF-Dokumentation schildert. Marianne Scherf glaubt, die Anlage, die man ihr empfohlen hat, sei sicher. Hatte die Beraterin gesagt, dass sie auch Geld verlieren kann? »Überhaupt nicht! Keine Rede davon!« Tatsächlich wird von ihrem Geld ein Zertifikat gekauft, eines dieser sogenannten strukturierten Finanzprodukte, deren Funktionsweise und vor allem deren Risiken für Privatleute sehr schwer durchschaubar sind.

In vielen anderen Ländern sind Zertifikate in dieser Form im Privatkundengeschäft nicht zulässig. Deutschland hat da eine negative Spitzenstellung: 90 Prozent aller derivaten Finanzprodukte werden in unserem Land gehandelt. Als Problem für den Finanzplatz Deutschland bezeichnen das Fachleute. Mit so einem Produkt also wird Frau Scherf beglückt. Oder vielleicht sogar: hereingelegt. Denn irgendwann entdeckt sie, dass von den angelegten 40.000 Euro nur noch 9.000 Euro übrig sind. Als sie das Geld braucht, ist es zu drei Vierteln weg, verspekuliert mit einem Hochrisikoprodukt.

Immerhin ein Zeichen der Hoffnung: Die Deutsche Bank

bietet ein Ombudsmann-Verfahren an. Da darf dann ein unabhängiger Schiedsmann die Fakten ansehen und entscheiden, ob die Kundin Marianne Scherf angemessen beraten wurde. Dieser Ombudsmann (ein ehemaliger hoher Richter) kommt im Fall von Frau Scherf zu einem klaren Ergebnis. »Die Beschwerde ist begründet. Frau Scherf ist fehlerhaft beraten worden. Deshalb soll ihr die Bank den Schaden vollständig ersetzen und Zinsen zahlen.« Klartext. Ein eindeutiger Schiedsspruch! Frau Scherf schöpft Hoffnung. Aber sie hat nicht mit der Chuzpe ihrer Bank gerechnet. Die Deutsche Bank weigert sich, diesen Spruch zu akzeptieren. Solche Schiedssprüche seien nur bis zu einem Streitwert von 5.000 Euro bindend, nicht darüber hinaus.

Warum schlagen Banken das Verfahren überhaupt vor? Zynisches Urteil von Professor Julius Reiter: »Das Ombudsverfahren macht für die Banken Sinn, weil es die Kunden mürbe macht.« Und er fügt hinzu, dies sei ein Grund dafür, dass Falschberatung nicht wirklich teuer werde für die Banken in Deutschland. Frau Scherf lässt sich mit letzter Hoffnung auf einen Prozess gegen die Deutsche Bank ein. In der Erwartung, dass dort die Feststellung des Ombudsmanns bestätigt würde. Doch sie wird enttäuscht. Der Richter erkennt keine Falschberatung. Er akzeptiert die Aussagen der vorgeladenen Deutsche-Bank-Angestellten, die ihre Kundin schlecht aussehen lässt. Er zweifelt an der Glaubwürdigkeit des Opfers Marianne Scherf. Ihr Anwalt zweifelt auch, allerdings an der Objektivität des Richters. Der Fall ist nicht ausgestanden. Das letzte Wort wird das höchste deutsche Gericht haben, der BGH.

Sparkasse als Problemlöser? Nein, als Problem!

Walter Tiedjen ist 79 Jahre alt. Er lebt in Bremen. Er hat an die Beratung seiner Sparkasse geglaubt. Vielleicht ist er generell etwas gutgläubig. Seine Freunde sagen deshalb, er sei ein bisschen »tüdelig«, was meint »manchmal nicht ganz auf der Reihe«. Aber Walter Tiedjen ist voll geschäftsfähig. Wenn es um den »Papierkram« geht, lässt er sich gerne von Freunden beraten. Bei der Sparkasse, denkt er, ist das nicht nötig, die sind doch selbst irgendwie »Freunde«, denn da ist er seit mehr als 50 Jahren Kunde. Die kennen ihn doch. Da ist ein Vertrauensverhältnis entstanden. Dass in den letzten Jahren ein neuer Geist eingezogen ist, dass statt Freundschaft jetzt geschäftsmäßige Kälte herrscht, das hat Herr Tiedjen nicht mitbekommen. Er möchte Geld anlegen. Bei der Sparkasse Bremen, gegründet 1825. Das klingt nach ehrbaren Kaufleuten. Also folgt er dem Rat seiner Sparkasse und gibt ihr 50.000 Euro, die dann »in seinem Auftrag« beim »MPC Rendite-Fonds« angelegt werden. Da liegt das Geld dann erst einmal. Herr Tiedjen glaubt immer noch, er habe deutlich gemacht, dass er irgendwann schnell an das Kapital will, eventuell um sich eine Seniorenwohnung zu kaufen. Aber daran erinnert sich niemand mehr bei der Sparkasse. Das will niemand gehört haben. Natürlich nicht, denn in Wirklichkeit ist das Geld unwiederbringlich fest angelegt, bis Herr Tiedjen 93 Jahre alt wird – falls er das erleben sollte.

Die Bank gewinnt immer

Herr Tiedjens Fall ist Teil der Filmdokumentation des ZDF, Titel: »Die Bank gewinnt immer«. Da heißt es dann: »Drei Jahre später (...) rät die Sparkasse dem Rentner zusätzlich, Anteile am Sachsenfonds zu kaufen. 35.000 Euro investiert er. Das Geld ist festgelegt bis mindestens 2027. Das wäre nach Tiedjens 100. Geburtstag.« Herzlichen Glückwunsch!

Sie sind halt begehrte Objekte der Geldhäuser, diese älteren Menschen, die noch geschäftsfähig sind, aber die eigentlich das Risiko, das sie eingehen, nicht begreifen. Ihre wichtigste Qualifikation gegenüber der Bank? Sie verfügen über freies Geld. Die Hoffnung der Verkäufer? Das wird schon gutgehen. Und wenn nicht? Dann ist die Rechtsabteilung dran, irgendwann, Jahre später. Da ist der Kunde schon sehr, sehr alt. Wer weiß ...?

Müsste nicht ein verantwortungsvoller Bankmitarbeiter sich den Mann ansehen? Müsste er nicht verstehen, was der will? Und ihn dann sachgerecht beraten? So, dass auch noch im Nachhinein das Bankgeschäft von normalen Menschen als verantwortungsvoll betrachtet werden kann? Natürlich lassen sich Risiken nicht ausschließen. Aber so tollkühn wie diese vielen Abschlüsse mit geschlossenen Fonds oder Zertifikaten – ich vermute, dass die Verkäufer für sich selbst niemals diese heiklen Papiere erworben haben.

Die Sparkasse Bremen gibt sich im Fall Tiedjen unschuldig. Das sieht dann so aus: Ein Interview vor der Kamera lehnt sie ab. Schriftlich macht sie deutlich, dass sie sich keiner Schuld bewusst ist. So kann man das sehen, wenn man Juristen an die Sache herangehen lässt. Es stimmt ja auch: Juristisch, rechtlich war das in Ordnung. Der Kunde war geschäftsfähig. Der Kunde hatte unterschrieben. Was er irgendwann mal gesagt hat – wer will das schon so genau wissen?

In der Verbraucherzentrale Bremen hat man sich den Fall Tiedjen näher angesehen. Arno Gottschalk ist dort der Mann für die Finanzfragen. Er runzelt die Stirn und sagt: »Also, ich sehe da nur einen Grund, warum diese Fonds empfohlen wurden und das ist die hohe Provision. Ich habe mir die Sache näher angeschaut. Die Hinweise zielen darauf hin, dass man zwischen 12 und 14 Prozent an Vermittlungsprovision bekommen hat. Das ist weitaus mehr als bei normalen Produkten und das scheint mir der Grund zu sein.«

Zwischen 12 und 14 Prozent? Das wären ja dann bei 85.000 Euro Kapital zwischen 10.000 und knapp 12.000 Euro! So viel zahlen Fondsgesellschaften, wenn ihnen ein Kunde vermittelt wird? Der Verbraucherschützer hat eine klare Einschätzung zum Verhalten der Sparkasse. Keine gute. »Ich denke, dass man mit jemandem, der in so einem hohen Alter ist, anders umgeht, dass man als Bank oder Sparkasse tatsächlich eine Verantwortung hat.« Er hätte erwartet, dass man den Kunden im Blick hat und versucht, einen älteren Mann altersgemäß zu beraten. Er dachte eigentlich, dass eine Bank »ein Problemlöser ist und nicht ein Problembereiter«.

Natürlich hätte es auch für Herrn Tiedjen die Möglichkeit gegeben, zwischenzeitlich aus seinem Investment auszusteigen. Ein harter Schnitt wäre möglich gewesen. Aber um welchen Preis? Das wäre für ihn sehr teuer geworden. Denn die Geldanlage bindet ihn nicht nur für Jahrzehnte, sie ist auch zwischenzeitlich überhaupt nicht ertragreich. Im Gegenteil: Im Verlauf haben die Fonds die Hälfte an Wert verloren. Die sofortigen Einbußen für Herrn Tiedjen wären immens gewesen.

Das alles will die Sparkasse aber nicht sehen. Sie hat gegen das ZDF eine einstweilige Verfügung durchgesetzt. Zu behaupten, Herr Tiedjen habe gesagt, dass er das Geld für eine Seniorenwohnung anlegen wolle: das sei nicht aktenkundig. Und Herr Tiedjen habe die gesamte Transaktion damals gut verstanden.

Anschließend hat die Sparkasse dem ZDF zusätzlich zur einstweiligen Verfügung mit einem Prozess gedroht. Dass es dazu nicht gekommen ist, sehen die ZDF-Leute ziemlich kühl. Am Schluss zahlt die Sparkasse drei Viertel der Gerichtskosten, das ZDF ein Viertel. Der große Showdown bleibt aus. Vielleicht hätte die Sparkasse vor Gericht gewonnen, aber die öffentliche Wirkung wäre verheerend gewesen: Einen alten Mann, sogar schon ein bisschen sehr alt, völlig legal über den Tisch zu ziehen und ihm juristisch einwandfrei ein verlustreiches Investment zu verkaufen, das wäre in der Öffentlichkeit nicht gut angekommen. Also kein Prozess. Aber auch kein Einsehen. Keine Entschuldigung.

Die Versicherung möchte den Beitrag »anpassen«

Da können die Kunden noch so jugendlich wirken: Bei der Bank oder bei der Versicherung geht es um die Fakten. Da wird in den Personalausweis des Bittstellers geschaut. Was, Sie sind ja schon 68 Jahre alt? Tja, dann gibt es für Sie spezielle Konditionen. Speziell? Das meint: Es wird teurer.

Ältere Menschen werden in vielen Bereichen diskriminiert. Viele Fallen lauern im Finanzsektor. Kredit zum Beispiel wird für Alte teurer als für Junge oder er fällt ganz aus. Dafür gibt es in diesem Buch die Gesprächsprotokolle meiner Testkäuferin Hanne P.. Auch das Versichern wird schwieriger – es zeigt sich auch bei kleineren Versicherungen. Ein Beispiel:

Christel S. reist gerne. Und sie ist vorsichtig. Sie versichert sich deshalb gegen den Krankheitsfall im Ausland mit einer sogenannten Auslandsreise-Krankenversicherung. Ihre Versicherung, bei der sie seit Jahren Kundin ist, heißt »Envivas«. Die schreibt ihr jetzt (blumiges Versicherungsdeutsch), dass »unsere Welt näher zusammenrückt«, dass man »erweiterte, verbesserte Leistungen« biete, umso wichtiger, dass man »umfassend abgesichert« sei. Dann zur Sache (eher kurz angebunden): »Wir möchten Sie heute über eine Beitragsanpassung informieren.« Beitragsanpassung – es ist das übliche Wort der Geschäftsleute für »teurer«. Mir ist noch nie eine »Beitragsanpassung« nach unten vorgekommen. Immer nur nach oben.

Es geht nur um einen kleinen Betrag. Aber um was für Steigerungen! Aus bisher 7,80 Euro werden 23,50 Euro. 200 Prozent plus! Im Kleingedruckten die Begründung: »Ab Alter 70 erhöht sich der Grundbeitrag um 13,70 Euro.« Und da steht dann auch in gar nicht mehr blumigem Deutsch, gleichsam als Drohung: »Für Personen, die bei Vertragsabschluss bereits 75 Jahre alt sind, erhöht sich der Grundbeitrag um 40,50 Euro.« Da wird ohne Nachweis, warum das nötig sei, mit dem Alter Geld gemacht. 70-Jährige sind ja nicht um das Dreifache kränker als 65-Jährige. 75-Jährige auch nicht. Das ist Willkür gegenüber Alten.

Dresdner Bank: Eine »Gurke« beginnt zu faulen

Gute Immobilie, sehr gute Lage, voll vermietet – und dennoch am Ende? Diese Geschichte erzählt mein Kollege Kai Dietrich, Autor bei WISO. Er hat sie von dem Anwalt Dietmar Kälberer aus Berlin, der mehrere hundert Anleger vertritt. Sie alle fürchten um ihre Geldanlage, die sie in die »Gurke« gesteckt haben. »The Gherkin«, auf Deutsch: die Essiggurke, heißt der Turm im Londoner Bankenviertel, 180 Meter hoch, über 40 Stockwerke und zu großen Teilen vermietet an die Schweizer Versicherung »Swiss Re«. Alles vermietet, wie kann so ein Objekt pleitegehen? Mehr als gut vermieten geht doch gar nicht?

Die Erklärung: Der Turm wurde von Architekt Norman Foster entworfen, in den Jahren 2001 bis 2004 gebaut und von dem Rückversicherungskonzern Swiss Re übernommen. Die sitzen heute noch drin, haben die Immobilie aber verkauft. Eigentümer wurde eine deutsche Gesellschaft, die IVG. Der Name kommt aus den fünfziger Jahren, bedeutet in Langfassung »Industrieverwaltungsgesellschaft« und stammt aus dem Nachlass der Montanindustrie, also aus staatlichem Eigentum. Seit dem Jahr 2002 heißt das mittlerweile voll privatisierte Unternehmen IVG Immobilien AG. Als die IVG Schulden in Höhe von mehr als vier Milliarden Euro aufhäuft, muss sie Insolvenz anmelden, inzwischen arbeitet sie wieder regulär, aber die Aktionäre haben schwer bluten müssen.

Das also ist die Gesellschaft, die seinerzeit von Swiss Re »The Gherkin« kaufte. Man macht das Hochhaus zu einem geschlossenen Immobilienfonds (Name: IVG 14) und lässt die Anteile mit reizvollen Provisionen für die Verkäufer an Privatanleger vermitteln. Auch hier denkt sich das Management einen auf den ersten Blick schönen Trick aus: Die Hypothek läuft in Schweizer Franken, mit scheinbar günstigen Konditionen. Eigentlich kennt man in der Branche das Wort »Währungsrisiken« und sichert sich üblicherweise dagegen ab. Bei der IVG übersieht man dieses Risiko oder man will es nicht sehen. Jedenfalls steigt die Schweizer Währung kräftig, und die Kreditbelastung – gerechnet in britischem Pfund – nimmt heftig zu. Ein schwerer Fehler zu Lasten der Anleger.

In Deutschland sind Bankverkäufer auf Kundenfang gewesen, haben die Investition in höchsten Tönen gepriesen, verstiegen sich der Behauptung, es handele sich um ein einmaliges Objekt. Da ist etwas dran, denn einmalig ist die Geschwindigkeit, mit der dieser Fonds eine Bruchlandung hinlegt. Schon im ersten Jahr nach dem Kauf enden die Zinszahlungen. Beim geschlossenen Fonds bekommt es in solchen Fällen der Käufer zu spüren, dass er juristisch gesehen Unternehmer ist, der für sein Objekt anteilmäßig mit einstehen muss, im schlimmsten Fall wird von ihm sogar noch Geld verlangt. Der Kunde ahnt das nicht beim Abschluss. Es wird ihm ja auch nicht klar gesagt.

Zu den vielen Käufern, die um ihr Geld fürchten und die heute von Rechtsanwalt Kälberer betreut werden, gehört das Ehepaar Schanderl. Herr Schanderl erzählt, wie es für seine Frau und ihn bei der Dresdner Bank ablief: »Von Risiken war überhaupt nicht die Rede. Wir haben unsere Tasse Kaffee getrunken und gezeichnet, meine Frau hat gezeichnet. In einer halben Stunde waren wir wieder weg.« Sein Anwalt ergänzt:

»Unsere Mandanten sind vornehmlich ältere Menschen, denen wurde der Fonds für die Altersabsicherung als relativ sicher angeraten. Das ist aber ein hochspekulatives Produkt. Das ist vielleicht für Zocker geeignet, aber nicht für diese Kundengruppe.«

Der Verbraucherschützer Niels Nauhauser hat eine klare Meinung über solche Bankverkäufer und es ist keine gute. »Geschlossene Immobilienfonds sollten Bankberater ihren Kunden eigentlich gar nicht verkaufen. Das sind sehr riskante Produkte. Man kann sein ganzes Geld verlieren. Man hat sein Geld auf 10 oder 20 Jahre fest angelegt. Und das ist für Kleinanleger immer ungeeignet.«

Anwalt Kälberer lässt die Sache nicht auf sich beruhen. Er zieht für seine Mandanten vor Gericht. Ob er siegen wird? Ungewiss. Obwohl für uns die falsche Beratung offensichtlich ist, sehen das die Richter nicht immer so. Juristen handeln juristisch. Offensichtliche Falschberatung muss rechtlich fundiert bewiesen werden. Das ist manchmal gar nicht so einfach.

Commerzbank: faule »Gurke« – zweiter Teil

Sie haben nicht mehr die Kraft. Und auch kein Geld mehr, nachdem sie vor Jahren der Beratung durch die Commerzbank Darmstadt gefolgt sind. Das Ehepaar Z. hat keine Hoffnung, an sein Geld heranzukommen (es geht um etwa 20.000 Euro). Die beiden sind erschöpft, resigniert, aber immer noch empört. Mich ruft der Finanzexperte der Verbraucherzentrale Frankfurt an. Wolf Brandes schildert diesen Fall. Auch hier geht es um das Verschachern von Anteilen an »The Gherkin«. Auch hier spielt das markante Hochhaus in London eine schlimme Rolle. Die Kunden, das Ehepaar Z. aus Darmstadt, heute beide um die 70 Jahre alt, sind bis dahin recht zufriedene Anleger und ihre Commerzbank-Beraterin finden sie ursprünglich ganz in Ordnung. Bisher haben sie Anteile an einem offenen Immobilienfonds, aus dem sie mit Gewinn herauskommen. Es geht dann um eine Wiederanlage des Geldes, die Beraterin kommt mit den Anteilen an »The Gherkin«. Bei den Z's entsteht der Eindruck: »Warum nicht? Das ist ja auch ein Immobilienfonds – ähnlich wie der andere.« Ihnen wird nicht vermittelt, dass sie sich auf völlig anderes Terrain begeben. Bisher waren sie Anteilseigner eines Fonds, der täglich gehandelt wurde und aus dem sie schnell aussteigen konnten. Jetzt aber werden sie zu sogenannten »stillen Teilhabern«, sie übernehmen unternehmerische Haftung. Den umfangreichen 200 Seiten starken Verkaufsprospekt haben sie nie erhalten. Natürlich bestreitet die Commerzbank das alles. Die Kunden hätten alles falsch verstanden. Dass der Fonds heute im Sinkflug sei? Pech! Risiko des Anlegers! Unbestritten, die Eheleute Z. waren als nicht risikobereite Anleger bekannt und klassifiziert. Aber sie hätten ja unterschrieben, dass sie dieses riskante Produkt ausdrücklich kaufen wollten. Schulterzucken bei den Bank-Anwälten. Wo ist denn die Beraterin von damals? Tja, die ist befördert und nicht mehr in Darmstadt tätig. Das Ehepaar Z. hat versucht, mit der Commerzbank zu verhandeln. Wenn die doch nur ein bisschen sich bewegen würden, wenigsten symbolisch. Aber nach anfangs umgänglichen Gesprächen werden die Anwälte plötzlich ganz unbeweglich und starr. Als sie aus den Gesprächen heraushören, dass das Ehepaar nicht klagen wird, bewegen sie sich keinen Zentimeter mehr. Naheliegend, dass das die Strategie ist, die ihnen ihr Auftraggeber Commerzbank vorgibt. Keinen Zentimeter. »Commerzbank. Die Bank an Ihrer Seite.«

Auf Tour mit der Testkundin

Mit einer älteren Testkundin, die einen Konsumentenkredit sucht, gehe ich zu Banken. Hanne P. ist erprobt in diesem Geschäft. Für WISO ist sie mehrfach im Einsatz gewesen. Sie ist als Mystery Shopper (wie man das in der Branche nennt) ideal. Äußerlich ganz gepflegte Oma, allerdings hellwach. Gut vorinformiert durch Experten, die ihr die Hintergründe und ihre Rechte nahebringen. Ihr Lebenslauf eignet sich auch hervorragend: 76 Jahre alt, Rente etwa 1.000 Euro. Eine kleine Eigentumswohnung ist vermietet. Ein Auto ist über einen Kredit finanziert. Hanne P. ist seriös, lebenslustig, gesund und finanziell gut aufgestellt. Die Banken müssten sie lieben. Probieren wir es aus (Hanne P. wird bei den Gesprächen begleitet, die Protokolle werden nachträglich aus der Erinnerung angefertigt):

»Ihr Baujahr ist ein Risiko!«

Die Targobank hat wie gesagt eine harte Geschichte hinter sich. Ganz lange ist es her, da hieß diese Bank noch KKB, Kundenkreditbank. Damals hatte sie einen relativ ordentlichen Ruf. In den siebziger Jahren wurde die KKB von der amerikanischen First National City Bank übernommen und umbenannt in Citibank Privatkunden AG. Danach ging es mit dem Ruf bergab. Die Verbraucherschützer kritisierten die Citibank wiederholt wegen ihrer üblen Kreditvergabepraxis. Nach der Jahrtausendwende tat sich die Bank dann auch noch als aggressiver Vertreiber der Lehman-Zertifikate hervor. Viele Rentner wurden bis 2008 – wie zu Beginn des Kapitels geschildert – über den Tisch gezogen. Targobank – so heißt die Bank jetzt, die sich im Besitz der Crédit Mutuel, einer französischen Genossenschaftsbank befindet: mehr als 300 Filialen in Deutschland, drei Millionen Kunden.

Zu einer dieser Filialen im Berliner Raum geht jetzt Hanne P., 76 Jahre alt. Sie fragt nach einem Konsumentenkredit in Höhe von 4.000 Euro. Man müsste sie eigentlich als Kundin herzlich begrüßen. Sie legt brav alle Unterlagen vor, der Bankmensch berechnet ihr freies Einkommen. Die Mieteinnahmen aus ihrer Eigentumswohnung berücksichtigt er nicht, dafür aber ihren noch laufenden Autokredit. Bei der Targobank gibt es anscheinend keine Altersgrenze, dafür aber ... siehe unten. Der Banker hebt an:

»Also nach meiner Berechnung bekomme ich die 4.000 Euro leider nicht genehmigt.«

Hanne P.: »Aber ich habe doch eine Rente von fast 1.000 Euro und die Miete aus meiner Eigentumswohnung.«

»Da spielt auch Ihr Alter eine Rolle. Wenn Ihr Enkel hier mit 1.000 Euro Einkommen reinkäme, dann würde er hier mit 10.000 Euro Kredit rausgehen. Bei Ihnen ist das leider nicht mehr so, denn da ist ein Risikofaktor, dass die Targobank das Geld nicht mehr zurückbekommt. Nehmen Sie mir das nicht übel. Ich will Ihnen das nur erklären. Wir geben immer einen Kredit raus, auch an 90-Jährige, aber eben nicht mehr in dieser Höhe.«

Hanne P.: »Also ist mein Alter entscheidend!«

»Nicht ganz. Wenn Sie diesen Autokredit nicht hätten, könnte ich auch 4.000 Euro machen. Aber das wäre dann auch die Höchstgrenze, die die Targobank in Ihrer Altersklasse noch zur Verfügung stellt.«

Hanne P.: »Und wo ist die Altersgrenze genau?«

»Das sind Interna, die darf ich nicht so einfach ...«

Hanne P.: »!!!«

»Also, ich habe noch mal nachgerechnet. Sie können 1.738 Euro bei 36 Monaten Laufzeit bekommen.«

Hanne P.: »Sagen Sie mal den Zinssatz!«

»Ja, da haben wir 11,59 Prozent.«

Hanne P.: »In der Werbung waren es doch mal drei Prozent!«

»Das Kleingedruckte sagt aber: Bonität vorausgesetzt. Wir haben bei Ihnen zwar eine Bonität, aber ich muss nochmal zurückkommen auf das Alter. Wir haben keine Absicherung und keine Chance auf eine Absicherung. Da werden über die Zinsen eben die Kosten reingeholt. Wenn Sie jetzt Baujahr 50 wären, dann wäre die Summe, die ich Ihnen zur Verfügung stellen könnte, auch nochmal eine andere. Aber das Risiko bei einem Baujahr 37 ist einfach ein anderes.«

Hanne P.: »Wann glauben Sie, wann ich sterbe?«

»Nein, das möchte ich mir nicht anmaßen! Sonst bieten wir einen Todesfallschutz an. Den bekomme ich aber bei Ihrem Alter nicht mehr.«

Altersgrenzen werden von den Banken im Allgemeinen nicht offen angesprochen. Das wäre Diskriminierung. Es werden meist – wie in diesem Fall – andere Gründe vorgeschoben. Zum Beispiel eine fehlende Absicherung, weil eine Restschuldversicherung ab einem bestimmten Alter nicht mehr möglich sei. Bei einer Nachprüfung des Angebots der Targobank ergibt sich, dass der Effektivzins inklusive aller Kosten 13,15 Prozent beträgt. Das ist ein Wort. Zumal die Bank ihrerseits fast für Null das Geld von der Europäischen Zentralbank bekommt.

Mit den Inhalten dieses Gesprächs konfrontiert, kommt aus der Zentrale der Targobank der Versuch einer Erklärung. »Als verantwortungsvoller Kreditgeber ist es der Targobank sehr wichtig, nur solche Kredite zu vergeben, die von unseren Kunden problemlos zurückgezahlt werden können.« Und weiter. »Die Targobank hat keine Altersgrenzen bei der Vergabe von Konsumentenkrediten. Bei der freiwillig abschließbaren Kreditlebensversicherung gilt allerdings eine Altershöchstgrenze, die aber mit 75 Jahren deutlich höher liegt als bei vergleichbaren Anbietern. Die Vergabe eines Konsumentenkredits oder die jeweils angebotenen Konditionen sind ausdrücklich nicht abhängig vom Abschluss der optionalen Kreditlebensversicherung.« Und die Erklärungsversuche nehmen kein Ende. »Für uns ist das Beratungsgespräch mit Ihrer Testkundin nicht im Detail nachvollziehbar. Aufgrund Ihrer Ausführungen nehmen wir aber an, dass es sich um eine Verwechslung von Nominal- und Effektivzinssatz handeln könnte. Sollte dies im beschriebenen Einzelfall tatsächlich vorgefallen sein, entspräche dies nicht unserem Anspruch an eine transparente und ganzheitliche Beratung. Wir werden den Fall detailliert prüfen und gegebenenfalls Konsequenzen ziehen.«

Halten wir fest: Die Kunden erleben, dass sie gegen die Mauer der Altersgrenze laufen. Aber die Bank sagt, dass es gar keine Altersgrenze gibt. Alles klar?

Die Sparkasse: »Auf Ihren Enkel ist kein Verlass!«

Mittelbrandenburgische Sparkasse, Potsdam. Also, erst einmal grundsätzlich: »Wir danken unseren Kundinnen und Kunden für ihr Vertrauen. Das versetzt uns in die Lage, ständig weiterzuwachsen. Nicht zuletzt dank der guten Entwicklung im Einlagen- und Kreditgeschäft (...) ist unsere Bilanzsumme gewachsen.« So spricht Jo Wilhelm Werner, Chef der Mittelbrandenburgischen Sparkasse Potsdam, unter Hinweis auf den Erfolg seines Kreditinstituts im Jahr 2013. Hanne P., meine Testfrau, fühlt sich verstanden. Sie betritt mit dem Schwung ihrer 76 Jahre die Schalterhalle. Eine Sparkassenangestellte nimmt sich ihrer an.

Hanne P. fragt nach einem Konsumentenkredit.

»Wie sind Sie denn abgesichert, im Todesfall? Haben Sie da konkret vorgesorgt, also haben Sie eine Versicherung oder so was?«

Hanne P.: »Nein.«

»Also wenn Sie jetzt versterben und haben ein Darlehen aufgenommen ...«

Hanne P.: »Ich hoffe, dass ich noch so lange lebe!«

»Ja, aber das Leben ist endlich. Man kann ja nicht in die Zukunft schauen, das ist immer ein ganz wichtiger Aspekt, dass man da für sich selbst auch weiß, dass man niemandem zur Last fällt. Für die Bank ist es auch wichtig. Wir können uns ja nicht darauf verlassen, dass Ihr Enkel die Schulden dann übernimmt. Wir wollen ja nicht auf den Schulden sitzen bleiben.

Da müssten Sie schon so etwas abschließen, das muss man mit einkalkulieren.«

Hanne P.: »›Etwas‹ abschließen?«

»Normalerweise haben wir immer die Möglichkeit im Programm, einen Todesfallschutz direkt einzubeziehen. Aber das geht jetzt auf Grund Ihres Alters nicht mehr. Ich würde das jetzt mal über eine Sterbegeldversicherung darstellen.«

Hanne P.: »Aha. Aber das ginge bei jemandem, der 50 Jahre alt ist?«

»Ja. Aber bei Ihnen habe ich da keine Chance mehr. Deshalb versuche ich das jetzt mal über eine Sterbegeldversicherung abzusichern. Das hat den Vorteil, dass man das als Rückhalt hat, und wenn der Kredit abbezahlt ist, haben Sie ja dann für sich selbst eine Rücklage angespart.«

Hanne P.: »Ja, aber das ist ja dann auch eine Strafe für alte Leute!«

»Eine Ratenschutzversicherung, ja, weil die sonst so teuer würde und das will man den Kunden nicht zumuten. Die Sterbegeldversicherung ist da besser, da haben Sie auf jeden Fall auch das Angesparte.«

Hanne P.: »Dann sind wir ja jetzt auf einer ganz anderen Schiene, eigentlich will ich ja wissen, ob ich einen Kredit bekomme.«

»So weit sind wir noch nicht ... Die Sterbegeldversicherung bei der Feuersozietät kostet für Sie 75 Euro im Monat, das müssten Sie mit einplanen.«

Hanne P.: »Für diese Sterbegeldversicherung? Das habe ich nicht unbedingt vor.«

»Als grundsätzliche Absicherung müssen wir die Sterbegeldversicherung aber mit einbeziehen. Wenn ich das berechne für die 5.000 sind das monatlich 75 Euro, sprich: Wir hätten eine Rate für 48 Monate von 118 Euro plus 75,59 Euro.«

Hanne P.: »195 Euro jeden Monat! Und was kommt bei dieser Sterbegeldversicherung am Ende raus?«

»Also, die Leistung bei Tod in den ersten drei Jahren sind die eingezahlten Beiträge.«

Hanne P.: »Also wenn ich nach einem Jahr Tschüss sage, dann bekomme ich nur 900 Euro, nach zwei Jahren 1.800, nach drei Jahren 2.700, nach vier Jahren dann erst die 5.000.«

»Ja. Und nach acht Jahren läuft das aus«.

Hanne P.: »Wie, nach acht Jahren erst?! Und was habe ich dann bezahlt?«

»Sie haben dann 7.200 Euro eingezahlt.«

Hanne P.: »Und was bekomme ich dann heraus?«

»Auch 5.000 Euro!«

Hanne P.: »Dann habe ich ja 2.200 Euro verschenkt an Sie?«

»Nicht an uns, an die Versicherung! Ja, das ist so! Das ist eben das Risiko!«

Soweit die Realität am Tresen der Sparkasse. Mit diesem Gesprächsverlauf konfrontiert, antwortet die Pressestelle der Mittelbrandenburgischen Sparkasse: »Eine Altersobergrenze für Kreditnehmer gibt es bei der Mittelbrandenburgischen Sparkasse nicht. Für die Absicherung durch eine Ratenschutzversicherung ist durch den Versicherer ein Höchsteintrittsalter von 74 Jahren definiert. (...) Die Kreditvergabe bei der Mittelbrandenburgischen Sparkasse ist bei keiner Kundengruppe an den Abschluss zusätzlicher Produkte, wie z.B. eine Versicherung, gebunden.«

Bei dem Beratungsgespräch mit meiner Testkundin scheint die Pressestelle dabei gewesen zu sein; sie tut jedenfalls so. Allerdings hat sie etwas anderes erlebt als wir, denn sie schreibt:

»Die Beraterin hat im Rahmen einer ganzheitlichen Beratung die Empfehlung ausgesprochen, Rücklagen für den Todesfall zu schaffen, um nicht die Erben zusätzlich zu belasten und die Erben schnell mit Liquidität zu versorgen. Die Entscheidung, ob die Kundin diese zusätzliche Liquidität nutzen möchte, liegt einzig allein bei ihr selbst und ist generell nicht Entscheidungsgrundlage für die Kreditvergabe. Von einem ›Koppelgeschäft‹ kann keine Rede sein.«

Ja, so sollen wir das glauben. Aber nur noch einmal zur Erinnerung: »Als grundsätzliche Absicherung müssten wir die Sterbegeldversicherung mit einbeziehen«, sagte die Sparkassenmitarbeiterin. Oh, das ist aber merkwürdig. Oder rechtswidrig.

Im weiteren Verlauf des Sparkassenbriefs heißt es: »Es ist richtig, dass die Sterbegeldversicherung in den ersten Jahren den Kredit nicht absichert. Sie wurde im Übrigen, wie bereits erwähnt, auch nicht zur Auflage gemacht.« Manchmal werden die Dinge auch dann nicht richtiger, wenn man sie wiederholt. In der Werbung der Mittelbrandenburgischen Sparkasse finde ich noch den schönen Slogan: »Wer mit uns rechtzeitig seine Altersvorsorge plant, hat später gut lachen.«

Nach dem Kreditkompass der SCHUFA haben Senioren im Alter zwischen 65 und 74 Jahren im Vergleich zu allen anderen Altersgruppen die beste Zahlungsmoral. Das Ausfallrisiko der von ihnen aufgenommenen Kredite liegt bei 2,0 Prozent. Bei den jüngeren Menschen liegt das Ausfallrisiko bei über drei Prozent, der Durchschnitt aller Altersgruppen bei 2,5 Prozent. Alte sind die besten Schuldner. Wissen das die Banken nicht? Wollen sie es nicht wahrhaben? Wollen sie es sich bei einer ständig wachsenden Zielgruppe verscherzen?

Santander Consumer Bank: »Sie werden es bei uns nicht schaffen!«

Mein Mystery-Shopper Hanne P. ist weiter auf der Suche nach einem Bankkredit. Ihren soliden finanziellen Status kann sie nachweisen: Rentenbescheinigung und Personalausweis hat sie in der Handtasche.

Bei der Santander Consumer Bank in Potsdam bekommt Hanne P. erst gar keinen Termin. Beim Versuch der Anmeldung zum Kundengespräch muss sie am Telefon ihr Alter angeben. Die Bankfrau erklärt ihr unverblümt, dass es bei der Santander-

Bank eine interne Altersgrenze von 72 Jahren gäbe. Von da an rechne die Bank noch mit zwei Jahren Lebenszeit. Glückwunsch, Hanne P.! Sie ist mit 76 schon deutlich über der bankeigenen Altersschätzung. Eine interne Altersgrenze von 72 Jahren!

Vielleicht ist hier ein Einschub nötig: Die Santander Consumer Bank hat eine ziemlich wechselvolle Geschichte. Es begann in den Sechzigern als Bankhaus CentraleCredit. Das wurde von Santander, der großen spanischen Bank in den Achtzigern aufgekauft und CC-Bank genannt. Im Jahr 2002 fusionierte die AKB Bank mit der CC-Bank. Im Jahr 2004 nannte man sich wieder mal um, und zwar in Santander Consumer CC-Bank. Im Jahr 2007 wurde das CC aus dem Namen getilgt. Im Jahr 2009 ging die GE Money Bank in der Santander Consumer Bank auf. 2010 wurde das Privatkundengeschäft der SEB Bank (schwedisches Mutterhaus) an Santander verkauft. Das ist der letzte Stand. Ziemlich verwirrend und nicht wirklich vertrauenerweckend. Intern gibt es bei Santander immer wieder Streit um die Bezahlung der Mitarbeiter. Knapp ein Drittel der Beschäftigten soll in einer hausinternen Leiharbeitsfirma beschäftigt sein. Die Gewerkschaft ver.di sagt, es gebe Mitarbeiter, die ausschließlich auf Provisionsbasis arbeiten müssten. Die Bank bestreitet das. Verbraucherschützer kritisieren immer wieder unzulässige Gebühren für Kredite. Es gibt mittlerweile eine Schutzgemeinschaft der Santander-Bankkunden, die in mehr als hundert Fällen Klage auf Rückzahlung der Gebühren erhoben hat. Das (in Kurzfassung) ist die Santander Consumer Bank.

Zweiter Versuch meiner Testkundin, wieder bei Santander, aber bei einer anderen Niederlassung. Santander Consumer Bank Berlin-Neukölln. Hanne P. hat mehr Glück. Die Bankangestellte fragt am Telefon nicht nach dem Alter, nimmt aber ansonsten viele Daten auf: Rente, Mietkosten, Kreditwunsch. Meine Testkundin bringt alle Unterlagen mit und legt auch sofort ihren Personalausweis vor. Die Beraterin wirft einen kurzen Blick darauf und versucht dann, sie abzuwimmeln. Das geht so:

»Hatten Sie schon mal Kontakt mit uns? Sie sind Kundin bei uns?«

Hanne P.: »Nein, noch gar nicht.«

»Das haben Sie aber am Telefon nicht gesagt!«

Hanne P.: »Andersherum, Sie haben es nicht gefragt! Ich bin davon ausgegangen, dass das keine Rolle spielt.«

»Ja, da ist unser Prozedere etwas umfangreicher, mit Kontoauszügen, und es muss in der Zentrale beantragt werden.«

Hanne P.: »Na, ich habe Kontoauszüge und alles dabei.«

»Was haben Sie denn an Sicherheiten?«

Hanne P.: »Also anhand meiner Rente sagen Sie jetzt schon, ich brauche Sicherheiten?«

»Na, wenn Ihnen was passiert, und der Kredit läuft noch, also wir würden Ihnen das Geld ja schon geben, von der Rente her ist das nicht das Problem, aber wegen der Rückzahlung und der Laufzeit, wenn Sie da keine Sicherheiten mitbringen ...«

Hanne P.: »Also mit dem Blick auf die Rente sagen Sie, das reicht nicht?«

»Die Rente reicht bestimmt aus, um die Raten zu zahlen, das ja. Wenn Sie aber versterben, bekommen Sie keine Rente mehr, und wer zahlt dann die Raten weiter? Da haben wir keine Sicherheit. Das Problem ist die Absicherung!«

Hanne P.: »Ja, ich habe ja noch eine Eigentumswohnung.«

»Die können wir bei 4.000 Euro aber nicht berücksichtigen. Also ich denke mal, Sie werden es bei uns nicht schaffen.«

Hanne P.: »Und wenn Sie es doch mal versuchen?«

»Das brauche ich nicht. Da hab ich jahrelang Erfahrung gesammelt. Das kriege ich nicht durch.«

Hanne P.: »Also haben Sie eine Altersgrenze?«

»Jain. Also wenn Sie eine Lebensversicherung abschließen wollten, geht das auch nicht in jedem Alter. Sie müssten ja eine Risikolebensversicherung abschließen. Also ich an Ihrer Stelle würde einfach zum Händler gehen oder zur Hausbank.« (Beim Händler kann Hanne P. problemlos einkaufen und dann die

Finanzierung beantragen. Kein Problem für sie. Obwohl die Händler ihrerseits bei Banken anfragen müssen.)

Hanne P.: »Dabei machen Sie so schöne Werbung. Und Sie haben mich ja eingeladen!«

»Ich hatte ja nicht nach dem Alter gefragt!«

Hanne P.: »Also ich bin jetzt schon sauer! Diskriminierung soll es doch nicht mehr geben!«

»Aber es scheitert ja letztendlich nicht am Alter!«

Hanne P.: »Jain!«

»Jain.«

Als die Santander-Geschäftsleitung mit diesem Gesprächsverlauf konfrontiert wird, stellt sie vor allem eines fest: »Jegliche Berichterstattung über unser Unternehmen, die den Vorwurf der Altersdiskriminierung erheben würde, wäre unwahr und daher rechtswidrig. Hierdurch würde das Unternehmenspersönlichkeitsrecht der Santander Consumer Bank AG in erheblicher Weise verletzt.« Das heißt auf Deutsch: Ein falsches Wort und wir verklagen dich, bis du arm bist wie eine Kirchenmaus.

Also erkläre ich hiermit laut und deutlich: Ich behaupte nicht, dass die Santander Consumer Bank Altersdiskriminierung betreibt. Sollten Sie, liebe Leser, aus der Lektüre des Gesprächsverlaufs einen anderen Eindruck gewonnen haben, so ist dies Ihre persönliche Angelegenheit. Ich distanziere mich von dem Eindruck, den Sie gewonnen haben könnten.

Es gibt aber weitere schöne Zitate aus dem Schriftstück dieser »Unternehmenspersönlichkeit« Santander Consumer Bank. Zum Beispiel: »Die angebliche Auskunft unserer Beraterin Frau X, es gebe bei der Santander Consumer Bank eine generelle Altersgrenze bei der Kreditvergabe von 72 Jahren, ist nicht zutreffend.« Merkwürdig. Haben wir uns verhört? Oder hat die Bankmitarbeiterin das erfunden? Warum sollte sie? Und weiter: »Tatsächlich gibt es keine Altersgrenze bei der Santander Consumer Bank für die Vergabe von Krediten. (...) Jeder einzelne Kreditantrag wird individuell geprüft. Insbesondere entscheidend sind die Faktoren, ob der Kunde angemessene und ausreichende Sicherheiten für die Rückzahlung der Kreditsumme anbieten kann und ob die Möglichkeit der Rückzahlung des Kredites überwiegend wahrscheinlich ist. Das Alter des Kunden spielt bei der Vergabe von Krediten daher keine Rolle.«

Entscheidend ist die obenstehende Formulierung »individuell geprüft«. Nach dem Allgemeinen Gleichbehandlungsgesetz (AGG) darf es Altersdiskriminierung bei der Kreditvergabe nicht geben. Allerdings gibt es für den Bankensektor und das Versicherungsgewerbe eine Ausnahmeregelung, die der Banken-Lobby zu verdanken ist. Und diese Ausnahme sagt: »Das Gleichbehandlungsgesetz gilt nur bei sogenannten ›Massengeschäften‹. Kreditvereinbarungen und Versicherungen wurden aus den Massengeschäften hinausdefiniert. Sie werden individuell verhandelt.« »Individuell« – dieses Wort ist entscheidend. Guter Trick. Damit ist die Altersdiskriminierung möglich, aber nicht strafbar, und nach außen wird sie einfach bestritten. Obwohl, das alles darf ich ja nicht behaupten!

Die Postbank: eine Vorliebe für alte dumme Kunden

Ich war beeindruckt: Am Rande einer Konferenz in Hamburg im Jahr 2004, in einer Kaffeepause, nahm er mich zur Seite: Professor Dr. Jürgen Kluge, der damalige Chef von McKinsey Deutschland. Einer der Großen in der größten Unternehmensberatung der Welt. Und er wollte mir, dem Journalisten, etwas nahebringen. Nämlich: Die Postbank, also die sei auf dem Weg, eine ganz tolle Firma zu werden. Ob ich verstanden hätte? Die Postbank, ja? Die wäre aus dem Schlaf aufgewacht. Ein Thema für einen Wirtschaftsjournalisten, oder?

Ich war zwar beeindruckt, dass sich so eine große Nummer aus dem Beratungsbusiness zu mir herabgebeugt hatte. Aber die Anregung brachte mich dann doch nicht dazu, Lobeshymnen über diese Bank zu singen.

Seitdem habe ich die Postbank im Blick. Sie ist ein besonderes Institut mit ungewöhnlicher Geschichte. Dass die Postbank neue Wege beschritt, war nicht zu übersehen. Die Modernisierung betraf ja auch das Äußere, das Logo, die Farbgebung: alles sehr schick. Aus dem altmodischen Postscheckamt war etwas Neues geworden. Das hatte mit der Auflösung der Bundespost im Jahr 1990 begonnen, als die Deutsche Post mit den Töchtern Postbank und Deutsche Telekom ausgegliedert und in die Selbstständigkeit entlassen wurden. Im Jahr 2004 wurde die Postbank nach einem pompösen Börsengang eine eigenständige Aktiengesellschaft. Seitdem wurde das Institut umgebaut. In diesen Jahren gab es bei der Bank so eine Art Goldgräberstimmung. Sie herrschte bis 2010. Denn die schöne Eigenständigkeit war nicht von Dauer. Seit 2010 hat die Deutsche Bank die Aktienmehrheit – will aber jetzt sich wieder von der Postbank trennen.

Die neuen Herren der damals anfangs noch selbstständigen Postbank probierten von Anfang an Neues aus. Zum Beispiel erfanden sie das Gewinn-Sparen. Ein schönes Wort, das Gewinn durch Sparen suggerierte. Es war ein Angebot für Spareinlagen ab 2.500 Euro. Die Bank kombinierte dabei Sparen mit ein bisschen Glücksspiel. Es gab einen für damalige Verhältnisse niedrigen Basiszins und dazu die Hoffnung auf mehr, wenn bestimmte Endziffern der monatlichen Hauptziehung der Lotterie »Aktion Mensch« getroffen wurden. Da bekommt das Wort Glücksspiel einen ganz neuen Bezugspunkt. Oder sie dachten sich das Dax-Sparbuch aus. Auch in diesem Fall mehr Klang als Leistung. Das sollte wie eine Mischung aus Börse und Sparertrag klingen. Auch hier blieb dem Sparer bei näherem Hinsehen auch unter besten Bedingungen nur ein lächerlicher Gewinn. Sie waren also von Anfang an erfindungsreich, die neuen Herren der Postbank – zum Nutzen des Unternehmens und zu Lasten der Kunden.

Kein Wunder, dass der McKinsey-Chef das lobte. Entsprach es doch seiner Vorstellung eines modernen Unternehmens, in dem die Kundenzufriedenheit nicht an erster Stelle steht, sondern der Gewinn. Die Chefs der Postbank waren – beim näheren Hinsehen fiel es auf – allesamt ehemalige McKinsey-Menschen, Exberater, die an der Postbank ausprobierten, was sie gelernt hatten. An der Spitze Wulf von Schimmelmann, Vorstandsvorsitzender, früher McKinsey. Ein Mann, der mit der neuen Postbank, wie er sagte, »einen Schatz heben wollte«. Oder Wolfgang Klein, sein Nachfolger, auch er Ex-McKinsey. Dazu Klaus Zumwinkel, der erste Aufsichtsratsvorsitzende der neuen Postbank und Frank Appel, sein Nachfolger: sie alle Zöglinge von McKinsey. Alle getrimmt auf schnelles Geldverdienen.

Die Kunden waren das Ziel. Ihnen fiel die Rolle der Opfer zu. »Bei der Bank bleibt kein Stein auf dem anderen«, hieß es damals in der Presse. Die alten Mitarbeiter wurden in die Wüste geschickt. Eine neue Truppe angestellter, zum Teil selbstständiger sogenannter Berater ging auf Kundenfang. Die freien Mitarbeiter erhielten im Schnellgang eine Schulung: So verkaufen Sie richtig! Dann wurden sie ausgerüstet mit den Visitenkarten und den Unterlagen mit dem Logo der Postbank. Damit die Kunden glauben sollten, sie hätten es mit festen Mitarbeitern der Postbank zu tun. Die Kunden fielen darauf rein. Wenn sie später versuchten, »ihre Berater« zu erreichen, sagte man ihnen, dass es sie gar nicht in der Bank gebe. Allein das war ein böses Erwachen für die Kunden.

Diese Menschen, die inzwischen alten Kunden aus den Zeiten des Postscheckamtes, waren den McKinsey-Goldgräbern die liebsten. Weil sie Geld auf Postscheckkonten oder auf den braven Postsparbüchern hatten, »totes Geld« aus der Sicht der Manager. Daran hatte die Bank bislang nichts verdient. Dieser »Schatz« sollte »gehoben« werden. Wenn dieses Geld zum Ankauf von riskanten Finanzprodukten eingesetzt wurde, verdiente zunächst die Bank, danach verdienten sich die Berater und die Produzenten dieser Produkte ein goldenes Näschen. Wenn es gut laufen würde, hätten sogar die Kunden gute Zinsen bekommen. Aber das stand nicht im Mittelpunkt der Geschäftstätigkeit. Postbank-Bestandskunden waren somit eine fette Beute, weil sie gutgläubig waren.

Wie zum Beispiel der Vater von Hannelore Ruchelka. Er selbst möchte darüber nicht reden. Seine Tochter tut es vor Kamera und Mikrofon meiner ZDF-Kollegin Ute Waffenschmidt. »Mein Vater wurde einfach übers Ohr gehauen von der Postbank«, sagt die Tochter. Er wollte seinerzeit sein ganzes Geld, mehr als 100.000 Euro, als Tagesgeld anlegen. Schneller Zugriff auf das Geld war ihm wichtig. Das hatte er deutlich erklärt. Stattdessen wurden ihm Anteile an einem geschlossenen Immobilienfonds verkauft – obwohl der schon zu diesem Zeitpunkt in der Krise steckte. Damit lag das Geld auf Jahre hinaus fest; vorzeitiger Verkauf hätte einen schweren Verlust gebracht.

Ein besonders böser Trick, dessen sich viele Finanzberater der Postbank bedienten: Sie fügten dem Verkaufsformular einen Satz hinzu, in dem es hieß, die Kunden seien sich des Risikos voll bewusst gewesen und hätten dennoch auf dem Abschluss bestanden. Hunderte von Kunden sagen: Das ist nicht wahr. Aber sie alle sind alt. Viele von ihnen sind geschwächt, haben nicht mehr viel Geld, haben keinen Rechtsschutz, kurz: Sie sind ideale Opfer.

Rechtsanwalt Helge Petersen vertritt diejenigen von ihnen, die sich immerhin wehren. Seine Praxis ist zur Anlaufstelle der Opfer geworden. Zum Beispiel Marianne Löwe. Ein besonders krasser Fall. Die alte Dame bewohnte ein schuldenfreies Eigenheim. Der Postbank-Berater überredete sie, für 200.000 Euro Kredite aufzunehmen. Dafür wurden riskante Fondsanteile gekauft. Das Geld ist verloren, die Kredite konnten nur getilgt werden, indem Frau Löwe das Haus zur Zwangsversteigerung freigab. Sie wohnt jetzt in einer kleinen Mietwohnung. Frau

Löwe selbst will nicht über ihre Erlebnisse reden. Die Postbank hat ihr einen Vergleich angeboten: Geld gegen Schweigen. Jetzt schweigt sie. Aber ihr Anwalt, Helge Petersen, stellt fest: »Ja, besonders alte Menschen wurden übers Ohr gehauen.« »Petersen & Collegen« ist der Name seiner Kanzlei. Eine Gruppe von Juristen und Spezialisten, die sich vorwiegend mit den Folgen der jahrelangen Postbank-Beratungen beschäftigen. Ich bekomme den Chef der Kanzlei, die in Kiel beheimatet ist, zum Interview – ein kämpfender Anwalt: »Die Schicksale machten mich wütend und weckten meinen Kampfgeist!«

Nicht alle Kunden sind inzwischen tot. Aber viele

Aus meiner Erfahrung als TV-Reporter weiß ich: Manche wirklich guten Informationen kommen von Insidern. Wer im Zorn ein Unternehmen verlassen hat, will oft etwas loswerden. Da müssen wir Journalisten vorsichtig sein, Rache ist manchmal einseitig und polemisch. So ist auch das Statement mit Vorsicht zu lesen, das ein sich selbst »Insider 2012« nennender anonymer Autor über das Innenleben der Postbank in einem Chat geschrieben hat. »Ich kann Ihre schlechten Erfahrungen bestätigen, Sie sind leider kein Einzelfall. Als Außenstehender fragt man sich: Warum ist das so? Als Insider kann ich Ihnen die Frage beantworten: Der Fehler liegt im System, Banken koppeln den Vertrieb vom Rest des Unternehmens ab. Der Berater ist nur noch Verkäufer und soll verkaufen, sonst nichts. Da werden Versprechungen gemacht, da wird gelogen und geschummelt, was das Zeug hält. Und wenn es der Kunde später merkt und sich beschwert? Ist doch dem Verkäufer egal! Da sollen sich dann ›DIE‹ vom Beschwerdemanagement drum kümmern! Und oft ist der Verkäufer dann gar nicht mehr da und an anderer Stelle im Unternehmen oder bei einem anderen

Unternehmen. Verkäufer wollen jetzt Ihre Unterschrift, wollen jetzt ihren Erfolg! Mit 100 % Kundenorientierung schafft man seine Ziele nicht! Kundenbeschwerden von morgen? Nachrangiges Problem.«

Sicherlich subjektiv. Aber die bekanntgewordenen Prüfberichte der Postbank-Innenrevision sind nicht minder aussagekräftig. Und glaubwürdig. So halten die Prüfer fest, dass drei Viertel der Kunden Anlagen empfohlen wurden, die nicht zu ihnen passten. Auch aus den Callcentern der Postbank und vom Beschwerdemanagement werden Interna bekannt. So zum Beispiel, als eine Kundin sich beschwert. Dazu der interne Vermerk: »Die Kundin hat keinen Rechtsschutz und ist auch emotional nicht in der Lage, eine Klage zu erheben.« Das heißt: Wir müssen nicht nachgeben. Oder: »Der Kunde ist 70 Jahre alt ... Bei ihm handelt es sich um einen alten Mann.« Klartext: Vor dem brauchen wir keine Angst mehr haben. Oder: »Als ich« (schreibt der Mitarbeiter des Callcenters) »ihr deutlich gemacht habe, dass die (Schiffsbeteiligung) auch einen Totalverlust beinhaltet, hat Frau E. über 10 Minuten hemmungslos geweint.« Auch darüber hat ein Insider dem ZDF und dem »stern« 2013 berichtet.

Die Postbank lässt inzwischen nach der Übernahme durch die Deutsche Bank von dem Drückergehabe und dem Vertrieb von geschlossenen Fonds die Finger. Die Sache ist ihr zu riskant geworden. Die meisten Kunden waren alt. Aber es leben immer noch viele. Deren gesammelte Wut macht Lärm, schafft eine negative Stimmung in der Öffentlichkeit. So will die Postbank nicht mehr dastehen. Heute wirbt sie ganz froh mit neuen guten Nachrichten: Testsieger als »sicherste Online-Bank«. Testsieger! Das würde Herrn Professor Kluge, der inzwischen nicht mehr für McKinsey arbeitet, sondern als selbstständiger Unternehmensberater unterwegs ist, sicher gefallen: Hauptsache Sieger, gute Arbeit, Jungs!

Unverständlich, kompliziert und fremdwortlastig: So reden Banken

Haben die Banken dazugelernt? Nachdem wir ihnen schon lange vorwerfen, dass sie mit uns Kunden unverständlich kommunizieren? Jetzt liegt eine Studie vor, die Texte zu Produkten und Dienstleistungen von 62 Banken auf die Probe stellt. Das ist ein gemeinsames Projekt der Universität Hohenheim mit dem Institut für Verständlichkeit »Communication Lab« aus Ulm. Die Forscher präsentieren als abschreckendes Beispiel einen aktuellen Text, der sich an ganz normale Kunden von Banken richtet. Zitat: »Protect bedeutet, dass die Rückzahlung vorbehaltlich des Emittentenrisikos, auch dann zum Nennbetrag erfolgt, wenn der Schlusskurs des Basiswertes am finalen Bewertungstag zwar unterhalb des Basispreises, aber auf oder über der Barriere notiert.«

Könnten Sie den Satz bitte wiederholen? Oder seinen Inhalt sinngemäß wiedergeben? Um wie viel abschreckender muss so etwas auf Bankkunden wirken? Besonders auf jene, die älter sind, die die neuen Bankprodukte (darum geht es in dem Text) kaum verstehen, und denen dann als Erklärung so etwas vorgelesen oder vorgelegt wird. Leider wollen viele Kunden nicht zugeben, das nicht verstanden zu haben. Sie tun so als ob, und das Unheil nimmt seinen Lauf. »Der Kunde hat doch unterschrieben«, heißt es dann im Streitfall.

»Das Vertrauen in die Finanzwirtschaft ist erschüttert«, stellt Studienleiter Oliver Haug fest. »Kunden wollen vor allem verständlich über Kosten und Risiken bei der Geldanlage informiert werden.« Leider sei dies nach wie vor nicht der Fall. Untersucht wurden Allgemeine Geschäftsbedingungen, Informationsmaterialien, Produktinformationsblätter und Pressemeldungen der Banken. Es wurden unter anderem Satzlängen untersucht, aber auch Passivsätze, Schachtelsätze oder Anglizismen.

Beispiel Produktinformationsblätter: Sie sind vom Gesetzgeber vorgeschrieben. Sie wurden nach der Finanzkrise 2008 zur Pflicht und sie sollen Finanzprodukte verständlich beschreiben. Soweit die Theorie. Und die Praxis? »Insgesamt sind die Texte trotz einiger Lichtblicke nur mäßig verständlich«, sagt Oliver Haug. »Die Sprache ist viel zu fachlich und komplex – das stellt jeden Laien vor eine oft unüberwindbare Verständlichkeitshürde.«

Eines der schrecklichsten Fundstücke ist ein Satz, der 119 Wörter lang ist – ein Sprachmonster. Professor Dr. Frank Brettschneider von der Universität Hohenheim kommt zu einem naheliegenden Schluss: »Da müssen sich die Banken nicht über den Vorwurf wundern, sie würden gelegentlich absichtlich unverständlich informieren, etwa um Risiken von Geldanlagen zu verschleiern.« Genau das ist seit langem mein Vorwurf. Da wird nicht etwa aus Unfähigkeit so verklausuliert geschrieben oder geredet. Sondern es ist volle Absicht. Wer unverständlich bleibt, kann sein Gegenüber verwirren oder beeindrucken und im Zweifel so als Kunden über den Tisch ziehen.

Münchhausen für Alte: der CPR Silver Age Fonds

Eigentlich eine geniale Idee: Da gibt es einen Aktienfonds, der versammelt in seinem Vermögen Firmen, die ausdrücklich mit Produkten und Dienstleistungen für die Alten Geld verdienen. Der heißt »CPR Silver Age«. Die Werbung des Fonds beschreibt das so: »Im Fokus (...) stehen ausschließlich europäische Aktien aus Branchen, die von einer alternden Gesellschaft profitieren sollten.« Die alternde Gesellschaft, heißt es, sei eine wichtige Quelle wirtschaftlicher (...) Veränderungen. Es gehe um die 65- bis 80-jährigen Menschen, denen man eine hohe Kaufkraft unterstellt. Und um die Über-80-Jährigen, »bei denen Betreuung, Pflege und medizinische Themen stärker in den Vordergrund rücken«.

Das ist eigentlich die Lösung: Alte Menschen kaufen einen Anteil an einem Fonds, der ihnen Rendite abliefert, weil er daran verdient, dass alte Menschen Produkte kaufen, die nur für sie gemacht werden und die Gewinn abwerfen. Alles klar? Das ist entweder das Prinzip Münchhausen (an den Haaren aus dem Sumpf ziehen) oder es ist eine Variante des Perpetuum mobile, das sich aus sich selbst heraus bewegt.

Wo ist der Staat, wenn es um den Schutz alter Kunden geht?

Berechtigte Frage: Hallo, ist da jemand? Gibt es eine Institution, die in der Welt der Finanzen dem unverfrorenen Umgang mit alten Menschen Einhalt gebietet? Es müsste doch in unserem Land, in dem dermaßen viel penibel geregelt ist, möglich sein, der massenhaften Missachtung alter Kundinnen und Kunden bei Banken und anderen Finanzinstituten Einhalt zu gebieten. Es ist immer wieder das gleiche Schema, nach dem es abläuft: Den Kunden wird etwas aufgeschwätzt, was nicht ihren Erwartungen entspricht. Sie unterschreiben Kaufverträge, deren Tragweite sie nicht verstehen. Sie gehen Risiken ein, von denen sie nichts geahnt haben. Auf der anderen Seite verdienen die Verkäufer umso besser, je riskanter und hochstaplerischer die Produkte sind, die sie über den Tisch schieben. Es ist so offensichtlich, was da passiert. Warum lässt der Staat das zu?

Ja, natürlich, da ist die Bafin. Seit mehr als zehn Jahren gibt es dieses Amt, das im öffentlichen Interesse das Finanzwesen kontrolliert. Besser: kontrollieren soll. Der klare Auftrag an diese Behörde lautet, Risiken im Finanzwesen zu erkennen und zu unterbinden.

Leider wissen nur die wenigsten Bürger, dass sie sich mit Beschwerden an diese Institution wenden können. Jedenfalls sind es pro Jahr nur ein paar hundert Beschwerden, die beim Amt eingehen. Angesichts der Fallzahlen ist das verschwindend wenig.

Das Ergebnis dieser Beschwerden: Pro Jahr erlässt die Bafin Bußgelder im niedrigen Tausenderbereich, manchmal auch monatelang kein einziges. Die Beträge zum Beispiel für fehlerbehaftete Beratungsprotokolle bewegen sich im Bereich von zehntausend bis dreißigtausend Euro. Angesichts der erzielten Profite in diesem Bereich ist das lachhaft. Die Bafin verteidigt sich, sie dürfe nicht mehr als 50.000 Euro Strafe ansetzen. So wird die Schuld auf die Politik verschoben.

So oder so: Die Bafin will oder kann nichts für geprellte Anleger tun. Da sind aber auch offensichtliche Schwachpunkte in der Aufgabenliste der Bafin: Sie prüft unter anderem die Verkaufsprospekte, mit denen Finanzprodukte den Kunden schmackhaft gemacht werden. Aber sie prüft ausschließlich auf formale Richtigkeit, nicht auf inhaltliche Stimmigkeit. Wenn die vorgelegten Zahlen also im Zusammenhang plausibel sind, alles miteinander aber frei erfunden – dann fällt der Bafin nichts auf. Der Verkäufer kann dann frech mit dem Bafin-Stempel werben. Auch prüft die Bafin nicht, ob der Hersteller (der Emittent) des Finanzprodukts sauber ist. Deswegen können immer wieder schräge Finanzhaie durch das Netz schlüpfen.

In Erinnerung ist uns noch das spektakuläre Ende der S&K-Finanzgruppe, deren Führungspersonal mit Ferraris durch die Lande fuhr, rauschende Partys für sich selbst und die Mitarbeiter gab und schließlich wegen des Verdachts auf Betrug und Geldwäsche in die Haftanstalt geschickt wurde. Die Bafin kannte das Treiben. Jahrelang sah man zu. Aber erst ein Jahr nachdem der Staatsanwalt den Laden geschlossen hatte, entzog die Bafin der S&K-Gruppe die Zulassung. Was soll man davon halten?

Hier existiert eine wesentliche Schwäche im Finanzsystem unseres Landes. Die Kunden denken, das Finanzwesen sei ordentlich kontrolliert. Gerade alte Kunden, denen die Sprache und die Sitten der Geldbranche fremd sind, vertrauen auf staatlichen Schutz. Viele von ihnen mussten jedoch erfahren: Wenig wird kontrolliert. Sie sind kaum geschützt, oft Betrügern ausgeliefert. Je älter die Kunden, umso leichter fallen sie herein. Und wenn das Kind in den Brunnen gefallen ist, darf es dort untergehen, denn auf Hilfe können die Finanzopfer nicht hoffen.

Fazit: Keine Finanzprodukte kaufen, die man nicht restlos versteht

Zwei unterschiedliche Feststellungen sind nötig.
Erstens: Die Alten sind die Hauptzielgruppe, wenn es um das Verkaufen von riskanten Geldprodukten geht. Riskante Produkte bringen den Verkäufern die höchsten Provisionen. Diese Risiken müssen beim Verkaufsgespräch hinweggeredet werden, übertüncht, versteckt. Das gelingt bei alten Menschen leichter als bei jungen. Die Alten kann man ausnehmen, abschöpfen, entleeren. Diese Alten sind meist gutgläubig. Sie schenken den Angestellten in den Banken ihr Vertrauen. Viele Alte haben meist auch ein bisschen Geld auf der hohen Kante – auf dem Sparbuch oder als Tagesgeld. Bis zur Jahrtausendwende konnten alte Kunden noch einen gewissen Respekt als Kunden bei Banken erwarten. Doch seitdem haben flächendeckend die gierigen Manager oder die kalten Controller in Geldhäusern die Herrschaft übernommen. Sie haben einerseits problematische Geldprodukte konstruieren lassen. Von Mathematikern entworfen, für Laien unverständlich. Das sind verlockend konstruierte Wetten, bei denen der Kunde auf schöne Zinsen hofft, aber die Bank letztlich immer gewinnt. Sogar manche Fondsma-

nager und die Mehrheit der Vertriebsmenschen in den Banken verstehen die Brisanz dieser komplizierten Produkte nicht. Das sollen sie auch nicht. Denn dann könnten sie nicht so hemmungslos verkaufen, was für die Kunden wie eine Bombe wirkt, mit einem Zeitzünder, der irgendwann auslöst und ihr Geld reduziert oder vernichtet. Viele Verkäufer, die im Nachhinein begriffen haben, was sie da angerichtet haben, werden heute von Zweifeln geplagt. Es plagt sie das Schuldbewusstsein. Sie sind selbst Opfer geworden – Kollateralschaden würden die Manager sagen, sollten sie jemals darüber nachdenken. Nur die obersten Spitzen in den Hierarchien sind die echten Gewinner. Sie haben im Zweifelsfall Gehälter und Boni eingestrichen, weil sie erfolgreiche Geldmaschinen gebaut haben, die dem Unternehmen und damit ihnen genutzt haben. Es ist schwer auszuhalten, aber diese Führungskräfte kommen im Allgemeinen ungeschoren davon. Sie haben nichts Ungesetzliches getan. Ihr Verhalten war legal, wenn auch nicht legitim.

Bleibt für die Kunden, jene viele tausend Menschen, vor allem ältere, die Erkenntnis: Kaufe nie ein Finanzprodukt, dessen Wirkungsweise du nicht verstehst. Geh niemals allein in solche Verkaufsgespräche, nimm dir Zeugen mit. Unterschreibe nie ein Protokoll, in dem unverständliche Formulierungen enthalten sind. Lass dir nicht Risikoneigung unterstellen, wo du keine Neigung zum Risiko hast. Lass dich nicht auf diese Gespräche ein, bei denen du zum Nicken veranlasst wirst, bis du zum Schluss zu deiner eigenen Kapitalvernichtung nickst.

Zweitens. Ihr hässliches Gesicht zeigen Banken oder Sparkassen, wenn alte Menschen nach einem Kredit fragen. Da wird klar gesagt: Von uns gibt es nichts! Oder höchstens zu Konditionen, die den Kunden als Wucher erscheinen müssen. Trotz des Verbots der Diskriminierung fällt im direkten

Gespräch die klare Aussage: Sie sind zu alt. Das ist für die Alten entwürdigend. Und es ist unverständlich, denn alte Kunden zahlen sorgfältiger zurück als junge.
Insgesamt gilt: Das Geschäft mit dem Geld ist in den Händen von Leuten, die uns nichts Gutes wollen. Hat da mal eine Bank geworben: »Vertrauen ist der Anfang von allem«? Stimmt. Aber wir sollten es den Banken nicht schenken. Misstrauen ist hier angesagt. Vorsicht ist richtig. Glauben Sie nicht alles, was die Menschen sagen, die Ihr Geld wollen.

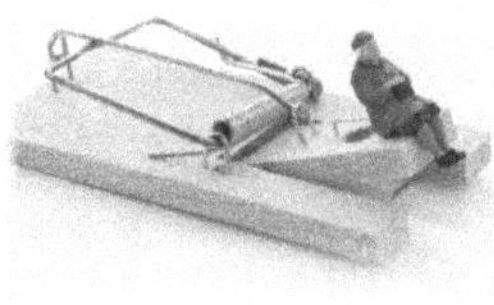

8. WOHNEN

»Weg mit euch, ihr gehört ins Heim!«

Es heißt, der Wohnraum pro Kopf sei in den letzten Jahren gewachsen. Angeblich gibt es in unserem Land viel Platz zum Leben. Aber wo ist dieser Platz? Und wie lebt es sich in diesem »umbauten Raum«? Stadt oder Land, Neubau oder alte Hütte, komfortabel oder minimalistisch – es gibt sehr unterschiedliche Möglichkeiten des Wohnens. Zeitschriften schildern uns das Idyll eines Landlebens – mit sogenannten »rustikalen« Häusern, ländlich-sittlich eingerichtet, glückliche Familien feiern im Garten unterm Apfelbaum. Das Fernsehen nimmt dieses Bild auf und zeigt uns das Leben auf dem Land im schönsten Licht. Vor dem Landhaus steht der Land Rover. Ich will wissen, ob das die Wirklichkeit ist, ob das nur für die junge Familie gilt oder auch für alte Menschen. Altwerden in der Provinz – wie ist das?

Auf der anderen Seite das Leben in der Stadt. Da ist Vielfalt, da sind Wochenmärkte, aktive Vereine, kulturelle Angebote. Die Jungen suchen verstärkt diese Städte – zum Arbeiten und zum Leben. Natürlich ist es da auch schön für alte Frauen und Männer, die viel Zeit haben. Macht Stadtluft auch die Alten glücklich? Wie wohnt es sich denn so in der Stadt, wenn die Rente knapp ist? Und wenn man allein ist, alt und nicht mehr so beweglich?

Die Wohnung ist wichtig, im Wortsinne lebenswichtig. Je älter die Menschen werden, umso mehr hängen sie an ihrem Heim. Mieter, die seit dreißig, vierzig Jahren oder länger in »ihrer« Wohnung leben, sind keine Seltenheit. Sie haben manches erlebt in den vielen Jahren: Berufswechsel, Familiengründung, aber auch Krisen, Trennungen oder den schwierigen Übergang in das Rentnerdasein. Da ist die Wohnung zum Fixpunkt des Lebens geworden. Deswegen ist das mit dem Wohnen im Alter so eine Sache: Man könnte es den Alten doch viel leichter machen – aber dann müssten sie umziehen. Vernünftig wäre es. Aber ist es auch menschlich?

Schließlich die zunehmenden Beschwernisse des Alters. Nicht alle schaffen es, ihren Alltag selbst zu bewältigen. Sie benötigen Hilfe und Unterstützung. Abgeschoben ins Heim – das wollen die wenigsten. Das Pflegeheim sehen die alten Menschen als Endstation. Ihre Ablehnung ist verständlich. Aber das Alleinsein in der eigenen Wohnung schafft andere Probleme.

Ich war im Sommer Teil einer Wandergruppe, die für zwei Tage die Vulkaneifel durchstreifte. Durch Täler und über Berge, vorbei an Quellen mit Trinkwasser, über Wiesen mit Rinderherden. Für mich als Stadtmensch ein Erlebnis. Durch Dörfer mit Fachwerkhäusern. Sonne auf den Schieferdächern. Wie schön!

»Hier könnte ich alt werden«, sagte einer in der Gruppe. Das fanden die anderen auch. Wie man das so am sommerlichen Sonntag sagt, wenn die Welt im schönsten Licht erstrahlt. Aber dann, bei Erreichen unseres Zwischenstopps, einer Gemeinde mit 1.300 Einwohnern, zeigte sich trotz Sonne und blauem Himmel eine andere Seite. Viele Häuser in der Hauptstraße standen leer; noch ganz gut in Schuss, wie gerade ausgeräumt, aber eben unbewohnt. Dann gab es aber auch schon in den Nebenstraßen das fortgeschrittene Stadium: eingeworfene Fenster, eingesunkene Dächer, nicht mehr zu retten das Ganze. Der Ort galt früher als beliebtes Ziel holländischer Touristen. Aber von sechs Hotels standen drei leer. »Zu verkaufen«-Schilder an der Eingangstür. Auf den Dorfstraßen eine ungewöhnliche Ruhe: keine Kinder, keine Jugendlichen, ein paar Alte hocken stumm vor einer Bierkneipe. Nein, hier möchte ich nicht alt werden. Wer hier alt wird, ist zu bedauern.

Die deutsche Provinz blutet aus. Seit Jahren, zum Teil seit Jahrzehnten, leiden Dörfer und kleinere Städte unter Einwohnerschwund. Im Osten, vor allem in Mecklenburg-Vorpommern und in den Teilen von Brandenburg, die nicht vom Sog der Hauptstadt Berlin profitieren können. Niedergang aber auch im Westen Deutschlands. In der Eifel, die ich durchwandert habe ebenso wie in manchen Städten des Ruhrgebiets. Sogar im stolzen Bayern gibt es Ecken, die so gar nichts haben von dem Slogan »Mit Laptop und Lederhose«. Zwei Drittel aller Dörfer in Deutschland haben in den letzten Jahren kontinuierlich Einwohner verloren. Es gibt keinerlei Anzeichen für eine Trendumkehr. Im Gegenteil: Die ländlichen Gebiete sterben aus.

Die Entwicklung ist eindeutig. Es beginnt mit der Abwanderung der jungen Leute. Sobald sie einen Arbeitsplatz gefunden haben (und der ist immer seltener auf dem Land), ziehen sie weg. Das hat Folgen für die Orte. Keine Familien mit Kindern bedeuten das Aus für Kindergärten und Schulen. Es verschwinden die Lebensmittelgeschäfte, die Apotheken und Arztpraxen, zumal auch junge Ärzte das flache Land meiden.

Das Leben verlangsamt sich und zurück bleiben die alten Menschen. Sie hängen einerseits an ihren Heimatorten. Doch selbst wenn sie sehen, dass das Leben dort nicht mehr attraktiv ist, bringen sie nicht die Kraft auf, den Wohnort zu wechseln. Wobei dieses Leben in sterbenden Ortschaften Beeinträchtigungen mit sich bringt. Es gibt keinen Treffpunkt für alte Menschen. Wenn der Arzt gebraucht wird, muss er lange Strecken zurücklegen. Lebensmittel bringt einmal täglich eine Art Bus: da heißt es, pünktlich zur Stelle sein, um dann aus einem knappen Angebot auswählen zu müssen.

Dieses einsame Leben in todgeweihten Dörfern ist nicht einmal besonders erschwinglich. Denn Kommunen mit sinkender Kopfzahl leiden unter zu großen Gemeinschaftsbauten. Schwimmbäder werden geschlossen, Schulen und Kindergärten sowieso. Aber eine zu groß geratene Kläranlage lässt sich nicht schließen. Die Verwaltungen müssen die Gebühren erhöhen. Denn gleichbleibende Kosten bei weniger Bürgern führen zu steigenden Umlagen.

Es ist auch noch nicht einmal eine Vorhersage möglich, die Umkehr oder Besserung verspricht. Ob die Zahl der Menschen in Deutschland nun abnehmen wird oder ob die Masse der Flüchtlinge den lange vorhergesagten Bevölkerungsschwund aufhalten wird: Es wird nichts an der Landflucht ändern. Die bereits jetzt darbende Provinz wird weiter ausbluten. Die Politiker wollen sich nicht eingestehen, dass der Abwanderungsprozess unaufhaltsam ist. Dabei wäre diese Erkenntnis der erste Schritt, um eine angemessene Strategie zu entwickeln.

Es muss etwas getan werden für den ländlichen Raum. Man darf die alten Menschen nicht alleinlassen in den sterbenden Ortschaften. Man darf sie nicht vereinsamen lassen. Denkbar wäre, dieses Landleben, das zurzeit nur in Printmagazinen und Fernsehserien seine Sonnenseiten zeigt, zum realen und attraktiven Leben zu erwecken. Beispiele für dieses Neuentdecken der Provinz gibt es. In Italien oder Frankreich finden sich vormals aufgelassene Dörfer, die von Stadtmenschen aus ganz Europa wiederentdeckt wurden. Plötzlich haben dort die zurückgebliebenen, alteingesessenen Dörfler neue Nachbarn, die Häuser liebevoll restaurieren und zu neuem Leben erwecken. Da können dann auch alte Menschen neue Aufgaben finden, wenn man sie braucht als heimatbewusste Bürger, als helfende Nachbarn oder als Gärtner. Manchmal nur zur Ferienzeit. Aber immerhin.

Die Stadt: perfekter Zufluchtsort für alte Menschen?

Die Stadt. Das Ziel aller Wünsche. Der Zufluchtsort der jungen und aktiven Bevölkerung. Mit perfekter Infrastruktur und

Unterhaltungsangeboten. Ist sie auch der ideale Lebensort für die alten Bürger?

Tatsächlich wurden in den letzten Jahren verstärkte Alterswohnsitze mitten im städtischen Trubel gebaut. Eigentlich eine gute Idee, aber es heißt näher hinzuschauen. Das sind oft sogenannte Residenzen. Das Leben dort ist attraktiv, lebhaft, »urban« nennen das die Makler. Vor allem aber teuer. Dort können sich die Normalos unter den Rentnern kein Apartment leisten. Es sind Inseln für reiche Alte im städtischen Umfeld.

Am Rand der Städte, dort wo die Hochhäuser stehen, die Plattenbauten oder die Mietskasernen aus den 70ern: Da leben viele Alte. Aber sogar dort gibt es zu wenige Wohnungen, vor allem zu wenige, die altersgerecht sind. Altersgerecht und bezahlbar!

Rentner sind von steigenden Mieten und Wohnungsnot besonders stark betroffen. Das sagen die Sprecher von Sozialverband und Mieterverein Hamburg anlässlich einer Pressekonferenz zur Lage in der Hansestadt. Die Probleme von Hamburg sind nicht ungewöhnlich. Es gibt sie anderswo in derselben Schärfe.

Der Chef des Mietervereins Hamburg, Eckart Pahlke, bringt es für sein Einzugsgebiet auf den Punkt: »Die hohen Mieten sind von den kargen Renten oft nur schwer zu bezahlen.« Er schildert Fälle von Altersdiskriminierung. Zum Beispiel bohrende Fragen von Vermietern. Betroffen war ein älteres Ehepaar, das auf der Suche nach einer seniorengerechten Wohnung war. Sie seien zum Beispiel gefragt worden, ob »sie ihre Wohnung noch sauber halten« könnten. Das muss ein schlimmes Gefühl für die so ausgeforschten Eheleute gewesen sein. Eine Demütigung! Die Rückfrage, die man sich da wünscht, müsste lauten: »Und Sie selbst? Noch ganz sauber?« Aber das geht ja nicht. Wer unter Druck steht, kann sich so eine Antwort nicht leisten.

Als sich eine noch sehr fitte Interessentin um eine Wohnung in Tonndorf (Hamburg) bewirbt, erhält sie diese schriftliche

Antwort: »Der Wohnungseigentümer hat sich leider gegen Sie als Mieterin entschieden. Grund hierfür ist Ihr fortgeschrittenes Alter, die Altersgrenze für eine Neuvermietung liegt bei 75 Jahren. Wir wünschen Ihnen für Ihre Zukunft alles Gute.« Tja, alles Gute und so weiter für die Zukunft!

Als eine Rentnerin eine anstehende Modernisierung und die damit einhergehenden Beeinträchtigungen nicht einfach so hinnehmen wollte, wird gedroht, ihr »das Gas abzudrehen«. Auch nicht schlecht. Das verbale Hantieren mit Gas hat in unserem Land einen ganz besonderen Klang.

Als Grund für die zunehmenden Probleme älterer Menschen auf dem Wohnungsmarkt nennen die Vertreter des Hamburger Mietervereins und des Sozialverbands Deutschland das sinkende Rentenniveau. »Wer älteren Menschen ein Leben in den eigenen vier Wänden ermöglichen will, muss deutlich mehr seniorengerechte Wohnungen bereitstellen.« Ältere Menschen wollen lieber in ihren eigenen vier Wänden bleiben. Der Einzug ins Pflegeheim ist ihnen unheimlich und unangenehm.

Gegen die »graue Wohnungsnot«

Inzwischen hat sich ein Bündnis von Bauverbänden, Mieterbund und Gewerkschaft zusammengetan. Sein Name: »Wohnen 65plus«. Denen geht es natürlich um das Bauen, um die Aufträge und um die daran hängenden Jobs. Aber das ist ja nichts Verwerfliches. Bei »Wohnen 65plus« schauen die Beteiligten speziell auf die Wohnsituation der Alten. Sie blicken auf die Zahlen. Die sagen: Etwa 11 Millionen Haushalte gibt es heute schon, in denen der Haupteinkommensbezieher älter ist als 65 Jahre. Davon leben sechs Millionen in den eigenen Wänden und fünf Millionen zur Miete. Das ist zwar rechnerisch eine hohe Quote an Eigentümern. Aber beim näheren Hinschauen sieht es nicht so gut aus. Viele alte Eigentümer leben in alten Häusern. Sie haben nicht das Geld für Renovierungen.

Weil die Misere nicht zu übersehen ist, kam es sogar zur regierungsamtlichen Erkenntnis: »Selbstgenutztes Wohneigentum ... befindet sich dabei überwiegend in älterer Bausubstanz. Viele der Gebäude sind weder barrierefrei noch barrierearm. Sie weisen zahlreiche Hindernisse auf, in der Wohnung und beim Zugang in das Haus und zur Wohnung. Gerade in den Bädern sind altersgerechte Maßnahmen notwendig, um Stürze und Unfälle zu vermeiden (sagte das Bundesministerium für Verkehr, Bau und Stadtentwicklung schon im Jahr 2011).

Die Alten wissen das, was die Politik analysiert hat, selbst am besten. Sie würden es gerne ändern oder sich dabei helfen lassen. Das ist der richtige Moment für die Auftraggeber dieser Studie. Es gebe eine »graue Wohnungsnot«, sagen sie. Dagegen müsse man vorgehen. 2,5 Millionen Seniorenwohnungen halten sie für nötig, und damit liegen sie auf einer Linie mit dem Bauministerium. Dissens gibt es beim Lösungsvorschlag. Denn sie fordern Geld, öffentliches Geld, für altersgerechtes Bauen und Sanieren. 540 Millionen Euro pro Jahr in den kommenden acht Jahren. Studienleiter Matthias Günther erläutert: »Ein Förder-Euro zieht etwa acht Euro an privaten Investitionsmitteln nach sich. Für eine 39-Milliarden-Investition muss der Staat also eine 4,33-Milliarden-Euro-Förderung schaffen – in diesem Fall verteilt auf acht Jahre.«

Dabei geht es auch darum, einen Teil der Alten aus zu großen Wohnungen herauszuholen und ihnen kleinere (damit auch billigere) Wohnungen anzubieten. Bereits heute seien drei Prozent der Alten auf Grundsicherung angewiesen. Das heißt: kaum genug Geld zum Leben, kein Geld für hohe Mieten und steigende Nebenkosten. Die Zahl der alten Menschen mit Grundsicherung wird in den kommenden Jahren auf 25 Prozent steigen. Das ist besorgniserregend. Wie will man diesen Menschen eine menschenwürdige Wohnung bieten, wo doch bereits jetzt Normalverdiener über Mieten stöhnen und die zusätzlichen sogenannten Nebenkosten mittlerweile als »zweite Miete« bezeichnet werden?

Unter den alten Menschen, die wenig Geld haben, finden sich 900.000 Hauseigentümer. »Eigentümer« klingt nach Vermögen. Doch das Geld ist gebunden im Haus. Da ist nichts übrig, um Wände zu dämmen oder Platz zu schaffen für einen Rollstuhl. Insgesamt reden die Fachleute von einem Viertel der Seniorenhaushalte als »einkommensschwach«. Sogar wenn sie oberhalb der Grundsicherung liegen: Wenn ein Paar zusammen nur etwa 1.000 Euro monatlich hat, kann es keine großen Sprünge machen. Es gibt frei finanzierte Seniorenwohnungen. Aber nicht für die armen Alten.

Wer nach Wohnungen für die Alten Ausschau hält, wird kaum fündig. Wer die großen Wohnungsgesellschaften fragt, erhält erschreckende Zahlen. Da ist zum Beispiel die »Vonovia SE«, einer der größten Mietwohnungseigentümer im Land. Das Unternehmen hat inzwischen von seinen 174.000 Wohnungen etwa 1.000 umgebaut. Das sind mit Mühe 0,5 Prozent! Man verspricht, weitere Altenwohnungen in Angriff nehmen zu wollen.

Bleibt noch das generelle Problem: Senioren wollen gar keine als solche deklarierten Seniorenwohnungen. Ich kann es verstehen. Ich würde es auch nicht gerne hören, wenn man mir, verbunden mit einem Glückwunsch-Schreiben, eine Altenwohnung andienen würde. Wer sich nicht gerne alt nennen lassen will, der verneint auch den Wunsch nach einer Altenwohnung. Man will sich das Etikett nicht ankleben lassen. Vom Bundesverband Deutscher Wohnungs- und Immobilienunternehmen hört man: »Als ›seniorengerecht‹ titulierte Wohnungen sind nicht überall stark begehrt.« Und Tobias Just, der Leiter einer Immobilienakademie, ergänzt: »Viele ältere Menschen fühlen sich stigmatisiert, wenn ihnen altersgerechte Wohnungen angeboten werden.«

So kommt es zu dem Paradoxon, dass angeblich altersgerechte Wohnungen fehlen, aber die Alten nicht bereit sind, diesen Tatbestand als Mangel zu bestätigen. Sie wollen nicht. Beim Bundesverband der Wohnungsunternehmen versucht man sich in Marketingdeutsch: Man möge bitte nicht von »Seniorenwohnungen« sprechen. Stattdessen habe man den Slogan »Wohnen für ein langes Leben« geschaffen. Wohnungen ohne Schwellen und mit breiten Türen seien doch auch für junge Familien geeignet.

Dabei sind sie generell gerne zuhause, die Alten. Je älter, je lieber und umso länger. Oder auch: Je älter, umso zwangsläufiger. Die Wohnung als Nest, als Schutzzone, als Rückzugsort. Da kommt den privaten Räumen mehr Bedeutung zu. Weil die jungen Menschen sich zwanglos draußen bewegen, ist ihnen »die Bude« zunächst einmal ziemlich egal. Später, wenn die Familie Kinder hat, benötigt man vor allem viel Raum, viel Fläche. Bei den Alten wird der Raum zweitrangig, wichtig wird es, die Wohnung mit all ihren Einrichtungen nutzbar zu machen.

Wie ist das bei Mietern? Wie können sie sich helfen lassen? Einen Anspruch auf eine barrierefreie Wohnung haben sie schon. Die Wirklichkeit macht allerdings die Durchsetzung schwer. Ein enges Haus ohne Aufzug und ohne Anbaumöglichkeit für einen Lift an der Außenwand? Da kann der Eigentümer nicht gezwungen werden, Geld in die Hand zu nehmen.

Bisher ist das barrierefreie Wohnen ein Randthema. Ein realisierbarer Traum für Menschen mit Geld. Oder für Menschen, die weit vorausdenken. Doch die Mehrheit der älteren oder alten Menschen lebt in Verhältnissen, die für sie zunehmend bedrückend werden. Da hilft es auch nicht, in einer lebendigen und wachsenden Großstadt zu wohnen. Die persönlichen Umstände machen die Teilhabe an der hippen Urbanität unmöglich. Oder drastisch gesagt: Wer heute im hintersten Winkel eines hauptstädtischen Kiez am Rande der Stadt wohnt, der hat zwar im Ausweis Berlin als Wohnort stehen, aber das verbindet er nur mit »arm«, nicht jedoch mit »sexy«.

Einsame Alte: Dagegen soll die Technik helfen

Nicht alle Menschen, jung oder alt, leben in Ehe, eheähnlicher Gemeinschaft, mit Partner oder in Wohngemeinschaften. Es wollen auch nicht alle. Ich kenne einige alleinlebende Alte, die glaubhaft versichern: Diese Soloexistenz ist für mich gut! Allerdings: Ich glaube nicht, dass die meisten Alten in der selbstgewählten Einsamkeit glücklich und zufrieden sind.

Bei den meisten alten Menschen hat sich das Alleinsein von selbst ergeben: Der Ehepartner oder Lebenspartner ist gestorben. Man lebt geschieden. Die Kinder sind weit weg. Den Mehrgenerationenhaushalt innerhalb der Familie gibt es nicht mehr. Das Mehrgenerationenhaus ist eine viel bewunderte seltene Ausnahme.

Die meisten alten Menschen sind allein. Sie leben allein. Ob es ihnen so gefällt oder nicht. Da aber im Alter die Risiken zunehmen, muss man auch feststellen: Wer allein lebt, lebt gefährlich. Im Leipziger Stadtteil Plagwitz wurde eine alte Frau sechs Monate nach ihrem Tod entdeckt. Sie war 86 Jahre alt. Niemand hatte sie vermisst, auch nicht ihr Sohn. Ein extremer Fall, bedrückend.

Dass alte Menschen erst Tage nach ihrem Ableben entdeckt werden, ist leider keine Seltenheit. Wenn die Fälle untersucht werden, zeigt sich oft, dass die alten Männer oder Frauen in ihren Wohnungen gestürzt waren und sich nicht mehr selbst zu helfen wussten. Sie starben unter qualvollen Umständen. Allein zu leben ist lebensgefährlich. Was haben wir für eine Gesellschaft, die es zulässt, dass Alte unbeachtet und ohne Kontakte leben müssen? Man kann nur ahnen, unter welchen Umständen sich dieses Leben abspielt, unter welchen grausigen Umständen dieses Leben zu Ende geht.

Was tut man dagegen?

Sorgt man für eine gezielte Betreuung? Gibt es genug Mittel, um Menschen als freundliche Besucher und Begleiter im Alter einzusetzen? Nein, das ist nicht die Richtung, in der sich unsere Gesellschaft entwickelt. Menschen sind teuer. Technik ist billiger. Neue Technik für die wachsende Zielgruppe der alleinlebenden Alten lässt auf Gewinne hoffen.

Deswegen tüfteln inzwischen viele Ingenieure an Systemen, die die Alten im Blick behalten, sie kontrollieren und im Zweifel warnen sollen, wenn bei ihnen zuhause etwas nicht stimmt. Das ist ein attraktiver Markt für das Industrieland Deutschland. Da kann man national, aber auch als Exporteur, viel Geld verdienen. Mit Pflegekräften wäre das so nicht möglich: Mehr als 80 Milliarden Euro, hofft die Branche, ließen sich verdienen, wenn man Millionen Alten-Haushalte elektronisch so vernetzte, dass Maschinen die Kontrolle in den Räumen übernehmen. Was für eine Vorstellung!

Es geht um ein technisch verortetes System, das mit AAL abgekürzt wird. Die Langfassung: Ambient Assisted Living. Die auf Deutsch angebotene Übersetzung klingt ziemlich mühsam: altersgerechte Assistenzsysteme für ein selbstbestimmtes Leben. Das Wörtchen »selbstbestimmt« wurde wohl mit Bedacht gesetzt, denn genau das ist bei dieser Entwicklung der kritische Punkt.

So sehen die ersten Schritte in Richtung AAL aus:

In Berlin gibt es die große Klinik Charité. Dort haben die Ärzte gemeinsam mit einer Gruppe von Unternehmen und Krankenkassen eine »Partnership for the Heart« entwickelt. Da werden herzkranke Patienten mit mobilen Messgeräten ausgestattet. Die messen bei ihnen zuhause automatisch Blutdruck, Gewicht und Herzströme. Diese Daten werden per Mobilfunk an ein Zentrum geschickt, von Ärzten und Pflegern überwacht. Wenn es nötig wird, werden Hilfsmaßnahmen eingeleitet. Die Patienten können auch von sich aus einen Notruf absetzen. Die Mediziner versprechen sich eine bessere Patientensicherheit und eine erhöhte Lebensqualität für die Patienten, die trotz ihrer Herzschwäche nicht permanent in der Klinik sein müssen.

Sie können ihre Freizeit gestalten und im Notfall schnelle Hilfe erhalten. Das ist AAL im Kleinformat. Und so weit noch ganz akzeptabel.

Aber die Forscher denken weiter. Sie richten ihren Blick auf alle alten Menschen in ihren stillen Wohnungen. Wenn die Pflege teurer wird und die menschliche Zuwendung schwierig, dann soll wenigstens die Technik helfend eingreifen können.

Beispiele dafür: Künftig soll es möglich sein, dass sich der Herd automatisch abschaltet, wenn er längere Zeit vor sich hin heizt, aber laut Messprotokoll nicht genutzt wird. Es sollen sich die Fenster und Rollläden schließen, wenn es dunkel wird. Beleuchtung und Raumtemperatur sollen sich den Wünschen des Bewohners automatisch anpassen. Wenn das Raumsystem zu dem Ergebnis kommt, dass der Bewohner Hilfe braucht, so soll Hilfe angefordert werden. Bodenbeläge können mit Sensoren und Meldesystemen versehen werden: sobald eine Person längere Zeit auf dem Boden liegt, wird Alarm ausgelöst.

Im Haushalt könnten die modernen elektronischen Geräte vernetzt werden und überall in der Wohnung ihre Funktion dokumentieren oder Störungen melden. Automatikprogramme könnten die Geräte selbstständiger machen.

Als demnächst realisierbar schildern die Entwickler auch den Bau eines persönlichen Assistenten (den sie in ihrem Techniker-Humor PAUL für »persönlicher Assistent für unterstütztes Leben« genannt haben). PAUL soll wie ein Tablet-PC oder Smartphone jederzeit bei seinem Bewohner sein und Kontrollfunktionen übernehmen (sind die Fenster geschlossen?) und Ein-Aus-Funktionen steuern können.

Früher hatte man Zweifel, ob alte Menschen sich mit diesen Techniken anfreunden und sich so einem PAUL anvertrauen könnten. Heute wissen wir, dass viele alte Menschen mit Computern umgehen können und dass sie Zutrauen haben zur Leistungsfähigkeit moderner Technik. Das ist nicht das Problem. Und die Vernetzung aller Geräte und Systeme ist schon machbar.

Zum Beispiel so: Das Projekt heißt »easyCare«. Ein Musterprojekt im Ludwigsburger Altersheim Karl-Walser-Haus. Da wurden einige Wohnungen rundum mit Sensoren ausgestattet. In allen Räumen, an Türen und Schubladen, an Geräten und Türen. Diese Sensoren haben eine Verbindung zu einer Betreuerin. Wenn aus einer dieser Testwohnungen für längere Zeit keine Bewegung gemeldet wird, wenn Fenster stundenlang geöffnet sind, dann setzt sich die Betreuerin in Bewegung.

Das ist schon ziemlich viel Eingriff in die Privatsphäre. Aber es geht noch weiter.

Zu dem Projekt namens Smart Senior, an dem Deutsche Telekom, Siemens und andere Partner aus der Industrie mitarbeiteten, gehört eine Weste, die die alten Menschen tragen sollen. Diese Weste übermittelt dann die Körperdaten, also Blutdruck, Herzrhythmus und mehr. Bei Auffälligkeiten kommt der Notarzt. Es ist kein Zufall, dass die großen Technikkonzerne unseres Landes bei solchen Projekten einsteigen. Nicht, dass sie ihre Liebe zu Oma und Opa entdeckt hätten. Es geht um den potenziellen Markt. Dass dabei Omas Schritte überwacht und Opas Herzschlag kontrolliert werden, macht technikverliebte Ingenieure nicht nachdenklich.

Der nächste Schritt in Richtung fürsorgender Kontrolle alter Menschen ist bereits in Planung. Natürlich muss auch hier eine englische Bezeichnung herhalten: Future Living Berlin. Unter dieser Bezeichnung sollen 70 Wohnungen in Berlin-Adlershof mit neuesten Assistenzsystemen ausgestattet werden und, wie der Geschäftsführer der ausführenden Gesellschaft schwärmt, »ein bundesweiter Leuchtturm in Bezug auf assistierende Technik« werden.

Am Ende dieser Entwicklung kommt dann, wenn alte Menschen Hilfe oder Pflege benötigen, nicht mehr ein Mensch zu ihnen, sondern ein Automat. An solch einem Projekt arbeitet der Lehrstuhl Baurobotik der Technischen Universität München. Da wird dann irgendwann ein Roboter unser Zimmer betreten, sich uns zuwenden und uns nach allen Regeln der Kunst waschen und pflegen. Wenn er richtig programmiert ist. Wenn nicht – man mag es nicht zu Ende denken.

Das sind die Perspektiven für eine alternde Bevölkerung. Für Menschen, die im Alter allein wohnen und für die es nicht genug Zuwendung und Zeit gibt.

Jeder möge sich selbst prüfen. Ich habe es getan: Ich möchte mich nicht in meiner Wohnung überwacht fühlen, vielleicht durch Sensoren oder gar durch Kameras. Möchten Sie es? Ich möchte nicht meine persönlichsten Daten und Messwerte in die Welt hinausfunken. Weil ich nicht weiß, wer sie in die Hände bekommt. Wer sitzt im Call-Center? Sind die Leute vertrauenswürdig? Werden sie gut genug bezahlt? Bleiben sie standhaft, wenn ihnen Geld von der Boulevardpresse geboten wird, die gerne Intimes wissen will? Oder: Wenn ich zum dritten Mal vergessen habe, das Licht auszumachen: Kommt dann ein freundlicher Mann, der mich aus der Wohnung hinausführen will, weil man mich als reif für das Heim einschätzt? Oder finde ich mich unfreiwillig in einer witzig-bösen TV-Show wieder? Das sind meine Bedenken – und ich glaube, ich bin nicht der einzige mit solchen Bedenken.

Und schließlich wäre das alles nur Ersatz. Eine Ersatzlösung, weil es nicht genug Pfleger gibt oder andere Menschen, die helfen könnten. Nicht tröstlich. Aber leider eine mögliche Zukunft.

Fazit: Alleinlebende Alte brauchen mehr als eine technische Problemlösung!

Die Politik hat es noch nicht begriffen: Deutschlands Provinz schrumpft, abgelegene Dörfer und kleine Städte werden zu Altersheimen. Die dort noch lebenden Menschen altern, vereinsamen, verwahrlosen. Dagegen gibt es keine erkennbare regierungsamtliche Strategie. Die Zentren wachsen. Das überdeckt den Tod der Provinz. Übersehen werden dabei auch die dort lebenden Menschen. Die Alten, die es nicht mehr schaffen, die absteigende Provinz zu verlassen, lässt man zurück. Es gibt keinen politischen Plan, wie der Abwärtsspirale beizukommen wäre. Aber man kann die alten Menschen nicht zurücklassen wie Sperrmüll. Das Problem löst sich nicht von selbst. Und wir können auch nicht zulassen, in solchen Kategorien zu denken.

Ist es für die alten Frauen und Männer generell besser, in den aufsteigenden Metropolregionen zu leben? Einerseits ja. Weil sie mitten im Leben sind und weil alle Einrichtungen – von Kultur bis Medizin – schneller erreichbar sind. Aber auch das Stadtleben hat seine Schattenseiten. Zunächst einmal ist die Stadt teuer. Und auch in einer Millionenstadt kann man einsam sein. Die Anonymität ist manchmal größer als auf dem Land. Alte Menschen in ihren städtischen Wohnungen bedürfen der Zuwendung, damit sie dort bleiben können, wo sie sich seit langem wohlfühlen.

Die Einweisung in das Heim empfinden fast alle als schrecklich. Manche Alten sind nicht mehr in der Lage, sich zu wehren. Dann nehmen sie ihre Abschiebung hin. Manche sehen und verstehen, dass es nicht mehr anders geht – aus Gründen, die bei ihnen liegen mögen; weil sie zuhause mit den alltäglichen Anforderungen einfach nicht mehr klarkommen. Oder weil es niemanden gibt, der sie versorgen und pflegen könnte. Dann akzeptieren sie den Heimplatz, wohl wissend, dass es ihre letzte Adresse im Leben sein wird.

Aber alle anderen? Die wollen nicht ins Heim. Sie wollen so lange es geht eigenständig leben. Nicht unbedingt ganz allein zuhause, aber doch autonom mit einem Rückzugsort. Da ist es dann aber keine Lösung, auf technische Lösungen zu setzen, um alte Menschen vor Isolation und Vernachlässigung zu bewahren. Der Traum der Techniker von der elektronisch gestützten Rundumkontrolle ist nicht menschenwürdig. Das ist eine Scheinlösung. Menschen brauchen Menschen.

Alles ist besser als das Leben im Pflegeheim. Zumal unter solchen menschenunwürdigen Umständen, wie sie hier bereits geschildert wurden. Da ist allerdings Einsatz gefordert. Verwandte dürfen nicht wegschauen, sondern sie müssen sich immer wieder im Heim sehen lassen. Allein regelmäßige Besuche und aufmerksame Blicke zeigen, wie sich ein Heim entwickelt, ob da noch gut mit den Pflegebedürftigen umgegangen wird oder nicht mehr. Wegschauen dürfen auch nicht die amtlichen Kontrolleure. Eine rein papierbasierte Anfrage mit Fragebogen ersetzt keine Kontrolle. Es geht um Menschen. In den Pflegeheimen müssen wieder vertrauenswürdige Zustände einkehren.

9. ALTES ALTER

»Jetzt ist aber wirklich Schluss!«

Das alte Alter ist das wahre, das echte, aber auch das »gefährliche« Alter. Im alten Alter wird es richtig ernst. Mag die Zeit zwischen dem 60. und 80. Lebensjahr je nach Konstitution noch ganz munter begangen werden, danach wird es kritisch. Das alte Alter ist oft keine lustige Angelegenheit. Kein Wunder, dass Prominente, die alt geworden sind, vom »Altwerden ist nichts für Feiglinge« schreiben oder fordern, man möge »Altern wie ein Gentleman«. Das alte Alter wird mittlerweile als das vierte bezeichnet – nach der Jugend, dem Erwachsensein und dem jungen Alter. Es ist das Endstadium.

Wer so weit gekommen ist, der weiß: Das Ende ist nah. Die Frage ist, wie man damit umgeht. Oder schlimmer: wie das Alter mit dem Menschen umgeht. Denn man hat – anders als bisher – vieles nicht mehr selbst in der Hand. Gibt es einen Weg, ein Rezept, ein Verhalten, das wir uns aneignen sollten, um im hohen Lebensalter (sollten wir es überhaupt erreichen) trotz altersbedingter Einschränkungen akzeptabel leben zu können? Was sagen uns die Fachleute, also die Gerontologen? Und was können wir lernen von denen, die schon jetzt alte Alte sind? Jetzt ist wirklich Schluss – aber wie?

Alle wollen alt werden, aber niemand will alt sein

Es ist so eine Sache mit dem Alter. Eines der Sprichwörter unter Gerontologen sagt: Alle wollen alt werden, aber niemand will alt sein. Das dritte Alter beginnt nach heutiger Rechnung mit dem 60. Lebensjahr, das vierte beginnt zu dem Zeitpunkt, zu dem (nach wissenschaftlicher Definition) die Hälfte der sogenannten Geburtskohorte nicht mehr lebt.

Wenn also meine Altersgruppe, die Frauen und Männer aus den Jahrgängen 1945 bis 1950, zur Hälfte nicht mehr leben, dann steht der Rest der Gruppe an der Schwelle zum vierten Alter. Die Betroffenen dürften dann etwa 80 Jahre alt sein. Da wird sichtbar, wie sich der Altersprozess verschoben hat. Denn noch in den siebziger Jahren des vorigen Jahrhunderts gehörte ein Endsechziger zum alten Eisen. Wir erinnern uns: Stimmt, die waren damals richtig alt, im Blick auf Kleidung, körperliche Fitness, Sprache – aber auch geistige Beweglichkeit.

Also noch einmal: Niemand will alt sein? Es geht aber um eine Definition. Auch ich will alt werden, aber nicht als »alter Greis« angesprochen oder angeschaut werden. Ich will ernst genommen werden, ich will weiterhin zuhören, lesen, verstehen und mitdiskutieren. Als Mitglied meiner Kohorte und Endsechziger blicke ich voller Zuversicht auf die kommenden Jahre, weil alles noch möglich ist – die Freude an Sportarten, das Erlernen neuer Sprachen, die Aneignung neuer Fertigkeiten. Oder auch nur: das Erlernen von Techniken, um das, was nicht mehr so einfach geht, durch schlaue Ersatzfähigkeiten zu ersetzen.

Natürlich hat sich altersbedingt auch bei mir etwas geändert. So zum Beispiel: Mißtrauisch beobachte ich mich selbst, dass es mich stört, wenn beim Einparken in eine enge Lücke die Mitfahrer mich gleichzeitig mit Fragen löchern. Ist das »Altersstarrsinn«, weil ich erst einparken und danach antworten will? Ist das eine Alterserscheinung, dass nicht mehr alles gleichzeitig und parallel geht – so wie früher? Immerhin (denke ich mir) benötige ich noch keinen elektronischen Parkassistenten! Der natürlich genau für meine Zielgruppe entwickelt wurde.

Hochbetagt? Da geht noch was!

Auf der Suche nach den alten Alten. Den Alten-Alten. Sollte ich sie lieber in Ruhe lassen, weil auch sie ihre Ruhe haben wollen? Wollen sie nicht mehr aktiv sein? Es muss doch auch mal Schluss sein?

Früher wurden 80-Jährige und Ältere nicht mehr als ernsthaft zu betrachtende Menschen wahrgenommen. Sie wurden angesprochen wie Kinder. Ihre Antworten interessierten nicht wirklich. Diese Alten-Alten, die Greisinnen und Greise, gehörten nach Ansicht vieler Menschen ins Heim – ruhiggestellt, aus den Augen, aus dem Sinn. So gingen und gehen auch heute noch viele mit Alten um und manche Alte lassen so mit sich umgehen. Da sollten die einen ihre Sicht ändern und die anderen sollten sich das nicht länger bieten lassen.

Die Forscher jedenfalls sind weiter. Sie sehen zunächst ganz kühl und sachlich auf die Zahlen. Zum Beispiel die Zahl der Menschen, die das Alter 100 erreichen: Es ist ein weltweiter Trend, so auch in Deutschland, dass die Zahl der Hundertjährigen stark wächst. Jedes zweite Kind, das nach dem Jahr 2000 geboren wurde, hat gute Chancen, hundert Jahre alt zu werden. Die »Zweite Heidelberger Hundertjährigen-Studie« untersucht die »Herausforderungen und Stärken des Lebens mit 100 Jahren«. Ich greife Erkenntnisse heraus.

Die Stärken des Lebens mit 100 Jahren

Einerseits werden Hundertjährige bestaunt und bewundert. Der Bürgermeister kommt bei diesem runden Geburtstag zum Gratulieren. Es gibt eine Notiz mit Foto in der Lokalzeitung. Als sei das Alter eine Leistung von eigenem Wert. Andererseits werden die Hochbetagten ausgegrenzt. Man nimmt sie normalerweise nicht für voll. Ihnen wird vorauseilend Gebrechlichkeit und Vergesslichkeit unterstellt, man glaubt einfach, dass sie kindisch geworden sind. Ausnahmen gibt es unter den Verwandten, denn die wissen besser, wie es um die Alten bestellt ist. Manchmal sind es die ganz Jungen, die Enkel oder sogar Urenkel, die den Großvater oder die Großmutter ausfragen und ihnen zuhören, weil sie spüren, dass die ihnen etwas zu sagen haben. Das ist dann gut für beide Seiten.

Leider ist es nicht die Regel. Hochbetagte, die im Heim leben, werden – wenn sie Glück haben – ordentlich versorgt. Eine angemessene Kommunikation ist jedoch selten, das gilt auch für gute und teure Häuser. Da bleibt den Alten die gut ausgestattete Einsamkeit oder sie sind unter ihresgleichen. Manchmal gibt es auch jene Gruppenspielchen im Kreise anderer Alten, die an Kinderbetreuung erinnern. Es gibt meist kein auf die individuelle Konstitution angepasstes Programm. Für manche ist das gemeinsame Händchenhalten angemessen, andere empfinden es als unwürdig. Wenn Alte in der Ecke abgestellt werden, stellen sie sich irgendwann selbst ab – und verkümmern. Kein Wunder, dass jüngeren Menschen das Ziel, so alt zu werden, nicht als erstrebenswert erscheint. »Nein, so etwas will ich nicht erleben. Da wünsche ich mir, dass ich vorher sterbe«, sagt ein junger Mann nach einem Berufspraktikum im Altersheim. Er war erschrocken über das, was er zu sehen bekam. Sie taten ihm leid, die alten Leute, die keine Perspektive hatten.

Und jetzt der Blick auf diese spezielle und einmalige Untersuchung des Lebens von Hundertjährigen, die im Heidelberger Raum stattgefunden hat. Die Studie, erstellt vom Institut für Gerontologie der Universität Heidelberg unter der Leitung von Professor Daniela Jopp, unterstützt von der Robert Bosch Stiftung und der Dietmar Hopp Stiftung, blickt mit wissenschaftlicher Neugier auf die wachsende Gruppe der Alten-Alten.

Wie leben hundertjährige Menschen, wie wach und denkfähig sind sie, wie ist es um ihren Lebenswillen, ihren Optimismus, ihr Kontrollerleben bestellt? Wie gehen sie mit schwierigen Lebenssituationen um, zum Beispiel angesichts des Todes? Es ist bereits das zweite Mal, dass die Wissenschaftler eine Gruppe von hundertjährigen Frauen und Männern ins Visier nehmen. Elf Jahre zuvor, mit der sogenannten Ersten Heidelberger Hundertjährigen-Studie, waren 91 Hundertjährige befragt worden. Da sind Vergleiche möglich, es können Tendenzen und Entwicklungen beobachtet werden. Bei dieser zweiten Studie wurden 112 Hundertjährige befragt, 12 Männer, 100 Frauen. Die meisten wurden direkt befragt, bei einigen gaben Verwandte oder Betreuer Auskunft.

Frage: Sind die Hundertjährigen von heute anders als die von damals? Sind sie auch körperlich und geistig besser drauf als die alten Menschen in der Vergangenheit?

Zunächst bemerken die Wissenschaftler, wie sich in den letzten Jahren in ihrem Einzugsgebiet rings um Heidelberg die Zahl der mindestens Hundertjährigen erhöht hat: um 179 Prozent. Daraus leiten die Forscher ab, dass die Zahl der in ganz Deutschland zurzeit lebenden Hundertjährigen von jetzt 13.000 in dreißig Jahren auf etwa 140.000 gestiegen sein wird. Das veranlasst sie zu der Feststellung: »Die demografische Revolution findet (...) vom Ende der Lebensspanne her statt.«

Gleich zu Beginn stellen die Heidelberger Forscher fest: Es werde »mehr und mehr eine realistische Lebensperspektive werden«, zehn Dekaden zu leben. Dabei sei zurzeit die körperliche Verletzlichkeit und Unselbstständigkeit hoch, aber sie glauben, dass es positive Entwicklungen gibt. Der kognitive Status (also alles, was Wahrnehmung, Erinnerung, Lernen und Denken betrifft) habe sich seit der ersten Studie deutlich verbessert. Die Sorge vor einer überproportionalen Ausbreitung von Gebrechlichkeit, Krankheit und Pflegebedürftigkeit im hohen Alter sei unbegründet. Durch gezielte Interventionen könne vermutlich in Zukunft die Pflegebedürftigkeit von Hundertjährigen abgeschwächt oder sogar ganz vermieden werden. Das ist allein schon bemerkenswert, weil man bisher davon ausging, dass sehr alte Menschen grundsätzlich pflegebedürftig seien. Eine Fehleinschätzung? Sie hätte Folgen für alle, die mit alten Menschen umgehen oder deren Geschicke bestimmen.

Hundert Jahre – und allein zuhause

Die Mehrzahl der befragten Hundertjährigen lebt in privaten Haushalten, nur etwa 40 Prozent wohnen in Alten- oder Pflegeheimen. Und immerhin: Fast ein Drittel dieser Alten lebt ganz alleine, 20 Prozent leben solo in einer Einliegerwohnung im Haus eines Familienmitglieds. Überraschend viele sind es, die alleine klarkommen wollen oder so leben müssen. Klarer Trend: Das Alleinleben nimmt unter ihnen deutlich zu.

Wenn die Hundertjährigen Kinder haben (bei der Mehrzahl ist das so), dann sind diese Nachkommen auch die aktuellen Hauptbezugspersonen. Schlechter sieht es aus, wenn da keine Kinder sind, wenn diese keine Zeit haben oder nicht in greifbarer Nähe wohnen. Dann gibt es immer noch die entfernteren Verwandten, Nachbarn oder Freunde, aber die bieten halt mit wachsender Distanz auch weniger Hilfe.

Hundertjährige Menschen erleben, wenn niemand für sie da ist, negativ die Einsamkeit, die dann auf sie zukommt. Und die Wissenschaft sieht in der Einsamkeit den herausragenden Risikofaktor für Krankheit oder geringere Lebensqualität. In der Studie nennen immerhin 40 Prozent der Befragten das Erleben von Einsamkeit. Der Trend immerhin ist positiv, denn in der Vergleichsstudie vor zehn Jahren waren es noch 55 Prozent.

Sind Hundertjährige eigentlich glücklich?

Es gehört zum allgemeinen Voreingenommensein, dass man das bezweifelt. Die Umfrage bringt ein überraschendes

Ergebnis. »Sind Sie leicht zum Lachen zu bringen?«, fragten die Forscher. »Nein«, sagten 12 Prozent, allerdings 57 Prozent antworteten mit »Ja«. Sind Sie ebenso glücklich wie in Ihrer Jugend? »Nein«, sagten 12 Prozent, »Ja« meinten 56 Prozent. Also: Die Hundertjährigen empfinden ihr Leben überwiegend als positiv – ein Leben, das sich ganz anders abspielt als jenes der Jüngeren: eingeschränkter durch gesundheitliche oder kognitive Schwächen, aber dennoch wird es nicht als bedrückend empfunden.

Christine Wegener ist so eine typische Hundertjährige. Sie gehört zu den für die zweite Studie Befragten und lebt im Raum Heidelberg. »Ich habe überhaupt nicht geglaubt, dass ich hundert werde«, sagt sie. Heute lebt sie selbstständig in ihrer Zweizimmerwohnung. Ihr Sohn (immerhin auch schon 75 Jahre alt) besucht sie regelmäßig. Ein Umsiedeln in das Heim kommt nicht in Frage, auch wenn Lesen und Hören schwerfallen. Zum hundertsten Geburtstag erhielt sie viele Glückwünsche, darunter auch einen vom Bundespräsidenten. »Die werden sich wundern, wenn die alle mal selbst so alt sind«, sagt Frau Wegener, »so gut ist 100 auch nicht.« Also ein kritischer Ton zum hohen Alter.

Wie steht es mit der Lebenszufriedenheit der Hundertjährigen? Ein sehr deutliches Ergebnis aus der Studie: Über 80 Prozent sind mit dem Leben sehr oder in mittlerem Ausmaß zufrieden, nur 18 Prozent antworteten auf die Frage nach der Zufriedenheit mit dem einschränkenden »etwas«.

Insgesamt also überraschen die Hundertjährigen mit ihrer positiven Grundeinstellung. Im Blick auf die Unterschiede zwischen Jungen-Alten und Alten-Alten räumt die Heidelberger Studie in aller Vorsicht die Möglichkeit eines Selektionseffekts ein: »Möglicherweise haben diejenigen 80- bis 95-Jährigen eine größere Chance, 100 zu werden, die einen optimistischeren Ausblick auf das Leben haben bzw. weiterhin bewahren können.« Einfach gesagt: Wer eine grundsätzliche Fröhlichkeit besitzt, wird älter! Wer mit 70 aber in die Depression fällt, dessen Chancen sinken.

Die Zufriedenheit wird übrigens keineswegs beeinflusst von Kriterien wie Bildung oder Einkommen. Der emeritierte Professor ist nicht besser drauf als die verrentete Verkäuferin. Der reiche Pensionär fühlt sich nicht wegen seines gut gefüllten Depots erhabener als der Bezieher einer Grundrente. Auch gesundheitliche Einschränkungen – in diesem Alter selbstverständlich – beeinflussen das Wohlbefinden nicht nachhaltig. Bedeutender ist die Wohnform. Wenn Hundertjährige mit Familienmitgliedern leben, sind sie glücklicher. Das Heim macht missmutig. Angesichts der Zustände in vielen Heimen ist das nachvollziehbar.

Also: Psychologische Faktoren spielen eine große Rolle, wenn es um die Lebensqualität der Alten-Alten geht. Deswegen empfiehlt die Studie, alte Menschen zu »sinnstiftenden Aktivitäten und eigenständigen Tätigkeiten« zu ermuntern. Hundertjährige wollen auch gerne die Rolle von Zeitzeugen einnehmen. Wenn sie spüren, dass ihr Erleben bei den Jungen auf Interesse stößt, sind sie glücklich. Sie wollen gefragt werden. Sie wollen etwas mitgeben, sich mit den Jungen austauschen. Leider sind sie nicht oft gefragt.

Das Thema Tod ist bei den Hundertjährigen nicht mit einem Tabu belegt. Sie gehen auf entsprechende Fragen bereitwillig ein. Der Tod ist für sie ein wichtiges Thema, darüber wird offen gesprochen. Für einige wenige ist das Sterben oder der Tod bedrohlich (konkret: Angst vor Schmerzen, den Angehörigen zur Last fallen). Das ist jedoch eine Minderheitenposition. Für die überwiegende Mehrheit hat der Tod kein Bedrohungspotenzial. Viele wünschen sich, einfach einzuschlafen.

Sofern es überhaupt eine erklärte Todessehnsucht gibt, wird sie von Hundertjährigen geäußert, die sich einsam fühlen. Doch im Allgemeinen haben Hundertjährige einen starken Willen zum Leben. Bezeichnend das Zitat einer befragten Hundertjährigen: »Ich spüre durchaus, dass meine Kräfte schwinden, aber es darf eben nicht erdrückend im Vordergrund stehen.«

Insgesamt kommt die Heidelberger Studie zu einem bemerkenswerten Ergebnis: Hundertjährige Menschen sind heute nicht stärker eingeschränkt als Hundertjährige vor zehn Jahren. Dies als Gegenargument gegenüber den Befürchtungen, die künftige Hochbetagte aufgrund des medizinischen Fortschritts als zunehmend krank und eingeschränkt erwarteten. Immer mehr Hundertjährige leben selbstständig und alleine in privaten Haushalten. Eine große Zahl von ihnen ist mit dem Leben zufrieden.

Für die Zukunft sehen die Heidelberger Forscher Herausforderungen: Trotz aller positiven Einschätzungen bleiben die Hundertjährigen mehr oder minder pflegebedürftig. 80 Prozent von ihnen benötigen Leistungen der Pflegeversicherung. Deswegen ist unter anderem die Erhaltung von Beweglichkeit und Alltagskompetenz wichtig. Es gibt keinen Grund, die zunehmende Zahl von Hundertjährigen als drängendes oder unlösbares Problem zu betrachten. Dennoch gibt es Aufgaben, die zu bewältigen sind, damit auch diese Alten-Alten ein möglichst ausgefülltes gutes Leben haben.

Allerdings möchte ich einschränken: Diese Gespräche mit über einhundert Hundertjährigen waren nur möglich, weil diese Menschen einverstanden waren. Wer sich nicht äußern wollte oder konnte, dessen Meinung floss in die Studie nicht ein. Deswegen sehe ich die Lage der Alten-Alten skeptischer.

Defizite des Alters

Es gibt in meinem persönlichen Umfeld genügend alte Menschen, die nicht so grundlegend positiv ihr Alter erleben. Manche – ganz ehrlich – betrachte ich mit einer Mischung aus Mitleid und Abneigung. Es sind jene zurückgezogenen und in sich selbst versunkenen schweigenden Alten, mit denen es keine Kommunikation mehr gibt. Ich habe zu ihnen, auch wenn ich mir Mühe gebe, keinen Draht, da ist höchstens Small Talk. Der Gedanke: So kannst Du auch mal werden, versetzt mich in Schrecken. Meine Erwartung sagt: Wenn es erst so weit ist, dann ist es vorbei mit Lesen und Schreiben, Musik hören, Theater besuchen, auch Freundschaft und Partnerschaft – alles wird schwieriger oder geht gar nicht mehr. Was bleibt? Da kommen dann die körperlichen Beschwernisse, die mir bisher erspart blieben. Und dann sterben sie weg, die Freundinnen und Freunde meines Jahrgangs. Kein Wunder, dass die Depression im Alter die Psychiatrie beschäftigt. Es gibt ja Gründe dafür. Das ist die Sorge, die nagt und wächst.

Der Schriftsteller Ernst Jünger (»Stahlgewitter«) starb 1998 im Alter von fast 103 Jahren. Drei Jahre zuvor, zum 100. Geburtstag, als viele ihm gratulieren wollten, beklagte er die Einsamkeit: dass da niemand mehr in seinem Alter sei, mit dem er sich austauschen könne.

Macht das alte Alter einsam? Spüren die Alten-Alten diese Defizite des Alters, empfinden sie Verlustängste?

Muss nicht sein, sagt die Wissenschaft. Auch wenn Defizite eintreten, passt sich die sogenannte »adaptive Ich-Plastizität« an. Das meint die Anpassung an die gegebene Lebenslage. Was dieser Prozess für das Alter bedeutet, erläuterte der Gerontologe Paul Baltes an einem Beispiel: Als man Arthur Rubinstein fragte, warum er noch im Alter von 80 Jahren so hervorragend Klavier spielen könne, nannte er drei Gründe: Er spiele weniger Stücke als früher (Selektion), übe sie aber öfter (Optimierung). Außerdem verstärke er wegen seines langsamer gewordenen Spiels die Kontraste zwischen schnellen und langsamen Passagen (Kompensation).

Im Alter bedarf der Körper zunehmend der »Investitionen«. Im physischen Sinne, aber auch als erhöhter Aufwand des Geistes. Es dauert eben alles etwas länger. Und das hat Grenzen:

Irgendwann dauert es zu lang. Die Wissenschaftler, die Gerontologen, feiern die Zukunft des Alters. Der Fortschritt könnte dem Alter eine goldene Zukunft bescheren. Mag sein, aber nicht dem Alter ganz am Ende der Strecke.

Einerseits gibt es viele hochbetagte Menschen, die ihr Alter in gutem Gesamtzustand erreichen, die ihr Leben einschließlich der Einschränkungen genießen und die in ruhiger Gewissheit dem Lebensende entgegensehen. Doch eine große Zahl von ihnen leidet an den zunehmenden Gebrechen. Gegen Ende verstärken die negativen Entwicklungen sich gegenseitig.

Die sogenannte Berliner Altersstudie untersuchte das Lernpotenzial – sowohl der Jungen-Alten als auch der Alten-Alten. Die im Vergleich Jüngeren konnten sich eine Gedächtnis-Trainingsmethode aneignen und von ihr profitieren. Doch im hohen Alter stößt das an Grenzen. Professor Paul Baltes, der die Studie als führender Wissenschaftler betrieb, schrieb damals: »Unter den Personen jenseits der 85 waren viele nicht mehr imstande, sich diese Technik anzueignen.« Dabei seien Demente ausgeschlossen gewesen. Sein hartes Fazit: »Auch mental ›gesunde‹ Hochbetagte sind extrem beeinträchtigt, was das Erkennen neuer Inhalte angeht.«

Die Vorhersage der Forscher: Im hohen Alter sei Schluss mit der Anpassung an die altersbedingten Lebensumstände (der Ich-Plastizität). Die positive Lebenseinstellung schwindet, die Alterszufriedenheit, die wir jungen Alten kennen, nimmt deutlich ab. Baltes stellte fest, dass »jenseits von 85 Jahren die Zahl derer, die unter chronischen Belastungen leiden und niedrige Funktionswerte zeigen, fast fünfmal höher ist als bei den 70- bis 85-Jährigen.« Er sieht am Ende die Entwicklung vom »Lebensweg zum Leidensweg«.

Das Schicksal von Walter Jens, von seinem Sohn öffentlich gemacht, ist dafür beispielhaft. Er ist bis in das Alter von 80 Jahren ein herausragender Intellektueller, Autor und öffentlicher Redner. Zehn Jahre später gerät Walter Jens in das Dickicht der Demenz und stirbt nach langen Jahren im kognitiven Dunkel. Sein Sohn Tilman Jens schreibt im »Spiegel«: »Wir lernen: Hirnjogging wird überschätzt. Er hat nun wahrlich dicke Bretter gebohrt, mehr als 70 Bücher geschrieben, Hunderte von Reden gehalten. Eine erfolgreiche Impfung gegen die Demenz war all das nicht.« Es gibt keine Therapie – jedenfalls noch nicht.

Der Alternsforscher Baltes findet eine in der Evolution begründete Erklärung, die gegen eine Optimierung des alten Alters spricht. Er sagt: »Die Evolution stand dem Alter eher gleichgültig gegenüber, sie selektierte und optimierte vielmehr die Reproduktionsfähigkeit des Menschen im frühen Erwachsenenalter.« Deshalb werde das menschliche Genom (also das Erbgut) im weiteren Verlauf der Alterung zunehmend fehlerhaft, es büße seine Regulationskraft ein, die in ihm angelegte biologische Plastizität und Präzision schwinde.

Manche setzen ihre Hoffnungen auf künftige menschengemachte genetische Veränderungen. Es gibt ja immer wieder spektakuläre Erfolgsmeldungen. Bisher haben sich alle als vorschnell erwiesen. Außerdem gibt es begründete Bedenken, Eingriffe in das Erbgut vorzunehmen. Während der Versuch, eindimensionale Krankheiten durch einen Eingriff in das Erbgut in den Griff zu bekommen, irgendwann erfolgreich sein kann, ist es bei dem Thema Altern schwieriger. Mediziner sehen das Altern als komplexen Prozess, der schwerer gesteuert werden kann.

Da stellt sich die Frage nach dem Wert der Lebenszeit. Der Arzt Michael Imhof fragt, ob diese Lebenszeit ausschließlich nach der Zahl der Lebensjahre, dem Alter, zu messen sei oder auch nach qualitativen Kriterien. Als Mediziner bringt er es so auf den Punkt: Unter einer aggressiven onkologischen Therapie eines alten Tumorpatienten könne die verbleibende Lebenszeit um einige Monate oder Jahre verlängert werden, seine Lebensqualität jedoch könne durch die Folgen von Operation, Bestrahlung und Chemotherapie massiv beeinträchtigt sein. Möglicherweise werde ein Patient aufgrund der Behandlung inkontinent oder er sei auf dauerhafte Pflege angewiesen. Frühere Besuche eines Konzertes oder Theaters oder seines Stammcafés seien nicht mehr möglich. Vielleicht sei der Patient am Ende der Strecke auf den Rollstuhl angewiesen und wegen unerträglicher Schmerzen müsse er starke Schmerzmittel einnehmen.

»Die quantitative Überlebensdauer ist eben kein sinnstiftender Wert der Lebensqualität«, sagt Imhof. »In diesen Stadien fällt dem Arzt im gemeinsamen Gespräch mit dem Patienten die Güterabwägung einer kurativen Zielsetzung unter vollem Einsatz der teuren, aber risikobehafteten Therapie, gegen die eher palliative Therapie mit der Zielsetzung einer Symptombekämpfung unter Verzicht auf endgültige Heilung zu.«

In so einem Stadium stellt sich für alte Patienten die Frage nach der Autonomie. Wobei sie auf sich allein gestellt auch überfordert sein können. Sie kennen nicht die Möglichkeiten der Therapien, sie können vielleicht im hohen Alter nicht mehr rational abwägen. Da also benötigen sie ärztlichen Rat, der sich nicht auf das Herunterbeten von Behandlungsmöglichkeiten beschränkt. »Gefragt ist in diesen Situationen eine Medizin, die von ihrer Omnipotenz heruntersteigt«, sagt Imhof. Gefragt sei die Einschätzung der individuellen Gesamtsituation eines Patienten, seine Wachheit, seine Kommunikationsfähigkeit, seine Einsicht in seinen Krankheitszustand und die möglichen Auswirkungen einer Therapie auf sein verbleibendes Leben. Medizin im Alter ist also weitaus komplexer und ethisch differenzierter als bei jungen Menschen. Hinter diesen Ansprüchen bleibt die Medizin jedoch oft zurück.

Auch für die Medizin gilt: Alter darf nicht benachteiligt werden

Es ist der subjektive Eindruck von Betroffenen: Ärzte und Pfleger sind bei alten Patientinnen oder Patienten weniger engagiert als bei jungen. Während alte Patienten manchmal fast nachlässig behandelt oder betreut werden, wird jungen Patienten mehr Empathie entgegengebracht, auch mehr Sorgfalt. Ist das wirklich so? Ich frage den Fachmann Michael Imhof: »Nehmen wir an, Sie haben zwei Fälle für die Intensivstation, einen jungen Patienten und einen sehr alten. Nur ein Platz ist frei. Entscheiden Sie sich für jung? Oder für alt?« Seine Antwort: Auf der Basis des ärztlich-ethischen Fundaments gelte prinzipiell das Argument der Irrelevanz des Alters: Jeder von beiden hat einen Rest seines Lebens. Solange wir den Zeitpunkt unseres Todes nicht kennen, ist der Rest unseres Lebens von unbestimmter Dauer. Und dann konkret in Bezug auf das von mir angesprochene Dilemma sagt er: »Sie haben es mit absolut gleichberechtigten Patienten zu tun. Junge Menschen haben keinen ethischen Mehrwert im Vergleich zu alten. Allerdings: In der klinischen Routine wird man schon die Lebensumstände von beiden in das Kalkül mit einbeziehen und beispielsweise der Frage nachgehen, ob Vor- oder Begleiterkrankungen bekannt sind, welche die Lebenserwartung einschränken könnten. Es mag vielleicht ganz unbewusst eine gewisse ethische Priorisierung geben.« Aber es gelte immer noch das Prinzip, dass das Alter allein kein Grund für Benachteiligungen sein dürfe.

Auf dem Vormarsch: die Depression im Alter

Niedergeschlagen sind sie, manchmal schlecht gelaunt, aber sie versuchen, es mehr oder weniger erfolgreich zu verbergen. Es geht um die Krankheit mit dem Namen Depression. Betroffen sind mehr Männer als Frauen, je älter umso massiver. Wenn man sie trifft, merkt man es ihnen nicht an. Da geht es normalerweise ziemlich entspannt zu, fröhlich, locker. Niemand käme auf die Idee, dass da einige seelisch richtig krank sind. Depressiv. Gefährlich depressiv.

Bei einem Treffen fiel allen auf, dass einer in der Gruppe sich hängen ließ. »Schlechte Laune heute? Was ist los?« Da fing er an, über seine Stimmungstiefs zu berichten, dass ihn manchmal eine Depression im Griff hätte und dass er deswegen auch in Behandlung sei. Da war der Bann gebrochen und die Scham überwunden. Auch andere bekannten: Ja, ich bin manchmal auch depressiv. Ich habe zu nichts Lust. Ich bin antriebslos. In solchen Momenten habe ich keinen Hunger und keinen Durst. Ich möchte in solchen Augenblicken nicht mehr leben.

Die Fachwelt kannte das Phänomen bis vor ein paar Jahren als Altersdepression. Inzwischen sagt man das nicht mehr. Stattdessen ist von der Depression im Alter die Rede. Aber geblieben ist das spezielle Problem: Alte Menschen werden öfter depressiv als junge.

Es gibt einige typische Probleme, die mit dem Alter auftreten und die eine Depression auslösen können. An der Spitze steht gerade bei den Männern die Zeit des Übergangs vom Beruf in den Ruhestand. Nicht alle bewältigen diese Strecke mit Leichtigkeit. Manche Männer, seltener Frauen, überkommt das Gefühl, überflüssig zu sein. Sie haben kein Programm für die leer gewordenen Tage. Typische Formulierung für diese Entwicklung: »Jetzt gehöre ich zum alten Eisen.«

Zugleich scheuen viele Betroffene, diese Gefühle gegenüber dem Hausarzt auszudrücken. Seelische Erkrankungen gelten als Problem, das man selbst irgendwie zu bewältigen habe. Erst beim Auftreten der Anzeichen einer schweren Depression kann der Arzt von sich aus die Symptome erkennen und beim Betroffenen nachfragen. Auch dann ist es für einen behandelnden Arzt nicht einfach, eine Krankheit der Seele zu erkennen. Oft wird sie überdeckt von den physischen Krankheiten. Fast jeder zweite Patient über 65 Jahre leidet an mindestens drei chronischen Krankheiten. Da wird die Stimmung der Patienten dann als verständliche Missstimmung über diese Krankheitsverläufe fehlgedeutet, die Depression wird übersehen. Dabei ist die Zahl der Betroffenen hoch. Zwei Drittel aller alten Menschen über 65 Jahre leben allein. Wenn sie dann noch permanent krank sind, werden sie anfällig für Depressionen. Bleibt die Krankheit unbehandelt, kann es lebensgefährlich werden. 40 Prozent aller Selbstmorde werden von Männern begangen, die älter sind als 60 Jahre. Und jede zweite Frau, die Selbstmord begeht, ist älter als 60 Jahre.

Es wäre notwendig, die Aufmerksamkeit zu schärfen – im Freundeskreis, bei Bekannten, beim Hausarzt. Denn Depression kann auch Menschen aus der Bahn werfen, die ein ganzes Leben ohne Probleme bewältigt haben und erst im hohen Alter von der Krankheit gepackt werden.

Wer Stimmungsschwankungen bei nahestehenden Menschen beobachtet, sollte nachfragen: »Was ist los? Brauchst Du Hilfe?« Wenn Menschen ihrem bisherigen Bekanntenkreis ohne Ankündigung fernbleiben, lohnt es sich, nachzuforschen. Denn das Alleinsein ist für depressive Menschen besonders gefährlich. Sie geraten in ein endloses Grübeln, aus dem sie manchmal aus eigener Kraft kein Entkommen finden. Die Depression im Alter ist eine der am meisten unterschätzten Krankheiten.

Die letzte Entscheidung

Es ist ein heikles Thema, bei dem die Fronten verhärtet sind: das Thema Freitod und in Verbindung damit die Sterbehilfe. Die katholische und evangelische Kirche, die Bundesregierung und die Ärzteschaft haben sich gemeinsam immer wieder und bis zuletzt dagegen ausgesprochen, dass die Hilfe zum Freitod legalisiert werden soll. Es würden Dämme brechen. Das Thema ist so vielfältig und kompliziert, so lange schon in der Diskussion, so unterschiedlich die Praxis in den Ländern Europas – es wäre vermessen, es hier nebenbei abzuhandeln.

Nur – um auch insofern den Blick auf alte Menschen zu richten – kann die Verweigerung der Hilfe zum Freitod für die Betroffenen unerträglich werden. Wer da mit der Angst vor dem »Dammbruch« argumentiert, verschließt die Augen vor der Not. Es gibt alte Menschen, die nach ausführlichem Betrachten und Bedenken ihrer Lebenslage der festen Überzeugung sind, dass ihr Leben nicht mehr lebenswert sei. Es gibt alte Menschen, denen auch die Palliativmedizin den Weg in den Tod nicht leicht machen kann. Es gibt Menschen, die keine Perspektive haben, die Suizid begehen würden, wenn sie nur die Kraft dazu hätten. Wer da wegschaut, muss sich den Vorwurf gefallen lassen, unmenschliche Härte zu zeigen.

In Belgien und den Niederlanden wurde ursprünglich die aktive Sterbehilfe erlaubt, wenn sie dem erklärten Willen der Betroffenen entsprach. Später wurde sogar der mutmaßliche Wille akzeptiert. Kritiker sehen darin eine Tür, die sich in die falsche Richtung geöffnet habe. Inzwischen lassen sich in Belgien täglich fünf Menschen, die nicht mehr leben wollen, in den Tod begleiten. Es sind mehrheitlich alte Menschen, die von unheilbaren Krankheiten betroffen sind und die fürchten, dass sie irgendwann nicht mehr in der Lage sein könnten, ihrem Leben selbstbestimmt ein Ende zu setzen.

Auch die Schweiz hat sich bereits vor Jahren für die aktive Sterbehilfe geöffnet. Organisationen wie »Exit« oder »Dignitas« sind inzwischen auch bei uns bekannt. Sie werden von Deutschen in Anspruch genommen. Dort will man sich zusätzlich verstärkt für Regelungen einsetzen, die den Zugang zum Altersfreitod erleichtern sollen. Alte Menschen sollen künftig weniger ausgefragt werden oder nicht mehr gravierende Leiden nachweisen müssen, um das Sterbemittel zu erhalten. Das sehen Mediziner und Patientenorganisationen in Deutschland als problematisch: Da zeige sich doch, dass sich in der Schweiz ein Geschäftsmodell etabliert habe, lautet die Kritik.

Und dann laviert da mitten unter uns der merkwürdige Verein des ehemaligen Hamburger Justizsenators Roger Kusch, der unverblümt Sterbehilfe anbietet. Bei ihm schaut man weg und schweigt betreten.

Eines ist zuletzt sichtbar geworden: Die Front der Gegner der Suizidbeihilfe zeigt Risse. Da ist die Haltung des ehemaligen Ratsvorsitzenden der Evangelischen Kirche in Deutschland, Nikolaus Schneider. Er vertrat seit langem pflichtgemäß und auch aus persönlicher Überzeugung die Haltung seiner Kirche, dass Sterbehilfe nicht zulässig sei. Als jedoch bekannt wurde, dass seine Frau an Krebs erkrankt war, so schwer, dass er seine Funktion aufgeben musste, um ihr beistehen zu können, da erklärte Schneider, dass er sie auch ins Ausland begleiten würde, sollte sie Beihilfe zum Freitod wünschen und benötigen.

Seitdem ist ein Damm gebrochen. Der Konsens ist Geschichte. Der Politiker Peter Hintze (gelernter Pfarrer, CDU-Fraktionsvize) verlässt die Linie seiner Partei: Man müsse den Ärzten die Möglichkeit zur Sterbehilfe eröffnen. Der Mediziner Ralf Jox, Facharzt für Neurologie an der Münchner Ludwig-Maximilians-Universität, fordert ein Gesetz, das Ausnahmen für ärztliche Suizidhilfe definiert. Recht hat er. Denn in der bisherigen Grauzone gibt es bereits den unterstützten Suizid. »Da ist eine Art Wildwuchs«, sagt Jox. Weil es keine transparenten Regeln gebe, an denen sich alle Beteiligten orientieren könnten. Hart hält der Präsident der Bundesärztekammer, Frank Ulrich Montgomery dagegen: »Wir möchten nicht die Profis für den Tod sein. Wir sind die Profis für das Leben.«

Ein schöner Slogan, griffig wie eine Werbebotschaft. Und doch geht er an der Wirklichkeit vorbei. Wenn diese »Profis für das Leben« das Leben nicht mehr erhalten können, dann dürfen sie sich nicht abwenden oder auf Sterbekliniken verweisen. Sogar der ausgewiesene Palliativmediziner Jox gibt zu, dass auch die beste Palliativmedizin nicht allen sterbenden Menschen helfen könne: »Es gibt Menschen, die einen gewissen Leidensweg in den letzten Wochen nicht mehr erleben wollen.« Manchmal hilft der Blick über die Grenze. Sogar in England, einem Land mit herausragender palliativer Versorgung, gibt es von Ärzten begleiteten Suizid.

Zuletzt hat der Bundestag zwar ein Hospiz- und Palliativgesetz verabschiedet. Es soll dazu beitragen, dass jeder Mensch in Würde sterben kann. Zu einer klaren Entscheidung in Sachen Sterbehilfe konnte sich die Mehrheit der Abgeordneten nicht durchringen. Die Förderung des Suizids bleibt strafbewehrt. Das bringt Ärzte in Gefahr, sich schon bei einem Gespräch mit einem Todkranken strafbar zu machen. Es bleibt also unbestimmt und unklar, wie mit Sterbenden umgegangen werden darf.

Es geht um den letzten Weg. Um das selbstbestimmte Lebensende. Für mich ist es nicht möglich, die Augen zu verschließen vor den vielen Menschen, die sich Hilfe beim Sterben gewünscht hätten und denen nicht geholfen werden konnte. Ich habe das in meiner Familie aus großer Nähe erlebt. Ich selbst wurde vor Jahren um Hilfe gebeten. Ich konnte nicht helfen, und ich konnte keinen Helfer finden. Das habe ich bis heute nicht vergessen. Ich möchte das nie mehr erleben – weder gegenüber Dritten noch persönlich.

Diese Heidelberger Studie präsentiert ein versöhnliches Ergebnis. Mit Antworten, aus denen keine Angst vor dem Ende spricht. Aber es gibt Tausende von gerade mal 70-Jährigen, 80-Jährigen und älteren, deren körperlicher oder geistiger Verfall weit fortgeschritten ist und die nicht in dieser ruhigen Gewissheit leben, die sich vielmehr vor dem Ende fürchten.

Da sind die vielen Dementen, versteckt in Familien, gepflegt von sich aufopfernden Verwandten. Da sind die elenden Zustände in deutschen Pflegeheimen. Das alte Alter hat ein doppeltes Gesicht. Umso mehr sollte investiert werden, finanziell wie personell, in die Erforschung dieses Lebensalters. Es geht um das Potenzial der Alten, das gehoben werden muss. Es geht auch um die Qualität ihres Lebens. Das wird bisher nur von Fachleuten, also nur von einer Minderheit wahrgenommen. Die Mehrheit interessiert sich nicht und will nichts über die Umstände eines Lebensabschnitts wissen, den alle fürchten und den viele von uns erleben werden. Und besonders kritisch ist die Zeit der beginnenden Einschränkung der Autonomie.

Falls alte Menschen am Ende des Lebens ihrem Leid ein Ende machen wollen, dazu aber nicht mehr selbst in der Lage sind: Da lässt man sie allein. Man hilft nicht. Man schaut weg. Meistens jedenfalls. Das ist keine Lösung. Unser Land braucht eine klare gesetzliche Regelung der Sterbehilfe. Der gegenwärtige Zustand schafft Leid oder fördert die Selbsthilfe im Graubereich. Das neue Sterbehilfe-Gesetz, über welches der Bundestag im November 2015 entschieden hat, hat diesen Graubereich ausgeweitet: Die nun verbotenen kommerziellen Sterbehilfevereine dürfen nicht mehr beim Suizid assistieren. Der assistierte Suizid bestand darin, dass einem Patienten eine tödliche Substanz zur Verfügung gestellt wurde, die er sich selbst verabreichen (oder nicht verabreichen) konnte. Dieses Verbot ist verheerend, denn nun werden viele Menschen auf sich selbst gestellt sein. Vielleicht werden nicht alle ins Ausland gehen und einen weitaus schmerzvolleren Ausweg suchen, oder aber eben einen langsamen »natürlichen« Tod sterben. Das ist eines zivilisierten Landes unwürdig – besonders unwürdig gegenüber den Menschen, die autonom entscheiden wollen, wie sie dem unausweichlichen Tod begegnen.

Fazit: Die Rechte der Über-80-Jährigen stärken!

Wenn man in Deutschland ein Leben als Über-80-Jähriger führt, lebt man verdammt gefährlich. Und einsam. Zwar steigt die Zahl der Menschen, die ihren 100. Geburtstag feiern, rapide an. Dafür wird man öffentlich gefeiert, aber sonst, im Alltag, und dann, wenn es darauf ankommt, wird man höchstens nicht für voll genommen. In den Köpfen der Jüngeren sind die alten Alten schon eher drüben, im Reich der Toten, als hier unter den Lebenden. Dabei ist es entschieden zu früh, diese Menschen abzuschreiben: Sie haben mehrheitlich ein ausgeprägtes Glückserleben und zeigen trotz der immer stärker werdenden körperlichen Einschränkungen eine besondere Zufriedenheit mit dem Leben – vor allem, wenn sie ihr Leben mit anderen Menschen teilen können. Das Schlimmste, was einem alten Alten passieren kann, ist, Angehörige und Freunde zu verlieren, die ihnen nicht mehr Gesellschaft leisten können, oder Angehörige zu haben, denen sie nur noch zur Last fallen. Dann ist man einer profitorientierten und einer unter extremem Zeitdruck stehenden Medizin ausgeliefert, die nicht einmal ein persönliches Gespräch von Arzt zu Patient zulässt. Viele alte Alte verbringen ihre letzten Jahre in totaler Isolation und unter Depressionen leidend, alleine sterbend. Diese wachsende Gruppe verdient mehr gesellschaftliche Teilhabe, sie verdient eine persönliche medizinische Behandlung und sie verdient es, über den eigenen Tod, wenn er unaufhaltbar ist, bestimmen zu können: Die Politik stiehlt sich aus der Verantwortung, wenn sie die Sterbenden sich selbst – und damit einem unter Umständen langwierigen und schmerzhaften Todesprozess – überlässt. Es fehlt unserer Gesellschaft eindeutig das Verständnis für Menschen, die am Ende ihres Lebens angekommen sind.

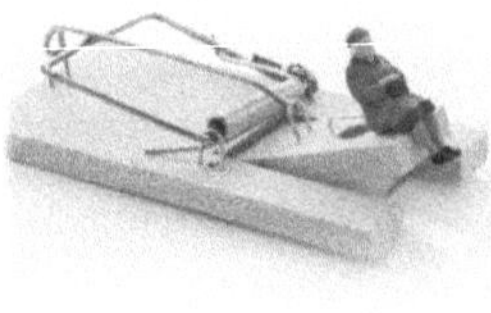

10. ZUM SCHLUSS EIN ANFANG

Was sich verändern muss!

Wie sehen wir die alten Menschen? Das ist die *eine* Frage. Wenn die befriedigend beantwortet werden kann, werden sich viele Probleme leichter angehen lassen. Wenn wir die Alten als vollwertige Mitglieder unserer Gesellschaft anerkennen, wird es zum Beispiel kein Aussortieren geben und das Abkassieren wird schwieriger.

Und die *zweite* Frage: Wie sehen sich die Alten selbst? Haben sie ein angemessenes Selbstwertgefühl? Stehen sie zu sich? Sind sie aktiv und selbstbewusst im Rahmen ihrer Möglichkeiten? Leisten sie Widerstand, wo es notwendig ist? Oder hat man sie so konditioniert, dass sie alles mit sich machen lassen?

Dann die *dritte* Frage: Wie verhindern wir die Ausbeutung, Plünderung und Erniedrigung alter Menschen? Was tun gegen das Aussortieren und das Abkassieren?

Ich habe mich zunächst selbst geprüft: Wie sehe ich alte Menschen? Interessant, dass ich mich ausnehme, also von außen auf Alte blicke, als wäre ich nicht selbst einer. Trotz Rentenbezugs: Ich – alt? Ich doch nicht! Wenn ich gefragt werde, wie es denn jetzt so sei als Rentner, fällt mir die Antwort nicht leicht. Fast empfinde ich die Frage als Provokation. Ich weiche aus, möglichst mit einem lockeren Spruch; auf »den Rentner« will ich nicht reduziert werden. Das geht – inzwischen weiß ich es – vielen frischen Rentnern so. Sie erzählen genau dies: Die scheinherzliche Frage von Jüngeren nach dem Befinden wird manchmal nicht als freundlich empfunden, sondern als versteckte Häme.

Eine Umfrage unter meinen Freunden und Bekannten: Eine Freundin erzählt im größeren Kreis von ihrer hundertjährigen

Mutter. Die habe anlässlich ihres Geburtstags gesagt, dass sie »jetzt bald alt sei«. Die Gäste haben gelächelt. Wir lächeln auch, aber wir verstehen, was sie meint.

Fragen an jene, die etwa so alt sind wie ich (ich bin 67): Wie seht ihr alte Menschen? Die Antworten stimmen weitgehend überein. Das seien jene, die mit ihrem Leben abgeschlossen haben. Die körperlich abgebaut haben, sich kaum noch bewegen können, die fremder Hilfe bedürfen. Das seien jene, die nicht mehr geistig aktiv dabei sind, die keine Zeitung mehr lesen oder kein aktuelles Buch, deren Unterhaltungsbedürfnis sich dem kleiner Kinder nähert. Das seien jene, die nicht mehr wach seien. Die wissen, dass das Ende nah ist. Und manchmal kommt dann noch: Ein Glück, dass man selbst nicht so weit sei.

Es wird also deutlich unterschieden. Das sind die ... Und das sind wir ...

Neuer Versuch, eine andere Gruppe alter Weggefährten, anderer Ansatz: Was meint ihr, seid ihr selbst *alt*? Gelächter. Kopfschütteln. Einhellige Antwort: Nein! Natürlich nicht. Also neue Frage: Wer ist denn alt? Na ja, alt sind jene, die älter sind als man selbst, so etwa zwanzig Jahre älter. Und in zehn Jahren – ich ahne es – wird wieder auf jene gedeutet, die zwanzig Jahre älter sind. Und so weiter. Keiner will alt sein. Wenn man alt ist, ist das Ende da. Wenn man sich als alt sieht, erwartet man nichts mehr von sich und seinem Leben. Nicht immer wurden Alte so gesehen: mitleidig, abschätzig, vernichtend. Alt zu sein war mal (so lang ist das nicht her) gleichbedeutend mit großem Wissensschatz, Stolz auf Geleistetes, Anerkennung für einen langen Lebensweg mit oder ohne Familie. Das Alter wurde geehrt. Die Jugend hatte vor dem Alter eine Verbeugung zu machen. Alte Menschen waren selbstverständlicher Bestandteil der Familie. Das ist Vergangenheit.

Waren und Güter altern heute schneller als früher. Das ist gewollt. Manche behaupten, der Alterungsprozess der Produkte sei sogar während der Herstellung schon eingeplant, die Selbstzerstörung sei Bestandteil moderner Entwicklungsprozesse. Auf jeden Fall aber wird das Altwerden im Sinne des Werteverlusts durch die Methoden der Werbung und des Marketing betrieben. Diese schnellen Umdrehungen der marketinggetriebenen Warenwelt haben inzwischen auch die Beziehungen der Menschen erfasst. Zunächst einmal lassen die Takte der Arbeitswelt und der Ausbildungssysteme eine längere Zeit der Zuwendung zu Alten nicht zu. Der Umgang mit Eltern oder Großeltern schluckt viel Zeit. Die man nicht mehr hat. Alte können lästig werden, wenn sie Zeit verlangen.

Alte sind aber auch – wenn sie nicht zu den Besitzenden gehören – wertlos. Wie die Dinge. Ein älteres Smartphone: wertlos. Ein altes Auto: wertlos. Ein alter Mensch: wertlos? Niemand würde dem zustimmen. Aber viele handeln so, wodurch diese Ableitung ihre Berechtigung erhält.

Da gibt es die Einzelfälle: autonome Alte, die unbeirrt ihren Weg gehen und sich nicht um abschätzige Kommentare scheren. Lassen wir sie als Ausnahmen beiseite. Dann stellen wir fest: Die Alten sind im allgemeinen Objekt, nicht Subjekt. Sie werden verrentet. Sie werden betreut. Sie werden geführt. Sie werden umworben. Sie werden – wenn sie an die Falschen geraten – ausgenommen. Und am Ende werden sie weggepflegt.

Die Frage, wie alte Menschen gesehen werden, muss insgesamt so beantwortet werden: Man sieht sie nicht gerne. Die Mehrheit der anderen Menschen nimmt sie als Störfaktor wahr, als Belastung.

Geschwunden ist das, was vor langer Zeit den Umgang mit den Alten bestimmte: der Respekt vor dem Alter. Niemand horcht heute auf, wenn Alte das Wort ergreifen wollen (oft wagen sie es gar nicht). Niemand steht für Alte in der Straßenbahn auf (meist wollen sie das auch nicht mehr, bloß kein Aufsehen erregen!). Sie werden oft belächelt, selten ernst genommen. Das Wissen der Alten wird nicht geschätzt. Wenn oft genug die Meinung der Alten abgedrängt wird, weggeschubst, untergebuttert, dann geben sie auf und schweigen. Obwohl viele von ihnen noch etwas beitragen könnten.

Die Gründe? Da ist zum einen die vollkommen jugendfixierte Durchkommerzialisierung unserer Gesellschaft. Die sich fast alle Bereiche untertan gemacht hat. Älteren Menschen wird nicht zugetraut, dass sie im alltäglichen Arbeitsprozess mithalten können. Damit verlieren sie den Wert, der den Takt im heutigen Arbeitsleben bestimmt. Sie werden als ökonomisch unbedeutend definiert. Zwar wissen wir, dass Altersdiskriminierung verboten ist. Doch es gibt sie. Sie agiert unter der Decke. Heimlich, aber virulent.

Da ist aber auch die zunehmende Geschichtslosigkeit einer Mehrheit der Menschen. Sie wissen nicht viel über Vergangenes, sie haben kein Interesse an Vergangenem, sie erkennen nicht die Qualität und Substanz historisch gewachsener Leistung. Wer auf den möglichen Erkenntnisgewinn aus altem Wissen hinweist, wird belächelt.

Das spiegelt sich in der Missachtung gegenüber hergebrachtem Können. Welche Qualität im Handwerk früherer Zeiten steckt, ist nicht von Interesse. Die Techniker, die Drucker, die Möbelbauer, die Sattler, die Bauern, die Kfz-Mechaniker, aber auch die Architekten und Stadtplaner von früher können handwerklich oft mehr als ihre Nachfolger, die die Dinge selten reparieren und stattdessen durch Neuteile ersetzen, die ihre Aufgaben weniger selbst durchdenken sondern per Software bedienen. Altes Können geht verloren. Wissen verschwindet.

Diese Missachtung macht die Alten resignativ. Aber es trifft auch den Rest der Gesellschaft: Wo die Individualität hergebrachter und traditioneller Leistung verloren geht, wird unserer Welt irgendwann etwas fehlen – dann allerdings unwiederbringlich.

Heute aber gibt es noch diesen »Senioren«-Wahn. Da redet man sich und den anderen etwas schön. Wer Senioren sehen will, zuckt bei dem Wort »alt« zusammen. Doch dieses ist eine

Falle, weil es zum »Senior« verschönt und die Realität versteckt. Da wird auch getrickst und gelogen. Mit der Kosmetik unter der Bezeichnung »Anti-Age« fängt es an. Es gibt nur die Versprechung auf »Anti-Age«, nicht aber die Erfüllung. Seien wir doch endlich ehrlich: Alter ist Alter. Nicht schön. Aber auch nicht hässlich.

Hier also ist Umdenken notwendig. Das Wort »alt« muss seinen negativen Beiklang verlieren. Das verlangt von Jung (und von Alt) einen neuen Blick, ein anderes Miteinander. Schluss mit verdeckter oder gar offener Diskriminierung. Das ist die Aufgabe für Eltern, Lehrer, auch Politiker. Eine große Aufgabe.

Denn da ist ja auch dieser gierige Blick auf den Besitz alter Menschen. Man kann ihnen immer noch etwas abnehmen, auch wenn es im Einzelfall nicht viel sein mag: ihr Geld. Von der scheinbaren Erlösung durch 50plus-Produkte und »Senioren«-Waren bis zum Schiffbruch mit den speziell alten Menschen verkauften Schiffsfonds führt ein gerader Weg. Alte werden ganz legal finanziell übervorteilt – indem ihnen etwas vorgespiegelt wird. Alte werden missachtet – wobei das Gegenteil behauptet wird. Und es endet für Alte in Pflegeheimen, die dem Namen nach den Himmel versprechen und die Hölle bieten.

Da sind jene, die die Alten als fette Beute betrachten, die man ausnehmen kann. Als Kunden, die auf alles reinfallen. Als Opfer windiger Finanzberater. Ausgeliefert kriminellen Tätern, die sich speziell alte Menschen persönlich vornehmen.

Da sich offensichtlich immer wieder skrupellose Abkassierer finden, die, frei von Mitgefühl, sich an die alten Menschen heranmachen, muss der Gesetzgeber eingreifen. Sein Augenmerk muss jenen alten Frauen und Männern gelten, die noch voll geschäftsfähig sind, die zugleich aber nicht verstehen, was man ihnen verkaufen will und die nicht von Familienmitgliedern oder Freunden vor dem Abkassieren beschützt werden können. Die herkömmlichen Kontrollmechanismen greifen hier nicht. Die vorgeschriebenen Beratungsprotokolle bei Geldgeschäften sind hier wirkungslos, weil diese Zielgruppe vertrauensselig unterschreibt, sachgerecht beraten worden zu sein. Sie bestätigen treuherzig, sich des Risikos bewusst zu sein und sind es dabei überhaupt nicht. Dagegen muss die Politik tätig werden. Nur sie kann Gesetze anpassen, um die Täter auszubremsen.

Allerdings reichen Gesetze und Verordnungen nicht. Wir kennen das aus der Lebensmittelkontrolle. Theoretisch ist alles geregelt. Praktisch fehlt die Kontrolle. Immer wieder stehen wir fassungslos vor Lebensmittelskandalen, die möglich wurden, nicht weil die Verordnung, sondern weil deren Überwachung fehlte.

Das heißt: Ohne Überwachung ist alles nichts. Auch beim Schutz der ökonomischen Interessen alter Menschen. Es braucht staatliche Kontrolle. Es braucht Meldestellen, die informiert werden können, wenn Verwandte, Freunde oder Nachbarn die Gefahr eines Abkassierens heraufziehen sehen.

Nicht alle alten Menschen haben etwas, was man ihnen nehmen kann. Sie sind alt und arm zugleich. Dennoch bleiben auch sie Zielobjekt skrupelloser Geldjäger. Denn in jeder Krankenversicherung, jeder Pflegeversicherung stecken kapitalisierbare Werte. Zum Verständnis: Wenn für manche Krankheitsbilder Behandlungen im Wert von mehreren hunderttausend Euro verschrieben werden, dann geht es um Geld, das von der Versicherung an Ärzte, Pfleger und die Pharmaindustrie fließt. Im Guten ist diese Behandlung notwendig. Im schlechten Fall geht es um das große Abkassieren, die Genesung des Patienten bleibt zweitrangig. Das heißt: Alte Patienten oder Pflegebefohlene müssen vor einem Missbrauch dieser Sorte geschützt werden. Denn darauf zielt eine ganz spezielle Sorte von Geschäftemachern. Sie verdienen an der Spanne: Entweder sie reduzieren Krankenhäuser auf das Mindestmaß und holen sich die Rendite aus der Fallpauschale. Oder sie statten Pflegeheime so ärmlich wie möglich aus, reduzieren das Personal (ein ungelernter Pfleger soll nachts dreißig Patienten bewachen) und kassieren eine hohe Rendite.

Es bleibt in diesen Branchen zu viel hängen. Kein Zufall, dass große Gesundheitskonzerne entstanden sind, die den nicht so herzlos organisierten öffentlichen Kliniken das Wasser abgraben. Man muss als Manager so eines Unternehmens nur das Herz ausschalten und kalt auf Zahlen und Kosten blicken, dann brummt das Geschäft. Es gilt für die Pharmabranche nicht minder. Neue teure Medikamente gerade für Alte werden mit erheblichem Werbeaufwand unter Unterstützung williger Ärzte in den Markt gedrückt. Manchmal sind es alte Rezepturen mit neuen Namen. Das – wenn es keiner merkt – reicht schon für den höheren Ertrag.

Da ist offensichtlich in unserer Gesellschaft etwas vollkommen falsch gelaufen. Liberalisierung allenthalben, wo menschliche Zuwendung notwendig gewesen wäre. Also ist es höchste Zeit für eine Umkehr. Das heißt: mehr Zuwendung für alte Patienten. Mehr Zeitvorgaben für Pfleger. Mehr Menschlichkeit und Verständnis für den Alterungsprozess auf der Agenda der Mediziner. Mehr Geld für die Gesundheit – insbesondere für jene multimorbiden alten Kranken. Mehr Geld (und mehr Anerkennung) für die Pflegeberufe. Weniger Geld für die Schein-Innovationen der Pharmabranche.

Auch hier also: Stopp der rein geschäftsmäßigen Entwicklung. Der Staat muss eingreifen. Mit menschenfreundlichen Regelungen anstelle der Scheinfreiheit für profitorientierte Konzerne. Das Vertrauen auf die Kräfte des Marktes war ein Fehler. Es ist Zeit für eine Umkehr!

Und wie sehen sich die Alten selbst? Da sind jene alten Menschen, die sich klein machen, die ohne Selbstbewusstsein unterwegs sind. Oder die die Augen vor ihrem Alter und den damit verbundenen natürlichen Folgen verschließen und sich jeder Mode oder jedem »altersgemäß« beworbenen Produkt ausliefern, um sich selbst nicht so sehen zu müssen, wie sie sind.

Schließlich gibt es die immer wieder betriebene Angstmache vor »den Alten«. Mit Thesen dieser Art sind manche Wissenschaftler unterwegs. Sie ermitteln zunächst einmal die tatsächlich wachsende Gruppe der alten Menschen – und erklären sie dann zur Gefahr. Indem sie die Alten zur wachsenden einheitlichen Gruppe erklären, die irgendwann die Macht übernehmen und das Land zur »Altenrepublik« ausrufen werde. Das gibt es ja auch sonst öfter: Westdeutsche gegen Ostdeutsche. Bayern gegen den Rest der Welt. So ist das auch mit der angeblichen Machtergreifung der Alten, die Wissenschaftler als reale Bedrohung ankündigen.

Das Alter macht die Menschen keineswegs zu Usurpatoren, die andere bezwingen wollen. Alte sind keine homogene Gruppe mit gleichgeschalteten Interessen. Es gibt reiche und arme Alte, alte Frauen und alte Männer, kluge und dumme, gesunde und kranke. Alte im Familienverbund und Singles. Die wollen eine Altendiktatur? Von wegen! Alles deutet darauf hin, dass die Mehrheit der Alten im Einklang mit den anderen leben will. Wer aber ein Schreckensbild pflegt, der will etwas anderes: Angst vor den Alten hervorrufen. Er will Alte unterdrücken. Sie sollen den Kopf einziehen und schweigen.

Wer jedoch aufgegeben hat, der versinkt schnell im gesellschaftlichen Nichts. Natürlich bedauern wir, wie mit alten Menschen in Pflegeheimen umgegangen wird. So etwas geht doch nicht! Aber wir ändern nichts an der generellen Lage, die zu menschenunwürdigen Zuständen führt.

Gebt dem Alter den Respekt zurück. Dann werden auch die Alten der Gesellschaft etwas zurückgeben. Lasst die Alten arbeiten, wenn sie es können und wollen. Hört ihre Meinung. Fragt nach ihren Erinnerungen und dokumentiert sie. Das alles erfordert einen Wandel in den Köpfen derer, die ein falsches Bild vom Alter haben.

Na klar: Wir fordern im Zweifel gerne die Lösungen von »der Politik«. Wir leiten unser Unbehagen ab, indem wir es auf »die Politiker« lenken. Das entlastet uns. Löst aber nicht das Problem. Wir können uns dann zwar nach der selbstgerechten Empörung über einen unwürdigen Umgang mit uns Alten abwenden. Wir können weiterhin wegschauen, weil wir Angst davor haben: Das, was anderen geschieht, könnte uns selbst bevorstehen. Wir ahnen es und fürchten es.

Ja, ich sage das auch zu mir selbst. Wenn ich der Verlockung, wegzuschauen, nicht nachgebe, sondern von den Erkenntnissen über Alte und das Alter etwas ableite, dann kommt dies heraus:

Ich wünsche mir, dass man mir auch dann noch mit Respekt und Fürsorge begegnet, wenn ich sowohl alt als auch hinfällig geworden sein sollte. So möchte ich auch mit anderen meiner Altersgruppe und noch älteren umgehen. Ich möchte nicht in den Gegensatz »Alt gegen Jung« getrieben werden. Ich möchte auch als alter Mensch, so gut ich kann, meinen Teil zu dieser Gesellschaft beitragen und meine Erfahrungen weitergeben. Gemeinsam mit anderen Alten. Gemeinsam mit den Jungen. Das ist es, was sich verändern muss. Jetzt.

Quellenverzeichnis

Der Ältesten Rat. Generali Hochaltrigenstudie: Teilhabe im hohen Alter. Eine Erhebung des Instituts für Gerontologie der Universität Heidelberg mit Unterstützung des Generali Zukunftsfonds. Heidelberg 2014 (online abrufbar unter www.uni-heidelberg.de/md/presse/news2014/generali_hochaltrigenstudie.pdf).

Baltes, Paul und Mayer, Karl Ulrich (Hrsg.): Die Berliner Altersstudie. Ein Projekt der Berlin-Brandenburgischen Akademie der Wissenschaften, Berlin: Akademie Verlag 1999 (3. Auflage 2010 hrsg. von Lindenberger, Ulman).

Vogel, Claudia und Motel-Klingebiel, Andreas: Altern im sozialen Wandel: Die Rückkehr der Altersarmut?, Wiesbaden: Springer Verlag 2012.

Brettschneider, Frank: Für Kunden oft schwer zu verstehen: Die Sprache der Banken 2014. Eine Studie der Universität Hohenheim und der H&H Communication Lab GmbH, 2014 (online abrufbar unter www.comlab-ulm.de/_downloads/Bankenstudie2014.pdf).

Buchholz, Sandra: Die Flexibilisierung des Erwerbsverlaufs. Eine Analyse von Einstiegs- und Ausstiegsprozessen in Ost- und Westdeutschland. Wiesbaden: VS-Verlag für Sozialwissenschaften, 2008.

Cordero, Michael und Staschen, Jessica unter der Leitung von Michael Opoczynski: Die Bank gewinnt immer. TV-Dokumentation, 11. Juli 2011, ZDF (online abrufbar unter www.youtube.com/watch?v=ugqzVWiDZiE).

Fussek, Claus und Schober, Gottlob: Im Netz der Pflegemafia. Wie mit menschenunwürdiger Pflege Geschäfte gemacht werden. München: Bertelsmann Verlag 2008.

Gantzer, Peter Paul: Alt ist was? Eine Verteidigung des Alters. Sequenz Verlag 2007.

Georgieff, Peter: Ambient Assisted Living. Marktpotentiale IT-unterstützter Pflege für ein selbstbestimmtes Altern. FAZIT-Schriftenreihe 2008 (online abrufbar unter www.fazit-forschung.de/fileadmin/_fazit-forschung/downloads/FAZIT-Schriftenreihe_Band_17.pdf).

Brühlmann, Erik: Das Giesserei-Prinzip. Eine neue Siedlung in Winterthur bietet flexibel nutzbare Wohnungen in allen Grössen, in: Sonntagszeitung Schweiz, 6.6.2013 (online abrufbar unter www.

giesserei-gesewo.ch/dateiablagefiles/medienspiegel/print/andere/sonntagszeitung_20130616.pdf).

Koydl, Wolfgang: Miteinander, nicht nebeneinander. 350 Menschen, vom Kleinkind bis zum Greis, leben in der ersten Mehrgenerationensiedlung der Schweiz, in: Süddeutsche Zeitung, 3.9.2013 (online abrufbar unter www.giesserei-gesewo.ch/dateiablagefiles/medienspiegel/print/andere/sueddeutsche_20130903.pdf).

Hammer, Eckart: Männer altern anders. Eine Gebrauchsanweisung. Freiburg: Herder Verlag 2012, 2. Auflage.

Imhof, Michael: Eidesbruch. Ärzte, Geschäftemacher und die verlorene Würde des Patienten. Frankfurt am Main: Campus Verlag 2014.

Lehr, Ursula: Psychologie des Alterns. Heidelberg: Quelle und Meyer 1972 und Wiebelsheim: Quelle und Meyer 2007 (11. Auflage).

Dies.: Zur Situation der älter werdenden Frau. Bestandsaufnahme und Perspektiven bis zum Jahr 2000. München: C.H. Beck 1987.

Goettle, Gabriele: O Täler weit, o Höhen. Kleinanleger verlangen ihr Geld zurück, in: die tageszeitung, 28.2.2011.

Pinl, Claudia: Freiwillig zu Diensten? Über die Ausbeutung von Ehrenamt und Gratisarbeit. Frankfurt am Main: Nomen Verlag 2014.

Nowossadeck, Sonja und Engstler, Heribert: Report Altersdaten. Familie und Partnerschaft im Alter, in: Heft 3/2013, hrsg. von Deutsches Zentrum für Altersfragen (online abrufbar unter http://www.dza.de/fileadmin/dza/pdf/GeroStat_Report_Altersdaten_Heft_3_2013_PW.pdf).

Opoczynski, Michael: Krieg der Generationen. Und warum unsere Jugend ihn bald verloren hat. Gütersloh: Gütersloher Verlagshaus 2015.

Schäfer, Annette: Sehr alt zu werden ist kein Zuckerschlecken, in: Psychologie heute, 02/2007.

Traufetter, Gerald: Das vierte Alter, in: Der Spiegel, 17.3.2013.

Der Verrat. Wie die Postbank systematisch Tausende Kunden falsch beraten hat, in: »stern«, 26.9.2013.

Waffenschmidt, Dr. Ute: Beraten und verkauft. Wie Banken ihre Kunden schröpfen, ZDFzoom, 30.1.2013.

Dies.: Die Falschberater. In den Fängen der Postbank, ZDFzoom, 2.10.2013.

Langwieser, Corinna und Wippermann, Peter: Länger leben, länger lieben. Das Lebensgefühl der Generation Silver Sex. München: Piper Verlag 2007.

Zweite Heidelberger Hundertjährigen-Studie. Institut für Gerontologie der Universität Heidelberg und Robert Bosch Stiftung. Stuttgart 2013 (Broschüre zur Studie online abrufbar unter www.gero.uni-heidelberg.de/md/gero/forschung/broschuere_fuer_pflegende_angehoerige_sehr_alter_menschen.pdf).

Beratungsstellen und Institutionen

BAGSO, Bundesarbeitsgemeinschaft der Senioren-Organisationen, Bonngasse 10, 53111 Bonn, Telefon: +49 (0)228 24999311, E-Mail: kontakt@bagso.de, Internetseite: www.bagso.de.

Büro gegen Altersdiskriminierung, Hanne Schweitzer, Piusstraße 15, 50823 Köln, Internetseite: www.altersdiskriminierung.de.

Deutsche Seniorenliga e.V., Heilsbachstr. 32, 53123 Bonn, Telefon: +49 (0)228 367930, E-Mail: info@deutsche-seniorenliga.de, Internetseite: www.deutsche-seniorenliga.de.

Deutscher Alterspreis, Robert Bosch Stiftung, Heidehofstr. 31, 70184 Stuttgart (Telefon: +49 (0)711 46084-855, E-Mail: tobias.nerl@bosch-stiftung.de, Internetseite: www.bosch-stiftung.de, Suchbegriff »Deutscher Alterspreis«).

Die Giesserei, Das Mehr-Generationen-Haus am Eulachpark, Ida-Sträuli-Strasse 65, 8404 Winterthur, Telefon: +49 (0)52 235 03 13, E-Mail: info@giesserei-gesewo.ch, Internetseite: www.giesserei-gesewo.ch.

Bibliografische Information der Deutschen Nationalbibliothek

Die Deutsche Nationalbibliothek verzeichnet diese Publikation in der Deutschen Nationalbibliografie; detaillierte bibliografische Daten sind im Internet über https://portal.dnb.de abrufbar.

FSC
www.fsc.org
MIX
Papier aus verantwortungsvollen Quellen
FSC® C014496

Verlagsgruppe Random House FSC® N001967

1. Auflage

Redaktionelle Mitarbeit: Dr. Peter Schäfer (www.schaefer-lektorat.de)
Coverfoto: © Roman Märzinger/Westend61/Corbis
Druck und Einband: GGP Media GmbH, Pößneck
Printed in Germany
ISBN 978-3-579-08630-9

www.gtvh.de